suhrkamp taschenbuch
wissenschaft 2086

In der Theorie und Philosophie der Kunst wird gemeinhin die Differenz der Kunst zu anderen menschlichen Praktiken betont. Dies führt dazu, dass weder die Pluralität der Künste noch die Relevanz der Kunst im Rahmen der menschlichen Lebensform hinreichend verständlich werden. Georg W. Bertram plädiert aus diesem Grund für einen Neuansatz in der Bestimmung von Kunst und verteidigt die These, dass in der Auseinandersetzung mit Kunstwerken unterschiedliche Bestimmungen der menschlichen Praxis neu ausgehandelt werden. In diesem Sinne ist Kunst eine hochproduktive reflexive Praxis im Rahmen des menschlichen Weltverhältnisses. Mehr noch: Kunst ist eine Praxis der Freiheit.

Georg W. Bertram ist Professor für Philosophie an der Freien Universität Berlin. Im Suhrkamp Verlag hat er zuletzt veröffentlicht: *In der Welt der Sprache. Konsequenzen des semantischen Holismus* (stw 1844, zus. mit David Lauer, Jasper Liptow und Martin Seel).

Georg W. Bertram

Kunst als menschliche Praxis

Eine Ästhetik

Suhrkamp

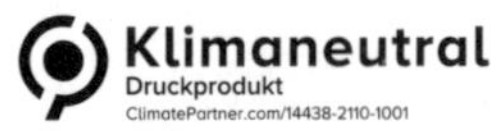

3. Auflage 2022

Erste Auflage 2014
suhrkamp taschenbuch wissenschaft 2086

Umschlag nach Entwürfen
von Willy Fleckhaus und Rolf Staudt
Druck und Bindung: C. H. Beck, Nördlingen
Printed in Germany
ISBN 978-3-518-29686-8

www.suhrkamp.de

Inhalt

Für HG

Vorbemerkung

Die Überlegungen dieses Buches sind das Ergebnis einer jahrelangen Auseinandersetzung mit Fragen der Kunst und des Ästhetischen.[1] Ihren Ausgangspunkt hat diese in meinem Studium und in der Zeit meiner Dissertation genommen, angeregt und orientiert vor allem durch Odo Marquard und Martin Seel. Ein weiterer wichtiger Schritt für meine Arbeit ist mir in dem Kontext möglich geworden, den mir die Universität Hildesheim mit ihrer Verbindung von künstlerischer Praxis und Theorie geboten hat und hier vor allem die Zusammenarbeit mit Tilman Borsche. Besonders profitiert habe ich dann vom Sonderforschungsbereich 626 »Ästhetische Erfahrung im Zeichen der Entgrenzung der Künste« an der Freien Universität Berlin – einem von der Deutschen Forschungsgemeinschaft großzügig geförderten Arbeitskontext, den ich mir idealer nicht vorstellen kann. Er bietet mir eine einmalige Chance, meine ästhetischen Überlegungen in einem überaus inspirierenden Umfeld weiterzuentwickeln. Dies gilt auch ganz konkret für das vorliegende Buch, das in einer Vorversion im Rahmen eines Workshops im Januar 2013 intensiv diskutiert worden ist. Ich danke besonders Alessandro Bertinetto, Dorothea von Hantelmann, Gertrud Koch und Michael Lüthy für ihre hilfreichen Kommentare und ihre Kritik sowie den Mitgliedern des Sonderforschungsbereichs 626 und meines Forschungskolloquiums für eine überaus produktive Diskussion. Danken will ich auch Manuel Scheidegger, Henning Tegtmeyer und Holm Tetens für Diskussionen des Manuskripts, Daniel Martin Feige und Frank Ruda für die stete, kritische Begleitung bei seiner Entstehung, Eva Gilmer für ein überaus um-

1 Entsprechend finden sich Vorüberlegungen zu der hier in einem systematischen Zusammenhang entwickelten Position in unterschiedlichen meiner Texte, die ich seit dem Buch *Kunst. Eine philosophische Einführung* (Stuttgart 2005) publiziert habe. Dies trifft in besonderer Weise auf das zweite und das dritte Kapitel zu, zu denen ich Vorversionen publiziert habe: Georg W. Bertram, »Kunst und Alltag. Von Kant zu Hegel und darüber hinaus«, in: *Zeitschrift für Ästhetik und allgemeine Kunstwissenschaft* 54 (2009), S. 203-217; »Autonomie als Selbstbezüglichkeit. Zur Reflexivität in den Künsten«, in: *Zeitschrift für Ästhetik und allgemeine Kunstwissenschaft* 55 (2010), S. 223-234.

sichtiges Lektorat und schließlich David Blumenthal und Tobias Wieland für ihre Korrekturen und Hilfen bei der Fertigstellung – sowie Juliane Schiffers und Jonathan dafür, dass sie nicht nur bei der Arbeit an diesem Buch da waren. Ob es mir gelungen ist, aus diesen Anregungen, die meine Arbeit begleitet haben, etwas zu machen, müssen die Leserinnen und Leser dieses Buches beurteilen. Jedenfalls hoffe ich, mit meinen Überlegungen denjenigen, für die Kunst ein wichtiges Element der menschlichen Lebensform ist, meinerseits etwas Herausforderndes an die Hand geben zu können.

Berlin, im Dezember 2013

Einleitung

Ludwig Wittgenstein hat in seiner Spätphilosophie einen grundlegenden Versuch unternommen, unserem Denken neue Wege aufzuzeigen. Wittgenstein artikuliert diesen Versuch, indem er davon spricht, es gelte, einen Aspektwechsel zu vollziehen.[1] »Sieh es doch so!« ist die eindringliche Aufforderung, mit der Wittgensteins philosophische Umdeutung einsetzt. Auch dieses Buch verlangt eine Übung in der Schule des Aspektwechsels. Es plädiert dafür, eine vertraute und liebgewordene Perspektive auf Kunst in Frage zu stellen, für die der Gedanke zentral ist, dass Kunst sich von anderen Praktiken des menschlichen Lebens abgrenzt. Kunst weist demnach Besonderheiten auf, die sie von Nicht-Kunst unterscheidet. Zentral für einen Begriff der Kunst sei der Unterschied von Kunst zu anderem. Die folgenden Überlegungen machen den Vorschlag, Kunst anders zu sehen. Sie steht, so der Grundgedanke der hier entwickelten und verteidigten Sichtweise, in einer tiefgreifenden Kontinuität zu anderen menschlichen Praktiken, da sie nur durch ihre Bezugnahme auf diese Praktiken überhaupt das Potential gewinnt, das für sie spezifisch ist.

Einen entsprechenden Perspektivwechsel in der Bestimmung von Kunst haben nicht zuletzt viele künstlerische Interventionen der letzten 100 Jahre angemahnt, indem sie zum Beispiel die Unterscheidung von Kunst und Nicht-Kunst unterlaufen haben. Viele in dieser Zeit entstandene Kunstwerke und ästhetische Ereignisse machen deutlich, dass Kunst ein Teil der menschlichen Praxis ist. Nun ist Kunst auch nicht einfach eins mit der menschlichen Praxis, denn sie weist zweifelsohne Besonderheiten auf: Kunstwerke entstehen aus besonderen Materialien, setzen eine besondere Materialbeherrschung voraus, verlangen sowohl auf Seiten der Produzierenden als auch auf Seiten der Rezipierenden bestimmte Kenntnisse in Bezug auf die Gattungen und Epochen der Künste

1 Besonders prägnant ist in dieser Hinsicht Wittgensteins These: »Ein *Bild* hielt uns gefangen. Und heraus konnten wir nicht, denn es lag in unserer Sprache, und sie schien es uns nur unerbittlich zu wiederholen.« (Ludwig Wittgenstein, *Philosophische Untersuchungen*, in: *Werkausgabe*, Band 1, Frankfurt/M. 1984, S. 225-580, hier: § 115. Zur Theorie des Aspektwechsels vgl. ebd., S. 518-577.)

sowie spezifische Wahrnehmungsfähigkeiten. Zudem beruhen sie auf besonderen Traditionen, etwa der Entwicklung der Künste in Europa seit der Renaissance. Aber kann der Begriff der Kunst bei ihnen ansetzen? Strömungen in der neueren und neuesten Kunst – etwas der Dokumentarismus oder das postdramatische Theater –, die die Kunst als integralen Teil der menschlichen Praxis begreifen, sind von theoretischer Seite als Herausforderungen für den Begriff der Kunst gewürdigt worden, weil die Kunst sich in ihnen gegen Grundlagen gewandt habe, die vormals selbstverständlich für sie waren. Dadurch ist eine neue Kunst entstanden, die allen Anspruch auf künstlerische Besonderheit aufgegeben hat.

Solche Entwicklungen in den Künsten geben aus meiner Sicht Anlass dazu, der Spezifik der Kunst nicht unbesehen zu vertrauen. Stattdessen sollte man nach der Stellung fragen, die Kunst im Rahmen der menschlichen Praxis hat. Oder anders gesagt: Man sollte fragen, welchen Platz Kunst im geistigen Haushalt des Menschen einnimmt. Handelt es sich einfach um eine Praxis, die im Kontrast zu anderen Praktiken bestimmt werden kann? Ist Kunst eine Praxis wie das Spazierengehen oder Kuchenbacken, nur dass sie – wie diese auch – einige Besonderheiten aufweist? Ich werde die These vertreten, dass dies nicht der Fall ist. Kunst ist eine Praxis, für die ein Bezug auf andere Praktiken wesentlich ist und die aus diesem Grund nicht in Abgrenzung von anderen Praktiken, sondern unter Rekurs auf die Art und Weise dieses Bezugs zu begreifen ist. Charakteristisch für Kunst ist dabei eine komplexe Verbindung von Typen von Praktiken, die ich im Folgenden als »Praxisform« bezeichne. Im Vokabular der philosophischen Ästhetik ausgedrückt: Die Autonomie der Kunst lässt sich nicht als Unabhängigkeit von anderen menschlichen Praktiken fassen. Positionen, die das behaupten, gehören zu dem von mir so genannten Autonomie-Paradigma. In kritischer Auseinandersetzung mit diesem Paradigma argumentiere ich für ein anderes Verständnis ästhetischer Autonomie, wonach diese als ein Aspekt ebenjenes Zusammenhangs zwischen Kunst und der sonstigen menschlichen Praxis zu begreifen ist. In anderen Worten: Ästhetische Autonomie muss als Aspekt der Praxisform der Kunst begriffen werden, wenn sie nicht in einer irreführenden Weise gedeutet werden soll.

Dem liegt die Annahme zugrunde, dass die menschliche Lebensform eine in besonderer Weise reflexiv konstituierte Lebensform ist. Menschen sind das, was sie sind, nicht von Natur aus. Sie sind auch nicht schlicht aus einer Tradition heraus in dem bestimmt, was sie ausmacht. Menschen haben das, was sie sind, vielmehr auch immer wieder neu zu bestimmen. Was der Mensch ist, ist er immer auch dadurch, dass er Stellung nimmt, und zwar zu sich, und dieses Stellungnehmen ist als ein praktisches Geschehen zu begreifen. Das heißt: Die kontinuierliche Neubestimmung des Menschen geht wesentlich von Praktiken aus, die zur Gattung der reflexiven Praxisformen gehören. Letzteres gilt auch für die Kunst: Sie ist nicht einfach eine spezifische Praxis, sondern eine spezifisch reflexive Praxisform – eine spezifische Ausprägung von Praktiken, mittels deren Menschen im Rahmen einer kulturellen Praxis Stellung zu sich nehmen.

Reflexionspraktiken gibt es viele. Besonders vertraut ist uns das Sprechen über Sprache, das immer wiederkehrende Kommentieren und Explizieren dessen, was Menschen sagen und schreiben. Reflexionspraktiken umfassen aber auch religiöse Vorstellungen (zum Beispiel das Selbstverständnis von sich als Gottesebenbild etc.), seelsorgerische und therapeutische Gespräche sowie theoretische Disziplinen unter den Wissenschaften, wobei unter diesen der Philosophie eine besondere Rolle zukommt: Sie ist die Reflexionswissenschaft *par excellence* – ihr Wesen erschöpft sich darin, Reflexion zu sein. Auch die Kunst erbringt innerhalb der menschlichen Praxis Reflexionsleistungen. Mit dieser Bestimmung von Kunst will ich nicht nur das Autonomie-Paradigma in Frage stellen. Ich richte mich damit auch gegen die in der Kunsttheorie und Kunstphilosophie verbreitete Tendenz, Kunst als ein antisubjektives Geschehen zu begreifen. Im Anschluss an Arthur Schopenhauer, Friedrich Nietzsche und andere ist immer wieder die These vertreten worden, Kunst befreie das Subjekt, indem sie das selbstbestimmte Subjekt herausfordere. Sie breche die Sicherheit selbstbeherrschter Praktiken auf, die ein Subjekt auszuführen weiß. Dieser Ansatz fußt auf der problematischen Voraussetzung, selbstbestimmte Subjektivität sei gegeben oder irgendwie abgeschlossen realisiert. Das Subjekt, so die Unterstellung, führe seine nichtästhetischen Praktiken selbstbeherrscht und selbstbestimmt aus. Diese Voraussetzung lässt sich meines Erachtens nicht halten, denn Selbstbeherrschung und Selbstbestimmung stehen auch in alltäglichen Praktiken immer wieder zur Disposition, wie nicht zuletzt die Psychoanalyse uns gelehrt hat. Selbstgegenwart und Selbstbestimmung sind nicht selbstverständlich gegeben, sondern vielmehr ein Fluchtpunkt menschlicher Praktiken. Und dieser Fluchtpunkt – das ist entscheidend – kann auf unterschiedliche Weise anvisiert werden. Wenn man Subjektivität in dieser Weise, das heißt als offen, begreift, lässt sich die Kunst so verstehen, dass sie einen Beitrag zur Subjektwerdung leistet. Entsprechend wird das Subjekt in der Kunst nicht von sich selbst befreit, sondern von ihr geprägt – allerdings auf andere Weise als von den übrigen Reflexionspraktiken.

In diesem Zusammenhang ist es wichtig, den Begriff der Reflexion richtig zu fassen, da dieser häufig in einer kognitivistischen und propositionalistischen Weise verengt wird. In kognitivistischer Verengung wird Reflexion als theoretische Praxis begriffen; in propositionalistischer als eine rein begriffliche Praxis. Dass beide Verständnisse nicht angemessen sind, deutet sich an, wenn man sich zum Beispiel die Rolle vor Augen führt, die religiöse Vorstellungen innerhalb der menschlichen Lebensform spielen. Diese lassen sich schwerlich als theoretisch begreifen, denn sie haben eine grundlegend praktische Dimension. Und es ist auch unklar, ob wir ihnen in Gänze gerecht werden, wenn wir sie als »begrifflich« bezeichnen. Es handelt sich aber zweifelsohne – wie Hegel glasklar gesehen hat – um Vorstellungen, mittels deren Menschen sich selbst zu begreifen suchen, also um Elemente von Reflexion. Eine wie auch immer verengte Fassung des Reflexionsbegriffs ist insbesondere dann problematisch, wenn man begreifen will, was Kunst ist. Sie schlägt sich in der Kunstphilosophie in einer eigentümlichen Pendelbewegung nieder. Von manchen Theorien werden Kunstwerke, wie bereits angesprochen, von der sonstigen Praxis abgesondert. Andere wiederum behaupten, es sei problematisch, Kunstwerke in ebendieser Art und Weise zu betrachten, denn sie seien Gegenstände wie andere – allerdings solche mit besonderen Eigenschaften. Jedoch landet man dann sehr rasch bei der Einsicht, dass Kunstwerke doch keine Gegenstände im alltäglichen Sinn von »Gegenstand« sind und damit wieder bei der Sonderstellung der Kunst.[2] Man dreht sich im Kreis.

All dies ist ein Symptom dafür, dass Kunst gegenständlich, also nicht als Reflexionspraxis gefasst wird. Überraschend ist das nicht,

2 Vgl. dazu u. a. die überaus aufschlussreichen Darstellungen von Karlheinz Lüdeking zur Entwicklung der analytischen Ästhetik in *Analytische Philosophie der Kunst. Eine Einführung*, München 1988.

denn die Welt besteht aus vielen Typen von Gegenständen – Steinen, Wäscheständern, Kraftfahrzeugen und dergleichen – und darunter findet sich eben auch ein besonderer Typ, den wir Kunstwerke nennen (zumindest wenn wir erst einmal an Werke der im weitesten Sinn bildenden Künste denken). Das verleitet dazu, über die Spezifik dieser Gegenstände nachzudenken: Worin besteht die Besonderheit ihres Typs? Warum ›funktionieren‹ sie anders als die anderen Gegenstände unserer Praxis? Eine in diesem Sinn betriebene Ontologie des Kunstwerks hat innerhalb der Ästhetik der letzten Jahrzehnte eine besondere Bedeutung erlangt. Aber auch wenn in einem solchen Rahmen wichtige Klärungen erzielt werden können, liegt ihm die problematische Voraussetzung zugrunde, dass die Spezifik von Kunstwerken auf Basis ihrer Gegenständlichkeit geklärt werden kann beziehungsweise dass Kunstwerke einfach zum Bestand der Gegenstände in unserer Welt gehören.

Kunstwerke können aber nicht als ein wie auch immer bestimmter Bestand von Gegenständen in unserer Welt begriffen werden. Sie müssen, so argumentiere ich, im Rahmen der Praxis begriffen werden, in der sie stehen. Diese Praxis unterscheidet sich von der des Spazierengehens oder des Kuchenbackens, in denen Gegenstände wie solides Schuhwerk und Regenschirme beziehungsweise Knethaken und Springformen eine besondere Rolle spielen, die ihre Existenz der jeweiligen Praxis verdanken. Kunstwerke lassen sich in ihrer Existenz nicht einfach von dem Kunstmachen und Kunstrezipieren her begreifen, also nicht von den besonderen produzierenden und interpretierenden Praktiken her, die wir in Auseinandersetzung mit ihnen entwickeln. Sie verdanken ihre Existenz der Gesamtheit der historisch-kulturellen Praktiken, in denen sie stehen. Vom Knethaken unterscheidet das Kunstwerk also in erster Linie, dass die Praxis, in der es steht, in besonderer Weise auf andere Praktiken bezogen ist. Und das heißt: Die Praxis, in der das Kunstwerk steht, ist eine reflexive Praxis.

Es bedarf also eines Begriffs der Reflexion, der es erlaubt, Kunst als eine reflexive Praxis zu fassen. Diesen begrifflichen Rahmen zu artikulieren, ist mit einem Perspektivwechsel verbunden: Es bedarf keiner Ontologie des Kunstwerks, sondern einer Ontologie der Praxis, in der Kunstwerke stehen – einer Ontologie von Kunst als einer reflexiven Praxis. Erst eine solche Ontologie erlaubt eine angemessene Verortung der Kunst, nämlich in der menschlichen Praxis, so dass man sagen kann, dass Kunst als Reflexionspraxis eine Spezifik hat und zugleich auf sonstige Praktiken bezogen ist, ohne direkt mit ihnen identifiziert werden zu können. Kunst leistet, so gesehen, eine spezifische Reflexion anderer menschlicher Praktiken, weshalb die Auseinandersetzung mit Kunstwerken aus der Perspektive der menschlichen Lebensform insgesamt betrachtet werden muss. Zwar ist es richtig, dass Kunstwerke mit besonderen Praktiken verbunden sind, die sich auf das jeweilige Kunstwerk beziehungsweise ästhetische Ereignis beziehen. Man hört genau hin, schaut genau zu, widmet sich in intensiver Weise bestimmten Details. Die Auseinandersetzung mit Kunstwerken kann selbstzweckhafte Züge annehmen und tut das auch häufig. Aber die Praxis insgesamt – und das heißt: im Rahmen der menschlichen Lebensform – erfüllt sehr wohl einen Zweck beziehungsweise hat eine Funktion: Sie fordert andere Praktiken heraus. Die Auseinandersetzung mit Kunstwerken leistet damit eine bestimmte Form der Reflexion, die hier als primär praktisches, nicht als rein theoretisches Geschehen zu begreifen ist. Genau diese besondere Form einer Reflexionspraxis besser zu verstehen, ist das Ziel der folgenden Überlegungen.

Vielleicht machen diese ersten Ankündigungen bereits deutlich, dass ich mit meiner Bestimmung der Kunst an die Ästhetiken Kants und Hegels anzuschließen versuche. Dies wird im Folgenden auch eine wichtige Rolle spielen. Mein Versuch, Kunst systematisch in einer überzeugenden Weise zu fassen, führt indirekt zu einer Reaktualisierung von Gedankengängen, wie sie in Kants Bestimmung des Schönen in der *Kritik der Urteilskraft* und in Hegels *Vorlesungen über die Ästhetik* angelegt sind. Es wird im Laufe des Buches jedoch deutlich werden, dass man diese Gedankengänge ein gutes Stück weit modifizieren muss, um sie in plausibler Weise reaktualisieren zu können.

Jedes Kunstwerk ist, wie ich im Folgenden argumentieren werde, konstitutiv mit Kontroversen in Bezug auf seine Interpretation verbunden. Unter anderem aus diesem Grund kann es keine einfachen Beispiele für Aspekte der Position geben, die ich verteidigen will. Dennoch scheint es mir sinnvoll in dieser Einleitung zwei Beispiele anzuführen, um deutlich zu machen, worum es mir mit meinem Neuansatz in der Ästhetik geht. Genauer gesagt: Ich will zwei Beispiele anführen, deren übliche Betrachtungsweise deutlich macht, worum es mir in meinem Ansatz geht. Es handelt sich um die Literatur Marcel Prousts und um die Malerei Paul Cézannes. Prousts *Auf der Suche nach der verlorenen Zeit* gilt vielen Interpreten als ein Werk, in dem das moderne Subjekt seinen Ausdruck findet.[3] Seine Prosa des Bewusstseinsstroms artikuliere eine neue Erfahrung: Das Subjekt erfährt sich als brüchig und von sich selbst entfremdet. Es ist, wie es bei Freud heißt, nicht Herr im eigenen Haus. Proust erzählt aber nicht einfach vom brüchigen und enteigneten Subjekt, sondern entwickelt es in seinem Schreiben und reflektiert auf diese Entwicklung. Entscheidende Episoden seines Romans – wie zum Beispiel die berühmte Madeleine, die Sonate de Vinteuil oder der Weggang von Albertine – sind verbunden mit einer Reflexion auf die besagten modernen Erfahrungen und auf ihre textliche Verarbeitung. Das Schreiben Prousts ist, wie man mit Freud sagen kann, ein Moment einer Praxis des Durcharbeitens – auch durch die Ohnmacht der Literatur. Seine Prosa wird in all solchen Interpretationen, die einen Zusammenhang zwischen Literatur und den modernen Erfahrungen des Subjekts sowie einen Zusammenhang zwischen Literatur und psychoanalytischer Praxis herstellen, als in spezifischer Weise produktiv verstanden: Produziert werde eine moderne Subjektivität mit ihren Spannungen und zugleich werde eine Verarbeitung dieser Spannungen entwickelt. Prousts Kunst wird so verstanden, dass sie in das Selbst- und Weltverhältnis moderner Subjekte eingreift. Sie stehe der modernen Subjektivität nicht in einer neutralen Darstellung gegenüber, sondern trage vielmehr zu ihrer Entwicklung bei. An dieser Interpretationslinie sind zwei Aspekte bemerkenswert: Ihr zufolge ist es charakteristisch für diese Literatur, dass sie in bestimmter Weise Momente einer historischen Konstellation artikuliert und entwickelt. Prousts Text handelt von einem Verständnis von Subjektivität, wie es sich zu einer bestimmten Zeit in einer bestimmten gesellschaftlichen Formation ausgebildet hat (frühes 20. Jahrhundert, Westeuropa, gehobenes Bürgertum). Es geht um Fragen der Erinnerung, des Ausdrucks und des Umgangs mit Emotionen und um vieles andere mehr. Die Artikulation dieser Momente auf die für Proust spezifische Weise – und damit komme ich zum zweiten Aspekt – gibt aber nicht einfach dies alles wieder, sondern trägt zur Weiterentwicklung mo-

3 Vgl. hierzu u.a. Martha Nussbaum, »Love's Knowledge«, in: *Love's Knowledge. Essays on Philosophy and Literature*, Oxford 1990, S. 261-285; Ursula Link-Heer und Volker Roloff (Hg.), *Marcel Proust und die Philosophie*, Frankfurt/M. 1997.

derner Subjektivität bei und hat so einen produktiven Charakter. Prousts Prosa fordert die Leser in ihrem eigenen Verständnis von Subjektivität heraus und stößt so ein modernes Selbstverständnis an. Das bedeutet: Prousts Prosa trägt zur Entwicklung des Selbst- und Weltverhältnisses bei.

Die Malerei Cézannes wird ähnlich interpretiert. Cézanne entwickelt in seinen Werken – paradigmatisch hierfür sind die zahlreichen Gemälde, für die er das Sainte-Victoire-Gebirge als Motiv gewählt hat – neue Sichtweisen,[4] für die es charakteristisch ist, dass sie in neuer Weise bei der farblichen Materialität ansetzen. Seine Malerei lehre so, in neuer Weise zu sehen, entwickle eine reflektierte Form der Sichtbarkeit und der Sichtbarmachung. Diese Entwicklung hat eine spezifisch moderne Komponente darin, dass sie, wie Merleau-Ponty es formuliert, mit einem Zweifeln verbunden ist, das auf eine Neubegründung des Sehens zielt.[5] Cézanne setzt aus diesem Grund gewissermaßen voraussetzungslos bei der Farbe an und entwickelt ein Sehen auf Basis der Kombination von Farbflächen. Die neue Sehweise, nach der Cézanne sucht, ist mit dem Gedanken verbunden, dass ein modernes Subjekt sich selbst zu begründen habe. In diesem Sinn ist es nur konsequent, dass er eine Subjektivität und ihr Sehen nicht einfach wiedergibt, sondern mit seinen Gemälden beides in neuer Weise zu prägen sucht.

Diese beiden Beispiele nenne ich, weil uns in ihrer Interpretation das besonders geläufig ist, worum es mir im Folgenden geht. Ich will die beiden Aspekte, die ich hervorgehoben habe, noch einmal allgemein formulieren: Kunst steht erstens in konstitutiven Zusammenhängen mit bestimmten Momenten historisch-kultureller Praktiken. Zweitens ist sie in Bezug auf diese Praktiken in spezifischer Weise produktiv. Genau diese beiden Aspekte gilt es in einer Explikation von Kunst aufzuklären. Dies geschieht in vielen Kunstphilosophien und Kunsttheorien nicht in zufriedenstellender Weise, weil der Unterschied zwischen Kunst und der sonstigen menschlichen Praxis zu stark betont wird. Zudem bleibt oft unklar, inwiefern Kunst ein produktives Moment in Bezug auf menschli-

4 Vgl. z. B. Günter Figal, *Erscheinungsdinge. Ästhetik als Phänomenologie*, Tübingen 2010, S. 223-226; Bernhard Waldenfels, *Sinne und Künste im Wechselspiel. Modi ästhetischer Erfahrung*, Berlin 2010, S. 141-144.

5 Vgl. Maurice Merleau-Ponty, »Die Zweifel Cezannes«, in: *Das Auge und der Geist. Philosophische Essays*, Hamburg 2003, S. 3-27.

che Praktiken hat, weil in einer zu einseitigen Weise die ästhetische Autonomie betont und die Besonderheit von Kunst ›gegenständlich‹ erläutert wird. Beides lässt sich überwinden, wenn man Kunst als die Reflexionspraxis begreift, die sie ist. Auf diese Weise kann man einerseits dem Zusammenhang zwischen Kunst und menschlicher Praxis Rechnung tragen und andererseits die ästhetische Autonomie als Moment einer Reflexionspraxis verstehen.

Damit ist Kunst kein partikulares Element innerhalb der menschlichen Praxis, sondern einer ihrer Brennpunkte. Die menschliche Praxis ist von Kunst geprägt. Menschen gestalten, was sie sind, auch durch Kunst. Sie entwickeln durch ihre Auseinandersetzung mit Kunstwerken Verständnisse von sich und bestimmen damit, was sie als Menschen sind. Dieser Zusammenhang hat nicht nur Konsequenzen für den Begriff des Menschen und für das Verständnis von Selbstbestimmung. Er hat auch Konsequenzen für den Begriff der Kunst, die sich besonders an zwei Aspekten festmachen lassen. Erstens muss von einem angemessenen Begriff der Kunst eingefangen werden, dass Kunst eine vielfältige, reichhaltige und kontroverse Praxis ist. Künste agieren mit unterschiedlichsten Medien und in unterschiedlichen Formen. Kunstwerke bestehen aus wenigen Wörtern oder sind abendfüllend. Sie verfolgen realistische Poetiken oder verschreiben sich gänzlich der Abstraktion. Diese Pluralität der Kunstwerke und Künste ist aber nicht nur ein neutrales Nebeneinander, sondern ist mit Kontroversen unter den Kunstwerken und Künsten verbunden. An diesen Kontroversen sind wiederum immer auch die beteiligt, die sich mit Kunstwerken auseinandersetzen. Damit komme ich zum zweiten Kriterium, das darin besteht, den Begriff der Kunst von der Praxis der Kunst her zu begreifen. Erklärt werden muss, warum wir überhaupt von Kunst sprechen, warum wir es also nicht bei der Pluralität belassen – einer Pluralität von Gedichten, Filmen, lebensgroßen Skulpturen, Tanzperformances und vielem anderen –, sondern diese Pluralität unter *einen* Begriff, den Begriff »Kunst«, bringen. Die Kontroversen um Kunstwerke und Künste drehen sich um diesen Begriff. Er und damit auch das theoretische Nachdenken über Kunst sind so als Elemente der Praxis der Kunst selbst zu begreifen.

So geht es mir in den folgenden Überlegungen nicht zuletzt um die Frage, inwiefern Kunst eine Praxis ist, in der es immer auch um Kunst als ganze geht. Darin ist Kunst exemplarisch für die menschliche Praxis insgesamt. Die menschliche Praxis ist – wie bereits gesagt – davon geprägt, dass der Mensch zu sich Stellung nimmt. Der Mensch ist, wie Heidegger sagt, immer in Praktiken solcher Stellungnahmen geworfen.[6] Dennoch steht er zugleich vor der Aufgabe, solche Stellungnahmen von sich aus fortzuführen. Kunst leistet einen Beitrag genau dazu: dazu dass der Mensch zu sich Stellung nimmt und sich damit selbst zu bestimmen sucht. Kunst ist so eine Praxis, die an der Konstitution menschlicher Freiheit mitzuwirken beansprucht. Zwar müssen wir uns von dem philosophischen Traum verabschieden, dass allein die Kunst diese Freiheit zu gewährleisten und die Wahrheit über die *conditio humana* ans Licht zu fördern vermag. Aber dennoch ist Kunst mehr als eine spielerische Dreingabe zur menschlichen Praxis. Wenn man zwischen diesen beiden Extremen hindurchsteuert, wird der Blick frei auf den spezifischen Beitrag, den die Kunst zur menschlichen Praxis leistet. Kunst bereichert das menschliche Leben in einer wundervollen Weise. Mehr gilt es nicht zu verstehen – weniger aber auch nicht.

Das Buch gliedert sich in vier Kapitel, die jeweils knapp und programmatisch gehalten sind. Ich skizziere kurz und bündig die Zusammenhänge, die aus meiner Sicht entscheidend sind, um den Begriff der Kunst zu fassen, so dass eine Reihe von Details bewusst anderen Arbeiten überlassen bleiben. Im ersten Kapitel wird untersucht, welche Verkürzungen eine einseitige Betonung der Spezifik von Kunst zur Folge hat. Ich halte mich dabei exemplarisch an eine Ästhetik aus der kontinentalen Tradition – diejenige von Christoph Menke – und an eine solche aus der analytischen Tradition – diejenige von Arthur Danto. Ich möchte zeigen, dass diese Positionen, so entfernt sie voneinander auch sein mögen, mit durchaus ähnlichen Problemen zu kämpfen haben. Damit möchte ich eine allgemeine Perspektive auf Einseitigkeiten eines Paradigmas eröffnen, das die Kunstphilosophie nach wie vor maßgeblich prägt: des Autonomie-Paradigmas.

Das zweite Kapitel geht dann zu den Positionen Kants und Hegels zurück und sucht von dort aus ein Motiv des ästhetischen Denkens wiederzugewinnen, das systematisch über das Autonomie-Paradigma hinausführt: die Bestimmung der ästhetischen Praxis als einer reflexiven Praxis. Was eine reflexive Praxis ist, lässt

6 Vgl. Martin Heidegger, *Sein und Zeit*, Tübingen [16]1986, § 31.

sich nur innerhalb des Rahmens sagen, in dem diese Praxis ihre reflexive Leistung erbringt. Und dies führt zur menschlichen Lebensform. Ich werde darlegen, inwiefern Kant und Hegel in ihrem ästhetischen Denken immer die menschliche Lebensform als Bezugspunkt des Schönen und der Kunst im Blick haben. Dabei werde ich aber auch auf gewisse Einseitigkeiten hinweisen, die sich in den Positionen Kants und Hegels nichtsdestotrotz zeigen und die vermieden werden müssen. Sie betreffen in erster Linie den Begriff der Reflexion, den sowohl Kant als auch Hegel in einer zu theoretischen Art und Weise anlegen. Ich versuche, bestimmte Vorverständnisse einer solchen Anlage zu korrigieren, um eine Grundlage für einen plausiblen Begriff von Kunst als einer reflexiven Praxis zu gewinnen.

Im dritten Kapitel werde ich einen solchen Begriff dann in seinen Grundzügen entwickeln. Dies wird möglich, wenn man den Versuch aufgibt, die Spezifik der Kunst allein mit Blick auf Kunstwerke zu bestimmen, sondern sie stattdessen unter Rekurs auf den Zusammenhang von Kunstwerken und denjenigen Praktiken erläutert, die Rezipierende in Auseinandersetzung mit Kunstwerken ausführen. Kunstwerke beziehungsweise ästhetische Ereignisse sind mit Praktiken verbunden, die sich von der selbstbezüglichen Verfasstheit des jeweiligen Gegenstands leiten lassen. Gegenstände und Praktiken bilden einen dynamischen Zusammenhang. Es ist meine These, dass genau anhand dieses Punktes der Begriff der ästhetischen Autonomie erläutert werden kann, ohne dass es zu problematischen Verkürzungen kommt. Dazu ist es aber wiederum erforderlich, dass wir die von Rezipierenden ausgeführten Praktiken als im Zusammenhang mit anderen menschlichen Praktiken stehend betrachten. So lassen sich Kunstwerke in ihrer Selbstbezüglichkeit als autonom verstehen, ohne dass sie im Rahmen der menschlichen Praxis isoliert werden.

Das vierte Kapitel geht dann den letzten entscheidenden Schritt in der Überwindung des gegenstandsorientierten Verständnisses von Kunst, indem es klärt, inwiefern Kunst nicht zum gewöhnlichen Inventar menschlicher Praxis gehört. Dabei steht in erster Linie die Frage im Zentrum, was es heißen könnte, dass Kunst eine unabgesicherte Praxis ist, und warum der Begriff der Kunst nicht primär deskriptiv, sondern primär normativ-evaluativ funktioniert, wenn man sie in diesem Sinn versteht. Die Künste entwickeln sich in offener Weise weiter. Sie basieren, so argumentiere ich, auf Konstellationen, die in Kunstwerken in immer neuer Weise reaktualisiert werden, so dass Kunst sich bereits in ihrer Konstitution als eine unabgesicherte Praxis erweist. Die spezifische Unabgesichertheit ist, so lege ich dar, mit einem ständigen Ringen von Kunstwerken um ihr Gelingen als Kunst verbunden. Dieses Ringen hängt mit Urteilsaktivitäten zusammen, mit denen Rezipierende auf Kunstwerke reagieren und die nicht nur Kunstwerke und ästhetische Ereignisse als solche, sondern den Zusammenhang betreffen, der zwischen ihnen und der sonstigen menschlichen Praxis besteht. Der Bezugspunkt dieser Urteilsaktivitäten ist – und damit schließt sich der Kreis – der Begriff der Kunst als der Begriff einer Praxis, die für uns in einer besonderen Weise wertvoll ist.

Kapitel 1
Eine Kritik des Autonomie-Paradigmas

Die Besonderheit der Kunst ist der Ausgangspunkt, bei dem kunstphilosophische Positionen üblicherweise ansetzen. Dies ist auch plausibel, gilt es doch zu begreifen, was Kunst ausmacht. Die Frage »Was ist Kunst?« fordert, so scheint es, eine Antwort, die Kunst von anderen Gegenständen beziehungsweise Praktiken des menschlichen Lebens abgrenzt. So suchen kunstphilosophische Positionen die Besonderheit der Kunst zu fassen, indem sie ästhetische Eigenschaften, ästhetische Erfahrungen, eine ästhetische Praxis oder ästhetische Institutionen auf ihre Besonderheit hin analysieren. Diese Vorgehensweise birgt allerdings eine Gefahr: Sie droht die Besonderheit der Kunst zu dem entscheidenden Aspekt ihres Begriffs zu machen. Es droht unter der Hand vorausgesetzt zu werden, dass Kunst sich auf Basis einer Abgrenzung von sonstigen Gegenständen, Erfahrungen, Praktiken oder Institutionen bestimmen lässt. Mit dem Leitwort der »ästhetischen Differenz« ist eine solche Voraussetzung immer wieder zum Programm kunsttheoretischer und kunstphilosophischer Positionen gemacht worden.[1] In einer einseitigen Betonung der Besonderheit der Kunst macht man sich entsprechend auf die Suche nach der Spezifik beziehungsweise der Eigengesetzlichkeit von Kunst. Kurz gesagt: Als wesentliches Merkmal von Kunst begreift man ihre Autonomie.

Für Ansätze, die im weitesten Sinn diese Voraussetzung teilen, führe ich den Begriff des *Autonomie-Paradigmas* ein. Nun habe ich die Voraussetzung, von der ich spreche, bislang weder sonderlich scharf formuliert, geschweige denn erläutert. Daher behandele ich den Begriff des Autonomie-Paradigmas zunächst als einen Suchbegriff, den ich folgendermaßen verstehe: Dem Autonomie-Paradigma gehören all diejenigen Positionen an, die Kunst unter Rekurs auf ihre Besonderheit und in Abgrenzung gegenüber anderem zu fassen versuchen. Ein solcher Ansatz ist weiter verbreitet, als man vielleicht denken mag. In vielen kunstphilosophischen Positionen

1 Für die jüngere deutschsprachige Diskussion ist dieses Programm besonders profiliert worden in: Rüdiger Bubner, »Über einige Bedingungen gegenwärtiger Ästhetik«, in: *Ästhetische Erfahrung*, Frankfurt/M. 1989, S. 9-51.

ist von ästhetischer Autonomie, von Eigengesetzlichkeit, Abgrenzung etc. nicht die Rede. Man könnte also denken, dass nur ein kleiner Teil der kunstphilosophischen und kunsttheoretischen Debatte die eigenen Explikationen auf eine solche Autonomie hin orientiert. Das ist aber nicht richtig. Es sind weit mehr Positionen dem Autonomie-Paradigma verpflichtet als die, die diesen oder einen verwandten Begriff explizit gebrauchen. Dass Kunst etwas Besonderes ist, ist in vielen Theorien über Kunst eine fast schon selbstverständliche Unterstellung: Und genau diese Unterstellung ist, wie ich zeigen will, problematisch.

Nun ist aber die Situation nicht so einfach, dass sich der Gedanke, Kunst sei autonom, mal eben in Bausch und Bogen verwerfen ließe. Er hat nämlich durchaus einen richtigen Kern. Dieser richtige Kern wird, so behaupte ich, nur nicht in angemessener Weise realisiert, da der Gedanke insgesamt zu einseitig gefasst wird. Eine Kritik des Autonomie-Paradigmas in der Kunstphilosophie darf also nicht das Ziel verfolgen, den Autonomie-Begriff *in toto* zu verabschieden. Es gilt vielmehr, ein einseitiges Verständnis ästhetischer Autonomie zu verabschieden, um dadurch den richtigen Kern des Autonomie-Begriffs artikulieren zu können. Dies impliziert, dass man Kunst nicht mehr aufgrund ihrer Besonderheit als autonom gegenüber anderem begreift. Ein solcher Begriff der Autonomie *muss* verabschiedet werden. Vielmehr gilt es, so werde ich darlegen, Kunst in ihrer Besonderheit im Rahmen der menschlichen Praxis, ja, ihre Besonderheit als einen wesentlichen Aspekt des Beitrags, den sie zu dieser Praxis leistet, zu verstehen. Sehr abstrakt gesagt: Die Autonomie der Kunst ist konstitutiv mit Heteronomie verbunden. Genau dies will ich anhand einer Kritik des Autonomie-Paradigmas verständlich machen.

Nun kann ich im Folgenden unmöglich eine umfassende Diskussion all jener Positionen leisten, die dem Autonomie-Paradigma angehören. Es wäre auch wenig sinnvoll, da sich verwandte Bestimmungen in vielen theoretischen Kontexten finden. Aus diesem Grund bietet es sich an, exemplarisch vorzugehen. Ich wähle zwei Positionen, die in vielen Hinsichten denkbar weit voneinander entfernt liegen. Die erste Position ist aus den Debatten über ästhetische Erfahrung hervorgegangen. Ausgehend von der Ästhetik Adornos sind insbesondere im deutschen Sprachraum in den letzten 30 Jahren zahlreiche Versuche unternommen worden, die

Spezifik der Kunst in Begriffen ästhetischer Erfahrung zu fassen. Dabei wird, wiederum im Anschluss an Adorno, auch wie selbstverständlich von ästhetischer Autonomie gesprochen – so auch in der Kunstphilosophie von Christoph Menke, mit der ich mich hier exemplarisch auseinandersetzen möchte. Menke artikuliert in einer besonders konsequenten Art und Weise den Gedanken, dass die Autonomie der Kunst sich in spezifischen Erfahrungen manifestiert.

Die zweite Position, die ich in ihren Grundzügen exemplarisch diskutieren werde, steht in der sogenannten sprachanalytischen Tradition. Aufgrund des Scheiterns sowohl radikal antiessentialistischer[2] als auch essentialistischer[3] Ansätze und zudem beeinflusst durch den Pragmatismus,[4] ist in dieser Tradition Kunst immer wieder mit Bezug auf die historisch-kulturellen Zusammenhänge bestimmt worden, in denen sie steht. Einer ihrer wichtigsten Vertreter, der sich in besonders ausgewogener Art und Weise auf solche Zusammenhänge stützt, ist Arthur Danto. Er hat Kunst wesentlich anhand von Kunstwerken bestimmt, die – wie die Ready-mades von Marcel Duchamp und die Pop Art von Andy Warhol – für die Institution »Kunst« beziehungsweise den Begriff des Kunstwerks eine besondere Herausforderung darstellen. Danto hat sich dabei vor allem kritisch gegen einen bloß institutionentheoretisch gefassten Begriff der Kunst gewandt, wie beispielsweise George Dickie ihn vorgeschlagen hat.[5] Danto macht, so können wir sagen, das Bedeutungsmoment von Kunstwerken gegen ein zu enges pragmatistisches Verständnis geltend und erläutert in dieser Weise ihre gesellschaftliche Einbettung. Dies allerdings verpflichtet ihn darauf, zu sagen, aufgrund welcher Besonderheit Kunstwerke sich in ihrer Bedeutung von anderen Gegenständen, die auch Bedeutung ha-

2 Der paradigmatische Beitrag zur analytischen Kunstdiskussion, der für einen radikalen Antiessentialismus im Anschluss an Wittgenstein argumentiert, ist: Morris Weitz, »The Role of Theory in Aesthetics«, in: *Journal of Aesthetics and Art Criticism* 15 (1956), S. 27-35.

3 Als paradigmatischer Beitrag, der sich gegen alle antiessentialistischen Tendenzen in der Ästhetik richtet, ist hier zu nennen: Harold Osborne, »Definition and Evaluation in Aesthetics«, in: *Philosophical Quarterly* 23 (1973), S. 15-27.

4 Von besonderer Bedeutung ist hier John Dewey, *Kunst als Erfahrung*, Frankfurt/M. 1985.

5 Vgl. besonders George Dickie, *Art and the Aesthetic. An Institutional Analysis*, Ithaca 1974.

ben (paradigmatisch: Zeichen), abheben. Und genau deshalb, weil er diese Besonderheit herausstellen muss, ist auch er, so werde ich darlegen, ein Vertreter des Autonomie-Paradigmas.

Ich werde also anhand der Kunstphilosophien von Menke und Danto größere theoretische Zusammenhänge in den Blick nehmen, insgesamt das Autonomie-Paradigma diskutieren und die bemerkenswerte Komplementarität dieser Positionen beleuchten. Insbesondere will ich an ihnen gewisse Verkürzungen betrachten, zu denen das Autonomie-Paradigma führt. Diese Verkürzungen lassen sich gut fassen, wenn man Kunstphilosophien daraufhin betrachtet, in welchem Verhältnis zwei Bestimmungen in ihnen stehen: die der *Spezifik* und die des *Werts* der Kunst. Unter Bestimmungen des Werts der Kunst verstehe ich solche, die Kunst als eine für Menschen wertvolle Praxis verständlich machen. Charakteristisch für Probleme in der Kunstphilosophie ist es, dass entweder der Wert der Kunst anhand ihrer Spezifik erklärt wird oder dass die Bestimmung ihrer Spezifik für die Explikation ihres Werts irrelevant ist. In beiden Fällen gelingt es nicht, die Spezifik der Kunst als Aspekt ihres Werts verständlich zu machen, da sie strukturell jeweils unabhängig vom Wert gefasst wird. Diese Diagnose soll es ermöglichen, einen Ansatzpunkt für eine unverkürzte Bestimmung von Kunst zu finden.

1. Kunst als ein anderes Gutes: Menke

Wenn man sich fragt, was spezifisch für Kunst ist, kommen unter anderem die besonderen Erfahrungen in den Blick, die wir in Auseinandersetzungen mit Kunstwerken machen.[6] Diese Erfahrungen unterscheiden sich, so scheint es, in charakteristischer Weise von allen anderen Erfahrungen. Sie scheinen also ein guter Ansatzpunkt zu sein, wenn wir die Spezifik der Kunst erläutern möchten. Entsprechend könnten wir sagen: Kunst ist eine Praxis, in der wir spezifische Erfahrungen machen, und Kunstwerke sind die Gegen-

6 Ich spreche hier und im Folgenden durchweg von Kunstwerken in einem offenen Sinne, in dem der Begriff des Kunstwerks auch ästhetische Ereignisse wie Performances oder Happenings sowie all die Kunstwerke, die Umberto Eco mit dem Begriff des »offenen Kunstwerks« bezeichnet, umfasst (vgl. *Das offene Kunstwerk*, Frankfurt/M. 1977).

stände beziehungsweise Ereignisse, die uns solche spezifischen Erfahrungen ermöglichen. Wenn man so ansetzt, kann man weiter fragen, was denn spezifisch für ästhetische Erfahrungen in diesem Sinne ist. Die Antwort könnte lauten: In der Auseinandersetzung mit Kunstwerken machen wir nicht einfach irgendwelche Erfahrungen wie sonst auch. Vielmehr tritt der Erfahrungsprozess als solcher in den Vordergrund. Dies liegt, so eine plausible Begründung, daran, dass etwas hier nicht so reibungslos funktioniert, wie dies ansonsten der Fall ist. Unsere alltäglichen Erfahrungen sind weitgehend durch den reibungslosen Umgang mit unterschiedlichsten Typen von Gegenständen bestimmt. Wir verfügen über zahlreiche Routinen und Gewohnheiten, um mit Gegenständen zurande zu kommen. Genau diese Routinen und Gewohnheiten würden in der Kunst, so kann man nun sagen, in Frage gestellt. Darin bestehe die Spezifik ästhetischer Erfahrungen.

Dieser Gedankengang macht einen sehr plausiblen Eindruck. Insofern nimmt es nicht wunder, dass eine der profiliertesten Theorien ästhetischer Erfahrung ihn in einer außerordentlich elaborierten und überzeugenden Variante vertritt: die Kunstphilosophie von Christoph Menke. Seit seiner Monographie *Die Souveränität der Kunst* (zuerst 1988) verteidigt Menke eine Position, die ästhetische Erfahrungen als Erfahrungen des Ausstiegs aus alltäglichen Routinen verständlich macht. Mit dieser Erläuterung knüpft er an Adornos Negativitätsästhetik an[7] und gibt dieser gewissermaßen eine praktische Wendung. Wenn Adorno Kunstwerke als Gegenstände versteht, die sich der Kommunikation verschließen (wie er es unter anderem mit dem Begriff des »Rätselcharakters« der Kunst artikuliert[8]), so versteht Menke sie als Gegenstände, die eine von Irritation geprägte Kommunikation initiieren.

7 Menke knüpft dabei nicht nur an Adorno, sondern auch an Derrida an (entsprechend lautet der Untertitel von *Die Souveränität der Kunst* [überarbeitete Ausgabe, Frankfurt/M. 1991] *Ästhetische Erfahrung nach Adorno und Derrida*). Der Rekurs auf Derrida ist aber ein wenig paradox, da dieser das Autonomie-Paradigma einer umfassenden Kritik unterzogen hat (vgl. hierzu Jacques Derrida, »Parergon«, in: *Die Wahrheit in der Malerei*, Wien 1992, S. 31-176). Er taugt aus diesem Grund schlecht als Gewährsmann für eine autonomieästhetische Position. Ich gehe auf Derridas Analysen nicht weiter ein, da diese einen anderen Weg nehmen, als ich ihn hier für sinnvoll halte, bin aber der Auffassung, dass meine Überlegungen sich mit seinen in vielen Punkten berühren.

8 Vgl. Theodor W. Adorno, *Ästhetische Theorie*, Frankfurt/M. 1970, S. 179-182.

Die Irritation, von der hier die Rede ist, wird in *Die Souveränität der Kunst* als eine des Zeichengebrauchs erläutert. Die Erfahrungen, die Kunstwerke ermöglichen, seien, so setzt Menke voraus, Erfahrungen im Umgang mit Gegenständen, die für uns Bedeutung haben. Dieser Ausgangspunkt ist verständlich: Wir können uns Kunstwerke sehr gut als Gegenstände begreiflich machen, die für uns Bedeutung haben. Charakteristisch für diese Gegenstände sei nun, so Menke weiter, dass wir uns ihre Bedeutung nicht umstandslos erschließen können. Kunstwerke konfrontierten uns mit einem Material, dessen Bedeutung uns nicht einfach zugänglich sei.[9] Das Zustandekommen von Bedeutung werde bei Kunstwerken vielmehr grundsätzlich verzögert. Diese Verzögerung lässt sich im Sinne Menkes mit dem Begriff der Lektüre erläutern. Bei der ›Lektüre‹ eines Kunstwerks stoßen wir immer wieder auf materiale Momente des Werks, die wir nicht integrieren können. Aus diesem Grund muss man immer wieder neu ansetzen. Rezipierende machten, so Menke, entsprechend in der Auseinandersetzung mit einem Kunstwerk zunehmend die Erfahrung, dass sie mit einem Material konfrontiert sind, das sie in seiner Bedeutung nicht zu erschließen vermögen. Es handele sich hierbei um eine Erfahrung des Nichtfunktionierens von Zeichengebrauchsroutinen: Kunstwerke setzten den automatischen Übergang vom Zeichenmaterial zur Bedeutung außer Kraft[10] und eröffneten genau dadurch Raum für eine besondere Erfahrung, die Menke mit dem Begriff der »Desautomatisierung«[11] bezeichnet. Als besondere Zeichen durchbrechen Kunstwerke demnach alltägliche Automatismen im Umgang mit Zeichen und beleuchten dadurch Bedingungen, unter denen jeder Zeichengebrauch steht.

Diesen Ansatz aus *Die Souveränität der Kunst* hat Menke später deutlich ausgebaut. In seiner Studie *Kraft* räumt er dabei implizit ein, dass der Wert der ästhetischen Praxis noch nicht ausreichend erläutert ist, wenn man sie als eine Praxis begreift, die die Bedin-

9 Vgl. Menke, *Die Souveränität der Kunst*, S. 52-64.

10 Ich gehe auf die These, dass der alltägliche Zeichengebrauch automatisiert (in Routinen und Gewohnheiten) verläuft, hier nicht weiter ein, will aber am Rande bemerken, dass in ihr ein Problem von Menkes Position liegt: Sie legt sich auf einen Begriff von Verstehen fest, der der Offenheit, Veränderbarkeit und Reflexivität auch alles alltäglichen Verstehens in zu geringem Maße Rechnung trägt.

11 Ebd., S. 74.

gungen des alltäglichen Zeichengebrauchs erfahrbar macht. Es ist ganz unklar, was es für den alltäglichen Zeichengebrauch bedeutet, diese Erfahrung zu machen,[12] so dass man mehr zu dem spezifischen Anstoß sagen muss, der in dieser Erfahrung liegt. Dies macht Menke nun, indem er sagt: Der Wert der ästhetischen Praxis des Ausstiegs aus Zeichengebrauchsroutinen liegt darin, Ausdruck von Kraft zu sein. Die ästhetische Praxis sei durch eine besondere Art der Lebendigkeit gekennzeichnet: Es sei ein in besonderer Weise lebendiges Tun, sich mit Kunstwerken und ästhetischen Geschehnissen auseinanderzusetzen. Und für dieses Tun gilt: »[A]ls lebendiges ist das menschliche Tun nicht Verwirklichung eines Zwecks, sondern Ausdruck von Kraft.«[13] Die Kraft, von der hier die Rede ist, wird von Menke – im Anschluss an Herder und Nietzsche – als Grund des Lebendigen als solchem begriffen. Wenn sie zum Ausdruck komme, werde also das Leben in besonderer Weise zur Geltung gebracht, und zwar in einer Lebendigkeit, die nicht einem bestimmten Zweck unterworfen ist. So ist es für ästhetische Praktiken und die im Zuge dieser Praktiken gewonnenen Erfahrungen nach Menke charakteristisch, dass die alltäglichen Zweckorientierungen suspendiert sind. An diesem Punkt kommt die »Desautomatisierung« erneut ins Spiel, also das Durchbrechen der Automatismen des Alltags. In *Kraft* bezeichnet Menke dies als »Nichtkönnen«. Für den Ausstieg aus alltäglichen Automatismen ist es, so kann man Menkes Idee mit Adornoschem Unterton erläutern, entscheidend, dass die Praxis nicht beherrscht wird. Damit lässt sich die ästhetische Praxis noch einmal anders bestimmen: als eine Praxis des Nichtbeherrschens von Praxis, als eine Praxis des Nichtkönnens. Entsprechend heißt es bei Menke: »Die Künstler *können* das Nichtkönnen.«[14]

Menke kann nun sagen, dass Kunst eine andere Praxis innerhalb der menschlichen Praxis initiiert. Diese Praxis nennt er »Ästhetisierung«.[15] Im Modus der Ästhetisierung würden Prakti-

12 Dies wird auch besonders deutlich in Christoph Menke, »Die Reflexion im Ästhetischen«, in: *Zeitschrift für Ästhetik und allgemeine Kunstwissenschaft* 46 (2001), S. 161-174.

13 Christoph Menke, *Kraft. Ein Grundbegriff ästhetischer Anthropologie*, Frankfurt/M. 2008, S. 118.

14 Ebd., S. 127.

15 Ebd., S. 67; vgl. zum Folgenden besonders: ebd., S. 80-82.

ken, die ansonsten Gewohnheiten und Routinen unterliegen, in einer ungewohnten und nichtroutinierten Art und Weise ausgeführt. Deutlich werde dadurch, dass die Gewohnheiten und Routinen einen falschen Schein von Selbstbestimmung und Bestimmung der Welt produzieren. So beruhe die Ästhetisierung einerseits auf den nichtästhetischen Praktiken, die sie andererseits jedoch transformiere, indem sie die Kräfte zum Vorschein bringe, auf denen diese Praktiken immer schon beruhen. In dieser Weise infiziert Ästhetisierung die alltägliche menschliche Praxis mit einer anderen Praxis. Die menschliche Praxis wird dadurch gewissermaßen in sich selbst gespalten. Wenn eine Ästhetisierung zustande kommt, gibt es die menschliche Praxis einerseits im Modus der Gewohnheiten und Routinen und andererseits im Modus der Kräfte, in dem alle Gewohnheiten und Routinen sich als anders erweisen, als sie sind beziehungsweise erscheinen. Die Bestimmtheit des Alltags werde so gewissermaßen von innen mit der Unbestimmtheit des Spiels von Kräften konfrontiert.

Menkes Position ist mit diesem knappen Referat bei weitem nicht vollständig dargestellt. Dennoch lässt sich nun ihre grundsätzliche Stoßrichtung erkennen. Es handelt sich um einen konsequenten Versuch, die Spezifik ästhetischer Praxis von der in dieser Praxis realisierten Autonomie her zu bestimmen. Autonom ist diese Praxis als eine Praxis des Nichtkönnens, als eine der Unbestimmtheit – strukturell gesagt: als eine Praxis des Ausstiegs (im Sinne einer Transformation – Menke spricht auch immer wieder von einer »Regression«[16]). Diese Praxis des Ausstiegs wird von Menke als Grund der Besonderheit ästhetischer Erfahrungen begriffen. Und von da aus bestimmt er dann den Wert der Kunst. In *Kraft* spricht er von einer speziellen Form des Guten, die durch Kunst realisiert werde: das Leben in seiner Lebendigkeit. Dieses Gute ließe sich nicht in das Gutsein im Sinne menschlicher Zweckorientierungen integrieren, sondern sei vielmehr deren Grundlage. Menschliche Zweckorientierungen sind demnach nur dann möglich, wenn das menschliche Leben nicht durch und durch von außen bestimmt ist, sondern es eine gewisse grundlegende Unbestimmtheit gibt. Anders gesagt: Grundlegend für alles menschliche Können ist ein Nichtkönnen. Genau dieses Nichtkönnen wird durch ästhetische

16 Ebd., S. 73 u. a.

Praktiken reaktualisiert und damit als ein Motor sonstiger Praktiken erschlossen.

Wir können nun sagen, dass Menke zwei theoretische Züge macht:[17] Zuerst klärt er die Spezifik der Kunst in Begriffen ästhetischer Autonomie. Danach führt er auf dieser Basis den Wert der Kunst ein, gibt also an, welchen Wert die Kunst in ihrer Spezifik im Rahmen der menschlichen Praxis hat. Bevor ich zu einer kritischen Betrachtung dieses Ansatzes übergehe, will ich diese beiden Züge beziehungsweise die ihnen zugrunde liegenden Thesen kurz herausstellen:

> (*Spezifik-These Menke*) Kunst realisiert einen Ausstieg aus alltäglichen Praktiken, indem sie eine Praxis des Nichtkönnens initiiert. Diese Praxis ist gegenüber denjenigen Praktiken, die im Rahmen von Gewohnheiten und Routinen zustande kommen, autonom.

> (*Wert-These Menke*) Die Praxis des Nichtkönnens hat im Rahmen der menschlichen Praxis den Wert, die Grundlage menschlicher Praxis insgesamt zugänglich zu machen: Kunst reaktualisiert die Unbestimmtheit, in der alle menschliche Praxis gründet.

Das zentrale Problem dieser im Ansatz durchaus plausiblen Position liegt darin, dass Menke den von ihm angegebenen Wert nicht tatsächlich als Wert erläutern kann. Welche Relevanz hat es für die alltäglichen Praktiken des Menschen, ästhetisch unterbrochen zu werden? Die Lebendigkeit, die aller menschlichen Praxis zugrunde liegt, ist ja grundsätzlich gegeben. Warum muss diese Lebendigkeit reaktualisiert werden? Wenn ich Menke richtig verstehe, lautet seine Antwort auf diese Frage: Weil sich auf diese Weise die Wirklichkeit der menschlichen Praxis erkennen und angemessen würdigen lässt. Die Wirklichkeit der menschlichen Praxis ist, dass die menschlichen Zweckorientierungen auf einer unbestimmten Lebendigkeit basieren. Aus dieser Antwort ergibt sich aber ein Dilemma: Entweder kommt es tatsächlich zu einer Erkenntnis, die diesen Namen verdient, oder dazu, dass eine Praxis unbestimmter

17 Wie angedeutet, lassen sich diese beiden Züge auch werkgeschichtlich mit erstens *Die Souveränität der Kunst* und zweitens *Kraft* identifizieren.

Lebendigkeit initiiert wird. Eine Praxis unbestimmter Lebendigkeit ist keine Erkenntnis, da eine Erkenntnis immer bestimmt ist. Dieses Dilemma tritt in Menkes Ausführungen zutage. Er sagt, dass das Gute ästhetischer Praktiken nicht in das Gutsein im Sinne menschlicher Zweckorientierungen integriert ist. Das Gute ist, wie er konsequent sagt, entzweit.[18] Man kann das auch so sagen: Das Erkennen ist entzweit in ein alltägliches Erkennen und in ein ganz anderes Erkennen – ein Erkennen der Wirklichkeit der menschlichen Praxis.

Diese Lösung des Dilemmas, die Menke anbietet, funktioniert aber nicht. Das Gute (oder auch das Erkennen) kann nicht entzweit sein, denn von einem Guten lässt sich jenseits dessen, was Menke menschliche Zweckorientierungen nennt, nicht sprechen. Dem Begriff des Guten können wir nur Sinn abgewinnen, wenn wir ihn als Begriff für die wesentliche Orientierung des menschlichen Handelns verstehen. Wenn man aber ästhetische Praktiken als durch den Ausstieg aus sonstigen Handlungszusammenhängen bestimmt sieht, dann ist unklar, wie hier von einem Guten die Rede sein kann. Es könnte davon die Rede sein, wenn der Ausstieg integriert würde in die menschliche Praxis der Gewohnheiten und Routinen. Aber in diesem Fall handelte es sich nicht mehr um einen Ausstieg, da dann die Gewohnheiten und Routinen als solche als desautomatisiert zu begreifen wären. Damit wäre die Polarität zwischen Automatismen und Desautomatisierung beziehungsweise zwischen Können und Nichtkönnen aufgehoben. Diese Polarität aber steht im Zentrum von Menkes Begriff der Kunst. So bleibt nur der Weg, eine Entzweiung zu konstatieren, was Menke ja auch tut.

Diese Überlegung lässt sich in Bezug auf viele Theorien ästhetischer Erfahrung verallgemeinern. Für diese Theorien ist es charakteristisch, dass sie zwei Thesen unter einen Hut bringen wollen: zum einen die These, dass ästhetische Erfahrungen anders sind als sonstige Erfahrungen, wobei mit »anders« gemeint ist, dass es sich um in besonderer Weise autonome Erfahrungen handelt. Zum zweiten sollen diese Erfahrungen einen besonderen Wert haben beziehungsweise ein besonderes Gutes realisieren. Den in besonderer Weise autonomen Erfahrungen soll eine bestimmte Relevanz

18 So heißt es: »Es ist daher eine Entzweiung im Guten, die in keine Einheit aufgehoben werden kann.« (Menke, *Kraft*, S. 127)

zugesprochen werden. In Menkes Studie *Kraft* finden sich genau diese beiden Thesen, die sich jedoch nicht miteinander vereinbaren lassen. Wenn ästhetische Erfahrungen wesentlich autonom sind, können wir sie nicht mehr als Erfahrungen, die ein besonderes Gutes realisieren, begreifen. Etwas, das ein Gutes realisiert, muss auf seinen Beitrag zur sonstigen menschlichen Praxis hin bestimmt werden. Es lässt sich nicht als wesentlich autonom denken. Die Autonomie impliziert also, dass das Gute im Bereich des Ästhetischen keinen Ort hat. Das aber heißt: Theorien ästhetischer Erfahrung, die deren Autonomie herausstellen, gelingt es nicht, den Beitrag, den die Kunst zur menschliche Praxis leistet, verständlich zu machen. In Menkes Vokabular formuliert: Wenn die Künstler das Nichtkönnen können, dann heißt dies, dass von ihrer Seite kein Beitrag zur menschlichen Praxis zustande kommt. Kunst ist dann nichts anderes als der abstrakte Sammelbegriff für das Nichtzustandekommen eines Beitrags.

Es ist wichtig, an diesem Punkt sogleich festzuhalten, dass damit die Diskussion über das Konzept der ästhetischen Erfahrung keineswegs beendet ist. Menke macht eines klar: Ästhetische Erfahrungen sind besonders, weil Subjekte in ihnen nicht in der Art und Weise vermögend sind wie in alltäglichen Praktiken. Und der Begriff der ästhetischen Erfahrung artikuliert dies. Die Auseinandersetzung mit Kunstwerken geht anders vonstatten als die Auseinandersetzung mit sonstigen Gegenständen in der Welt, die von uns mehr oder weniger kontrolliert für die unterschiedlichsten Vorhaben eingesetzt werden. Kunstwerke hingegen lassen sich (als Kunstwerke) nicht in dieser Weise ›kontrollieren‹. Noch einmal anders gesagt: Subjekte gehen mit Kunstwerken in spezifischer Weise um und machen dabei besondere Erfahrungen, die wir als ästhetische Erfahrungen bezeichnen können. Charakteristisch für diese Erfahrungen ist, dass sie Subjekte verändern. Dies ist ein wesentliches Moment ästhetischer Erfahrungen, auf das ich ebenso wie auf den Begriff der ästhetischen Erfahrung noch zurückkommen werde (im vierten Kapitel).

Nun könnte man allerdings einwenden, dass Menke die Relevanz ästhetischer Erfahrungen gerade mit seinem Rekurs auf die darin zum Ausdruck gebrachte Kraft doch zu erläutern vermag. Ästhetische Erfahrungen zeigen demnach, dass Kraft die Grundlage aller zweckorientierten Praktiken ist. Die zweckorientiert agierenden Subjekte erkennen aufgrund solcher Erfahrungen, dass ihre Praktiken insgesamt nichts anderes sind als Ausdruck »dunkel spielender Kräfte«, wie es bei Menke heißt.[19] Ästhetisch erfahrene Subjekte gewinnen so ein neues Verhältnis zu der Praxis, in die sie verwickelt sind; sie lösen sich von einem falschen Verständnis dieser Praxis und damit von einem falschen Selbstverständnis. Ist das nicht relevant genug? Bestehen die von mir diagnostizierten Probleme überhaupt noch? Sie wären dann verschwunden, wenn die skizzierte Erläuterung verständlich wäre. Sie ist es aber nicht. Meines Erachtens lässt sich hier nicht von einem neu gewonnenen Verhältnis oder von der Auflösung eines falschen Selbstverständnisses sprechen. Wenn alles nur ein »Spiel der Kräfte«[20] ist, kann dieses Spiel nicht zur Änderung irgendeines Selbstverständnisses führen. Denn innerhalb dieses Spiels kann überhaupt nicht von irgendeinem Selbstverständnis gesprochen werden. Rückübersetzt in das bislang verwendete Vokabular: Die Einsicht in ein falsches Selbstverständnis wäre etwas Gutes, etwas, das zu erreichen sich lohnt. Ein solches Gutes kann es aber nur innerhalb eines Selbstverhältnisses geben. Nur für jemanden, der ein Selbstverhältnis hat, kann es Dinge geben, die zu erreichen sich lohnt. Wenn ein solches Selbstverhältnis von dem »Spiel dunkler Kräfte« ausgehen soll, wäre ein anderes Gutes vonnöten – und somit auch eine Spaltung des Guten, die sich aber nicht verständlich machen lässt. Es bleibt dabei: Wenn man Kunst als den Ausdruck eines »Spiels der Kräfte« begreift, lässt sich ihre Relevanz nicht zufriedenstellend erläutern.

Dass eine Explikation der Autonomie von Kunst in Begriffen ästhetischer Erfahrung nicht zu einem Begriff der Relevanz von Kunst gelangt, schlägt sich in zwei Konsequenzen nieder, die ich gewissermaßen von außen artikulieren möchte. Dabei muss ich auf Aspekte der Bestimmung von Kunst zurückgreifen, die ich noch nicht eingeführt und für die ich noch nicht argumentiert habe. Bei der Formulierung der ersten Konsequenz greife ich auf einen Aspekt zurück, der für ein Verständnis von Kunst große Bedeutung hat: die Pluralität der Kunstwerke und der Künste. Kunst muss aus Gründen, zu denen ich gegen Ende dieses Kapitels etwas mehr sagen und denen ich mich intensiv im vierten Kapitel wid-

19 Vgl. ebd., S. 80.

20 Vgl. ebd., S. 88. Menke spricht auch immer wieder im Singular von einem »Spiel der Kraft« bzw. einem »Spiel der dunklen Kraft«.

men werde, als eine *plurale* Praxis verständlich gemacht werden. Genau dies gelingt aber nicht, wenn man die ästhetische Autonomie in Begriffen ästhetischer Erfahrung erläutert. Wenn das künstlerische Tun Ausdruck von Kraft ist, dann gilt dies natürlich für alle künstlerischen Praktiken gleichermaßen. Ein Gedicht gleicht darin einer Symphonie und diese einem Happening. Pointiert gesagt: Es macht mit Blick auf die ästhetische Bedeutung einer Praxis keinen Unterschied, ob es sich um ein Gedicht, eine Symphonie oder ein Happening handelt. Dies leuchtet aber nicht sonderlich ein, im Gegenteil: Es macht einen erheblichen Unterschied, ob wir mit einem Gedicht, einer Symphonie oder einem Happening konfrontiert sind. Dieser Unterschied wird jedoch von einer Kunstphilosophie, die Kunst als Ausstieg aus den ansonsten bestimmten Praktiken versteht, eingeebnet. Nun rächt sich, dass eine solche Kunstphilosophie den Wert der Kunst mit dem Begriff der Unbestimmtheit erläutert. Das hat nämlich zur Folge, dass sie der Bestimmtheit ästhetischer Praktiken nicht in angemessener Weise Rechnung zu tragen vermag. Salopp gesagt: Das ist der Preis für die einseitige Betonung der ästhetischen Autonomie. Ein hoher Preis, was sich schon daran zeigt, dass es nur eines einzigen Kunstwerkes bedürfte, damit das Spiel dunkler Kräfte zum Ausdruck kommt. Mehr braucht man eigentlich nicht.

Menke allerdings liefert durchaus Argumente, die die soeben formulierte Kritik als unangemessen erscheinen lassen könnten. Er geht davon aus, dass das Spiel dunkler Kräfte unterschiedliche Formen annehmen kann. Je nachdem, welche alltägliche Praxis auf ihren unbestimmten Untergrund hin ästhetisch reflektiert wird, kommt es zu unterschiedlichen Formen der Praxis des Nichtkönnens. Jede historische Zeit und jede historisch-kulturelle Situation verlangt andere Arten und Weisen, den unbestimmten Grund aller Praxis zur Geltung zu bringen. Mit Menkes *Die Souveränität der Kunst* kann man sagen, dass Kunstwerke unterschiedliches Material in unterschiedlicher Weise darbieten. Bei einem Gedicht sind es Wörter, Wortzusammenhänge oder auch Phoneme, bei einer Symphonie hingegen Klänge, Klangzusammenhänge, thematische Bögen und dergleichen. Die Suspension eines automatisierten Zeichengeschehens geschieht so immer auf unterschiedliche Art und Weise. Das stimmt. Aber ist es auch in ästhetischer Hinsicht erheblich? Aus Sicht von Menkes Explikationen ist das nicht der

Fall. Ästhetisch erheblich ist aus dieser Sicht nur, *dass* es zu einer Suspension eines automatisierten Zeichengeschehens kommt, dass ein Können des Nichtkönnens zustande kommt. Wie genau die konkreten Zusammenhänge beschaffen sind, ist für die Erfahrung des Spiels der Kräfte unerheblich. Aus diesem Grund bleibt es dabei: Die Pluralität der Künste lässt sich mit Menkes Position nicht als genuines Merkmal von Kunst verständlich machen.

Auch eine zweite Konsequenz dieser Position ist bemerkenswert, weil sie zeigt, wie das erfahrungsästhetische Insistieren auf der ästhetischen Autonomie dazu führt, dass ein wichtiger Aspekt unseres Umgangs mit Kunst in den Hintergrund gedrängt wird: die *Interpretation* von Kunstwerken. Wenn wir uns mit einem Gedicht auseinandersetzen, stellen wir nicht nur unterschiedliche Zusammenhänge zwischen seinen Elementen her. Es kommt nicht nur zu *Prozessen* der (scheiternden) Lektüre, sondern wir fragen uns vielleicht auch, wovon das Gedicht handelt. Zudem sagen wir Dinge wie: »Dieses Gedicht ist aufgrund seiner abgründigen Metaphorik und seiner stockenden Rhythmik gelungen.« Wir interpretieren also das Gedicht, und dieses Interpretieren spielt in unserem Umgang mit Kunstwerken eine wichtige Rolle – genauso wie die von Menke hervorgehobenen Prozesse der Lektüre. Worum geht es in einer Interpretation? Nun, indem wir etwas interpretieren, versuchen wir, einer Sache Sinn zu verleihen. Wir verstehen zum Beispiel ein Gedicht als in bestimmter Weise ästhetisch gelungen. Oder wir schreiben ihm eine bestimmte Thematik zu. Einen bestimmten Sinn aber, so können wir nun mit Menke weiter sagen, hat nur etwas, das sich als Verwirklichung eines Zwecks verstehen lässt. So würden wir vielleicht nicht sprechen. Aber wenn wir uns im Rahmen der oben von Menke angebotenen Alternative bewegen sollen, dann fällt ein bestimmtes Sinnereignis auf die Seite der Verwirklichung von Zwecken. Ein Sinnereignis ist also kein Ausdruck von Kraft. Genau als einen solchen Ausdruck will Menke aber Kunst grundsätzlich verstanden wissen. Und das hat zur Folge, dass Interpretationen in seiner Explikation von Kunst keine angemessene Berücksichtigung finden. Sie müssen entweder als ein kunstfremdes Verhalten (das sie nicht sind!) außen vor bleiben, oder in einem Bezug zum Ausdruck von Kraft umgedeutet werden: Interpretationen haben dann lediglich die Funktion, das Zustandekommen eines solchen Ausdrucks zu konstatieren. Sie machen, so verstanden, keinen Sinn geltend, sondern zeigen nur noch an, dass eine ästhetische Erfahrung zustande gekommen ist.

Ich fasse zusammen: Menkes Philosophie der Kunst bringt in einer zu einseitigen Weise die Spezifik der Kunst zur Geltung. Aus diesem Grund kann sie den Wert der Kunst im Rahmen der menschlichen Praxis nicht erläutern. Diese Konsequenz ist darin begründet, dass Kunst auf eine einheitliche Erfahrung verkürzt wird: auf eine bestimmte Erfahrung, die Subjekte in Auseinandersetzung mit Kunstwerken beziehungsweise ästhetischen Ereignissen machen. Dabei wird die Spezifik ästhetischer Erfahrung konsequenterweise als eine der Suspension begriffen, so dass ästhetische Erfahrungen sich nicht in den Fluss der nichtästhetischen Erfahrungen einspeisen lassen. Sie sind in diesem Sinn autonom. Der Preis für diese Explikation der Spezifik von Kunst aber ist hoch: Die konkrete Vielfalt und Sinnhaftigkeit bleiben außen vor. Damit aber spielen in dieser Theorie all die konkreten Ausprägungen, Entwicklungen und Konflikte, die die Praxis der Kunst ausmachen, keine Rolle.

2. Kunstwerke als bedeutungsvolle Gegenstände: Danto

Zur Beantwortung der Frage, was für Kunst spezifisch ist, kann man auch die besonderen Praxiszusammenhänge heranziehen, in denen Kunst steht. Diese Praxiszusammenhänge sind von unterschiedlichen Dingen wie Museen, Konzertsälen, Künstlern, Kunstkritik und anderem mehr geprägt. Die Antwort auf die Frage könnte dann lauten: Kunst ist all das, was in diesen Praxiszusammenhängen zustande kommt und deshalb als Kunst bestimmt wird. Das klingt allerdings etwas übertrieben, denn: Reicht der Verweis auf diese Praxiszusammenhänge hin, um zu bestimmen, was Kunst ist? Wir gehen doch davon aus, dass ästhetische Gegenstände und Ereignisse nicht einfach dadurch einen ästhetischen Wert bekommen, dass wir ihnen diesen Wert zusprechen. Vielmehr konfrontieren sie uns mit diesem Wert. Es ist also erforderlich, die Erläuterung der Praxiszusammenhänge zu modifizieren. Die Spezifik von Kunst hängt demnach weniger von den Einschätzungen ab, die Kunstkritikerinnen, Kuratoren und Intendantinnen vorbringen. Sie muss vielmehr von den Gegenständen und dem von diesen erhobenen Anspruch her begriffen werden. Damit landen wir bei folgender Bestimmung von Kunst: Kunst ist all das, was sich als Kunst bestimmt. Mit einem leicht existentialistischen Zungenschlag können wir auch sagen: Kunst ist all das, was um ein Verständnis von sich als Kunst ringt. Kunstwerke sind Gegenstände, die nicht einfach eine bestimmte Funktion als Kunst haben, sondern als Kunst verstanden werden wollen. Die Spezifik von Kunst als Institution wäre unter Rekurs auf den Zusammenhang aller Gegenstände zu erklären, die als Kunst verstanden werden wollen. Zweifelsohne stehen diese Gegenstände in den genannten Praxiszusammenhängen. Sie werden aber innerhalb dieser Zusammenhänge nicht einfach zu etwas erklärt (unabhängig davon, welche Eigenschaften sie selbst haben). Vielmehr sind diese Zusammenhänge so geartet, dass die Gegenstände, die ihnen angehören oder entstammen, ihr eigenes Selbstverständnis, Kunst zu sein, entwickeln und zur Geltung bringen.

Auch diese Herangehensweise entbehrt nicht einer gewissen Plausibilität; und sie führt zu einer Theorienfamilie, die wir als *Interpretationstheorien* bezeichnen können. Diese Theorien teilen mit autonomieästhetischen Ansätzen à la Menke die These, dass Kunstwerke als Gegenstände zu begreifen sind, die in irgendeiner Weise Bedeutung haben. Nur verstehen Interpretationstheorien diese Bedeutung nicht – wie Menke – als wesentlich unbestimmt, sondern als bestimmt. Diese bestimmten Bedeutungen wiederum sind den Interpretationstheorien zufolge nicht einfach so im Kunstwerk festgeschrieben, dass sie unmittelbar erfasst werden könnten. Von der Bedeutung eines Kunstwerks kann vielmehr nur unter Rekurs auf die Prozesse der Erschließung dieser Bedeutung die Rede sein. Solche Prozesse der Erschließung sind Interpretationen. In einer besonders aufschlussreichen und weiterführenden Weise ist eine Interpretationstheorie der Kunst von Arthur Danto entworfen worden, und zwar in kritischer Auseinandersetzung mit der sogenannten und zuvor bereits umrissenen Institutionentheorie, deren Hauptvertreter George Dickie ist.[21]

Insbesondere die Kritik an Dickies einseitiger Betonung dessen, was bestimmte Gegenstände zu Kunstwerken macht, die unter an-

21 Vgl. nochmals Dickie, *Art and the Aesthetic.*

derem die Seite der Rezeption völlig außer Acht lässt, führt Danto zu seinem im weitesten Sinn hermeneutischen Ansatz, der Kunst als untrennbar mit ihren Interpretationen verschränkt begreift. Auch Danto zielt dabei darauf, den Praxiszusammenhang verständlich zu machen, in dem Kunstwerke zustande kommen (auch wenn das nicht sein primäres Anliegen ist), begreift ihn jedoch nicht unter Rekurs auf *Institutionen*, sondern auf *Interpretationen* sowie darauf, dass innerhalb dieses Praxiszusammenhangs ein Verständnis von Kunst als Kunst zustande kommt. Das setze voraus, die Selbstgenügsamkeit der Institutionentheorie aufzugeben, die sich darin manifestiert, dass die Bestimmung von Kunstwerken als Kunst immer bereits als gesichert gilt: Kunst ist einfach das, was innerhalb der relevanten Institutionen als Kunst bestimmt wird.

Diesen autonomieästhetischen Grundzug der Institutionentheorie verabschiedet Danto dadurch, dass er die Frage stellt, wie Kunstwerke als Kunstwerke identifiziert werden können. Dabei präsentiert er ein Argument, das wir als das Argument von der *Ununterscheidbarkeit* bezeichnen können, und entwickelt die These, dass Kunstwerke nicht aufgrund ihrer materialen Beschaffenheit als Kunstwerke identifiziert werden können. Die Spezifik von Kunst ließe sich nur dann unter Rekurs auf die materiale Beschaffenheit der Gegenstände begreifen, die Kunstwerke sind, wenn Kunstwerke sich aufgrund dieser Beschaffenheit von anderen Gegenständen unterscheiden, die keine Kunstwerke sind. Es gibt aber – das haben unter anderem Duchamps Ready-mades gezeigt – Dinge, die sich diesbezüglich nicht von anderen Gegenständen unterscheiden, aber dennoch als Kunstwerke gelten.

Um diese Schwierigkeit in den Griff zu bekommen, macht Danto einen anderen Vorschlag: Kunstwerke sind Dinge, die etwas thematisieren. Im Gegensatz zu vielen anderen Gegenständen seien sie immer über etwas, handelten von etwas. Und genau darin bestehe ihre Bedeutung. Danto bezeichnet diese Bedeutung als *aboutness* und schreibt Kunstwerken mit diesem Begriff die Eigenschaft zu, über etwas zu sein oder von etwas zu handeln. Kunstwerke sind zum Beispiel über den Wert enttäuschter Liebe oder handeln von der Hinfälligkeit menschlicher Existenz. Sie thematisierten – so Danto in hegelianischer Manier – unterschiedliche Aspekte der historisch-kulturellen Praxis, in der die Menschen stehen. Nur vor dem Hintergrund einer solchen Praxis lässt sich die Bedeutung eines

Kunstwerks verstehen. Diese Bedeutung aber sei, so Danto weiter, nicht umstandslos zugänglich (mit Menke können wir sagen: wie bei alltäglichen Zeichen), sondern müsse durch Interpretationen erschlossen werden.[22] Interpretationen klären, was an Kunstwerken relevant für ihre Bedeutung ist, und stützen sich dabei auf die von einem Werk angebotenen Zusammenhänge: auf seinen Titel, auf bestimmte Motive, Strukturen und anderes mehr. Zu einer Interpretation in diesem Sinn gehöre, wie Danto betont, bereits die Unterscheidung zwischen dem, was Teil des Kunstwerks ist, und dem Kontext, in dem es steht. Gehört der Raum, in dem eine Installation platziert ist, zu ihr? Fragen wie diese stellen sich zwangsläufig, wenn man darüber nachdenkt, worüber ein Kunstwerk ist.[23] Danto deutet damit die ›Lektüre‹ von Kunstwerken – das sukzessive Zusammensetzen der von ihnen dargebotenen Elemente – anders als Menke: Die intensive Beschäftigung mit Kunstwerken führt dazu, dass deren Bedeutung im Sinne von *aboutness* sukzessive erschlossen wird.

Mit seinem Rekurs auf die Bedeutung von Kunstwerken und die Relevanz von Interpretationen stellt Danto einen klaren Zusammenhang zwischen Kunst und sonstigen Praktiken her. Das, worüber Kunstwerke sind beziehungsweise wovon sie handeln, ist Bestandteil einer historisch-kulturellen Praxis. Da Kunstwerke grundsätzlich über etwas sind, gilt damit: Kunstwerke hängen konstitutiv mit einer historisch-kulturellen Praxis zusammen. Das klingt zunächst nach einer Gegenposition zum Autonomie-Paradigma, aber dieser Eindruck bewahrheitet sich nur mit Blick auf eine Seite von Dantos Position. Es gibt auch eine andere Seite, der wir uns mit der Frage nähern können, warum es für den Zugang zu

22 So vertritt Danto die These, »daß ein innerer Zusammenhang besteht zwischen dem Status eines Kunstwerks und der Sprache, mit der Kunstwerke als solche identifiziert werden, insofern nichts ein Kunstwerk ist ohne eine Interpretation, die es als solches konstituiert« (Arthur C. Danto, *Die Verklärung des Gewöhnlichen. Eine Philosophie der Kunst*, Frankfurt/M. 1993, S. 208).

23 Bereits in seinem wegweisenden Aufsatz »The Artworld« von 1964 hat Danto die These vertreten, dass die Interpretation von etwas als Kunst wesentlich für Kunst ist. Er sagt dort: »Die Rolle von Kunsttheorien ist damals wie heute, die Kunstwelt und die Kunst zu ermöglichen.« (Arthur C. Danto, »Die Kunstwelt«, in: *Deutsche Zeitschrift für Philosophie* 42 [1994], S. 907-919, hier: S. 916 [Übersetzung leicht geändert].)

den jeweiligen Bedeutungen erforderlich ist, sich mit Kunstwerken auseinanderzusetzen: Warum reicht es nicht, diese Bedeutungen mit irgendwelchen anderen Zeichen zu artikulieren? Es ist eine Sache zu sagen, dass Kunstwerke immer mit einer Bedeutung verbunden sind, die es in Interpretationen zu erschließen gilt. Verständlich zu machen, warum diese Bedeutung einer Präsentation qua Kunst bedarf (und nicht zum Beispiel die Darbietung in Zeitungen, Ratgebern etc. reicht), ist jedoch eine andere Sache.

Diese Überlegung führt zu der besagten anderen Seite von Dantos Position. Danto behauptet nämlich konsequent, Kunstwerke präsentierten Bedeutungen in spezifischer Weise. Sie thematisierten sich darin, wie sie eine bestimmte Bedeutung haben. Diese Thematisierung kann, wie bereits angedeutet, sehr unterschiedliche Aspekte haben: Kunstwerke können sich durch einen Titel, durch das Hervorheben bestimmter Motive, durch Wiederholung und vieles andere mehr thematisieren. Kunstwerke sind also nicht nur über etwas, sondern beziehen sich immer auch auf sich selbst, also darauf, wie sie ihre Bedeutung präsentieren. Sie sind nicht nur Gegenstände, die Bedeutung haben, sondern Gegenstände, die etwas in einer bestimmten Sichtweise darbieten. Und eine solche Sichtweise erläutert Danto unter anderem mithilfe des Begriffs des Stils. Kunstwerke präsentieren das von ihnen Thematisierte immer in einem bestimmten Stil.[24]

Die von Kunstwerken präsentierten Sichtweisen sind aber nicht irgendwelche Sichtweisen. Es handelt sich um künstlerische Sichtweisen, für die es charakteristisch ist, dass darin ein bestimmtes Selbstverständnis als Kunst entwickelt wird. Es scheint mir treffend, hier von einer Selbstinterpretation der Kunst zu sprechen. Durch Titel, bestimmte explizite Poetiken oder anderweitige Kommentierungen interpretieren Kunstwerke sich bezogen darauf, wie sie Kunst realisieren. Solche Selbstinterpretationen sind, wie dargelegt, eine unerlässliche Basis für alle Interpretationen von Kunstwerken. Kunstwerke sind, so verstanden, Gegenstände, die an einem Verständnis von sich als Kunst orientiert sind. Kunstwerken geht es immer auch um sich selbst als Kunst. Dieses Moment von Kunst kommt Danto zufolge in der modernen Kunst zum Durchbruch, die sich zunehmend der »Erkenntnis dessen, was die Kunst

24 Vgl. Danto, *Die Verklärung des Gewöhnlichen*, Kapitel 7.

ist«, annähert.[25] Die moderne Kunst ist damit für Danto Ausdruck einer für Kunstwerke schon immer bestimmenden Tendenz – der Tendenz, ihre Spezifik als Kunstwerke dadurch zu sichern, dass sie sich in ihrer Spezifik als Kunst verstehen beziehungsweise zu dieser verhalten.

Wie schon im Fall der Ästhetik von Christoph Menke möchte ich die zwei Seiten von Dantos Position dadurch zusammenfassen, dass ich zwei Thesen unterscheide:

> (*Wert-These Danto*) Der Wert von Kunstwerken im Rahmen der menschlichen Praxis besteht darin, dass diese über etwas in der menschlichen Praxis sind.

> (*Spezifik-These Danto*) Die Spezifik von Kunstwerken besteht darin, dass sie uns mit einer bestimmten künstlerischen Sichtweise konfrontieren.

Mit der Wert-These wird die Relevanz von Kunst innerhalb der menschlichen Praxis bestimmt. Gerade in seiner Kritik an der Institutionentheorie rückt Danto diese Relevanz in den Blick. Er macht geltend, dass die Bestimmung der Kunst von dieser Relevanz ausgehen muss. Aus diesem Grund steht die Wert-These am Anfang. Da aber ihr Über-etwas-Sein Kunst nicht von anderen Dingen unterscheidet, die über etwas sind, muss Danto noch die Spezifik der Kunst erläutern. Dies leistet die zweite These, der zufolge Kunstwerke das, worüber sie sind, in einem bestimmten künstlerischen Sinn – und das heißt auch: mit einem bestimmten künstlerischen Selbstverständnis – präsentieren.

Die Kombination der beiden Thesen bei Danto lässt sich folgendermaßen verstehen: Mit der Wert-These wird ein konstitutiver Zusammenhang zwischen Kunst und sonstiger menschlicher Praxis hergestellt, der aber damit so eng gefasst wird, dass Kunst in der sonstigen Praxis als eine beliebige Praxis unter anderen aufzugehen droht. Kunstwerke wären dann Zeichen wie alle anderen. Das ist kontraintuitiv, weshalb die zweite These ins Spiel kommt, die die Spezifik von Kunst sichern soll, indem sie ein eigengesetzliches Moment an Kunst geltend macht. Eigengesetzlich ist die Präsentation

25 Arthur C. Danto, »Das Ende der Kunst«, in: *Die philosophische Entmündigung der Kunst*, München 1994, S. 109-145, hier: S. 137.

künstlerischer Sichtweisen und damit verbundener Selbstverständnisse von Kunstwerken als Kunst. Pointiert gesagt: Eigengesetzlich ist das selbstbezügliche Ringen von Kunst um Kunst. Die Spezifik der Kunst wird, anders gesagt, autonomieästhetisch gefasst. Das hat zur Folge, dass sie zum Wert der Kunst innerhalb der menschlichen Praxis nichts beiträgt. Die Spezifik kommt zum Wert der Kunst gewissermaßen hinzu. Kunstwerke sind Gegenstände, die über etwas sind, also Bedeutung haben. Als solche sind sie wertvoll. Dazu, über etwas zu sein, bedarf es aber keiner künstlerischen Sichtweise. Eine künstlerische Sichtweise als solche ist also mit Dantos Explikation nicht in ihrem Wert bestimmt.

So kehrt bei Danto ein Problem zurück, das wir bereits kennen: Unter autonomieästhetischen Vorzeichen wird der Wert von Kunst *als Kunst* nicht verständlich. Bei Menke resultiert dieses Problem daraus, dass er die ästhetische Erfahrung als mit einer Suspension sonstiger Praxis verknüpft versteht. Das denkt Danto offensichtlich nicht. Bei ihm liegt das Problem vielmehr darin, dass er den Wert nur als Wert bestimmter bedeutungsvoller Gegenstände verständlich macht – nicht als Wert von Gegenständen, die den Status von Kunst haben. Das kommt daher, dass Danto die Spezifik von Kunst nicht als Moment ihres Wertes zu fassen bekommt.

Spätestens an diesem Punkt drängt sich folgender Einwand auf: Sind die beiden Seiten, die ich in Dantos Position unterschieden habe, nicht in Wahrheit miteinander verbunden? Sagt er nicht, dass Kunstwerke auf eine künstlerische Art und Weise über etwas sind und genau *dadurch* einen Beitrag zur menschlichen Praxis leisten? Ist nicht zum Beispiel die These, dass Kunstwerke bestimmte historisch-kulturell konstituierte Bedeutungen verkörpern,[26] in diesem Punkt entscheidend? Es ist zweifelsohne richtig, dass Danto mit seinem Begriff des Über-etwas-Seins und dem der verkörperten Bedeutung einen Zusammenhang zwischen der Kunstpraxis und der sonstigen menschlichen Praxis behauptet. Kunstwerke sind, so kann man diesen Zusammenhang in seinem Sinn erläutern, in ihrer spezifischen Darbietungsweise immer historisch eingebettet. Sie

26 Danto hat in jüngerer Zeit den Begriff der »embodied meanings« eingeführt, um sein Verständnis von Kunst zu erläutern, hat aber diesem Begriff nicht sonderlich klare Konturen verliehen. Vgl. hierzu Arthur C. Danto, »Embodied Meanings, Isotypes, and Aesthetical Ideas«, in: *The Journal of Aesthetics and Art Criticism* 65 (2007), S. 121-129.

präsentieren in spezifischer Weise Bedeutungen, die historisch-kulturell bestimmt sind. Der Zusammenhang, den Danto hier erläutert, bindet aber die Spezifik von Kunst nicht ein. Er beantwortet nicht die Frage, welchen Beitrag die Verkörperung von Bedeutung zu einer historisch-kulturellen Praxis, sondern nur, was die Präsentation von Bedeutungen leistet. Damit werden Kunstwerke zwar als historische Dokumente verständlich.[27] Nicht verständlich wird jedoch, wie Kunstwerke *als Kunst* mit dem Rest der menschlichen Praxis zusammenhängen. Zwar verweist Danto diesbezüglich auf seine Analyse von Kunst als einem selbstbezüglichen Geschehen, aber das führt nicht zu einer Erklärung des fraglichen Zusammenhangs, sondern erläutert lediglich, inwiefern Kunst ein in seiner Selbstbezüglichkeit autonomes Geschehen ist.[28] So oszilliert seine Position zwischen den beiden von mir unterschiedenen Seiten: Geht es um die Verbindung mit der menschlichen Praxis, bleibt der Status von Kunstwerken als Kunst unklar. Kunstwerke zeigen sich auf dieser ersten Seite als Dokumente bestimmter historisch-kultureller Perspektiven. Geht es hingegen um den Status von Kunstwerken als Kunst, gerät die Verbindung mit der menschlichen Praxis strukturell aus dem Blick. Kunstwerke erweisen sich hier als Verkörperungen spezifisch künstlerischer Sichtweisen. Wir können dieses Oszillieren auch folgendermaßen resümieren: Das spezifisch selbstbezügliche Geschehen der Kunst bleibt der Verbindung mit der menschlichen Praxis, die Danto behauptet, äußerlich. Kunstwerke werden ohne diese Verbindung als Kunst bestimmt (wie dies paradigmatisch die bereits erwähnten Werke der modernen Kunst vorführen). In diesem Sinn gehört Dantos Position dem Autonomie-Paradigma an.

Die Bindung an dieses Paradigma führt auch in der Position Dantos dazu, dass – wie bei Menke – die Pluralität der Künste nicht als genuines Moment von Kunst verständlich wird. Dantos Versuch in *Die Verklärung des Gewöhnlichen*, seine Analyse, die er erst anhand der bildenden Künste unternimmt, auf andere Künste auszudehnen, ist hierfür ein Indiz.[29] Eine solche Ausdehnung ergibt nur Sinn beziehungsweise ist nur dann überhaupt erforderlich,

27 Vgl. zu dieser Kritik an Dantos Position auch: Daniel M. Feige, *Kunst als Selbstverständigung*, Paderborn 2012, S. 130-133.

28 Vgl. dazu bereits Danto, »Die Kunstwelt«.

29 Vgl. hierzu Danto, *Die Verklärung des Gewöhnlichen*, Kapitel 6.

wenn die Pluralität der Künste nicht selbst ein Aspekt des Kunstbegriffs ist. Der Kunstbegriff, so macht sie deutlich, lässt sich unabhängig von dieser Pluralität erläutern. Sobald das geschehen ist, muss nur noch gezeigt werden, dass er auf alle Künste zutrifft.[30] So wird aber höchstens verständlich, dass das entwickelte Verständnis von Kunst mit der Pluralität der Künste kompatibel ist – aber nicht die Pluralität selbst. Der Praxiszusammenhang, in dem Kunstwerke qua Interpretation konstituiert sind, könnte sich auch auf eine einzige Kunst beschränken.[31] Es ist zwar gewiss so, dass Danto den Praxiszusammenhang, aus dem heraus er Kunst begreift, gut für eine Erläuterung der Unterschiede von Künsten nutzen kann. Immerhin kann er so sagen, dass Kunstwerke sich je spezifisch in ihrer Darbietung als Kunstwerke reflektieren. Sie verstehen sich nicht nur als Kunst, sondern als je spezifische Realisierungen von Kunst. Der interpretative Zusammenhang, an den Danto Kunstwerke gebunden sieht, erklärt so ihre unterschiedliche Ausprägung als Lyrik, Skulptur, Musik etc. Daraus folgt aber nicht, dass die Pluralität der Künste als eine für Kunst wesentliche Pluralität verständlich wird. Sie wird es nicht. So folgt auch aus der autonomieästhetischen Tendenz in Dantos Konzeption, dass der Pluralität der Künste nicht angemessen Rechnung getragen werden kann.

Eine zweite Konsequenz will ich zumindest kurz andeuten. Auch bei Danto schlägt sich der Begriff von Kunst als einer autonomen Praxis darin nieder, dass er sie noch in einer anderen Hinsicht nicht in ihren Konkretionen zu fassen bekommt. Ausgangspunkt seiner Analyse ist ja folgendes Szenario: Wir sehen zwei Gegenstände, die in allen materiellen Hinsichten gleich sind, und dennoch können wir sagen, dass es sich bei dem einen Gegenstand um ein Kunstwerk handelt, beim anderen jedoch nicht. Das muss Danto zufolge erklärt werden. Er liefert eine Erklärung, indem er Interpretation als etwas begreift, das nicht direkt in der konkreten Materialität des Kunstwerks verankert ist (auch wenn er nicht leugnen muss, dass

30 Es sind auch Zweifel erlaubt, ob Danto mit seinen Überlegungen Musik gut zu bestimmen vermag, da gerade in Bezug auf Musik ohne Text, also sogenannte absolute Musik, unklar ist, ob wir über sie plausibel sagen können, sie sei über etwas. Aber diese Zweifel sind hier nicht entscheidend.

31 Danto kann im Gegensatz zu Menke ausschließen, dass der Praxiszusammenhang sich auf ein einziges Kunstwerk beschränkt, da er dafür argumentiert, dass Kunstwerke unterschiedliche Bedeutungen haben.

Interpretationen immer wieder auf die Materialität eines Kunstwerks rekurrieren). Eine Interpretation kommt dem materiellen Gegenstand, der ein Kunstwerk ist, von außen zu. Entsprechend heißt es bei Danto: »Die Interpretation besteht darin, die Beziehung zwischen einem Kunstwerk und seinem materiellen Gegenstück zu bestimmen.«[32] Er sagt hier, dass das materielle Gegenstück eines Kunstwerks durch eine Interpretation in eine bestimmte Beziehung zu dem gestellt wird, was das Kunstwerk ist. Übersetzt: Die Interpretation bestimmt das Verständnis des materiellen Gegenstands als Kunst und stützt sich dabei auf die in dem Kunstwerk angelegten Thematisierungen seiner eigenen Darbietung. Das bedeutet aber: Die sinnliche Materialität von Kunstwerken – sofern eine solche für bestimmte Kunstwerke relevant ist – fungiert nicht direkt als Basis von Interpretationen. Der Begriff der »verkörperten Bedeutung« hilft hier auch nicht weiter, da Danto nicht erklärt, inwiefern die Verkörperung Interpretationen leitet. Das Argument von der Ununterscheidbarkeit legt ihn, so scheint es, darauf fest, die Relevanz der Verkörperung für die Kunst nicht zufriedenstellend begreifen zu können.

Ich fasse zusammen: Auch Dantos Theorie hat autonomieästhetische Tendenzen, weil die Erläuterung der Bedeutung von Kunstwerken so angelegt ist, dass damit die Spezifik von Kunst nicht verständlich wird. Die Spezifik wird aus diesem Grund in einem zweiten Schritt durch die selbstreferentielle Verfasstheit von Kunst geklärt. Damit aber wird Kunst *als Kunst* auf genau diese Verfasstheit verkürzt. So, wie Danto sie begreift, haben Verständnisse beziehungsweise Theorien von etwas als Kunst keinen Kontakt zu anderen Elementen der menschlichen Praxis. Und genau diese Absonderung schlägt sich in den betrachteten Verkürzungen nieder.

3. Das Autonomie-Paradigma und seine Verkürzungen

Nach diesen exemplarischen Diskussionen zweier Ästhetiken, deren erste in der Bestimmung von Kunst das Moment von Suspension und deren zweite den Aspekt der Interpretation hervorhebt, lohnt es sich, zu überlegen, inwiefern sich in ihnen so etwas wie ein ge-

32 Ebd., S. 176.

meinsames Paradigma herauskristallisiert. Nun, wir können sagen, dass beide Positionen die Spezifik der Kunst isoliert betrachten. Und diese Isolierung hat, wie dargelegt, jeweils einen bestimmten Sinn: Die Spezifik wird isoliert vom Wert der Kunst bestimmt. Wir können anhand der obigen Überlegungen sagen, dass dies auf wenigstens zwei Weisen geschehen kann. Entweder kann die Spezifik der Kunst angegeben werden, um daraus den Wert der Kunst abzuleiten. Oder die Spezifik der Kunst kann angegeben werden, weil die Bestimmung ihres Wertes keine ausreichende Spezifik erbringt. Jeweils wird die Spezifik als solche bestimmt. Die leitende Idee dabei ist: Kunstwerke, ästhetische Erfahrungen, ästhetische Praktiken oder was auch immer eine ästhetische Spezifik besitzt sind anders als andere Gegenstände, Erfahrungen, Praktiken oder was auch immer, denen keine solche Spezifik eignet. Kunstwerke, Erfahrungen, Praktiken oder was auch immer lassen sich als solche von anderem unterscheiden. Danto bringt das gewissermaßen auf den Begriff, wenn er sagt, dass Kunstwerke immer eine künstlerische Sichtweise präsentieren. Kunstwerke ringen, so habe ich Dantos Position zugespitzt, immer darum, Kunst zu sein. Das heißt: Kunstwerke grenzen sich dadurch von anderem ab, sind also dadurch anders als anderes, dass sie einen Anspruch verfolgen, den andere Gegenstände nicht verfolgen.

Darin besteht die grundlegende Tendenz des Autonomie-Paradigmas. Positionen, die diesem Paradigma angehören, liefern an irgendeiner Stelle ihrer Darlegungen eine Bestimmung von Kunst als etwas, das sich von anderem unterscheidet. Dabei ist es für ihre Struktur unerheblich, ob sich diese Bestimmung an Gegenständen, Erfahrungen, Institutionen, Zeichen, Praktiken oder anderem orientiert. Diese Struktur kann ich mithilfe von Überlegungen, die Martin Heidegger angestellt hat, genauer analysieren.[33] Am Anfang seines kunstphilosophischen Aufsatzes »Der Ursprung des Kunstwerkes« schlägt Heidegger sogleich einen besonderen Weg ein. Er geht davon aus, dass es sozusagen unausweichlich ist, nach dem Künstlerischen der Kunst zu fragen. Heidegger stellt dann aber diese Frage nicht, sondern interessiert sich für ihre Implikationen. Sie

33 Ich begreife Heidegger als den ersten Kunstphilosophen, der den Versuch unternommen hat, das Autonomie-Paradigma systematisch in seiner Struktur zu fassen und einer Kritik zu unterziehen. Vgl. Martin Heidegger, »Der Ursprung des Kunstwerkes«, in: *Holzwege*, Frankfurt/M. [7]1994, S. 1-74.

impliziere, dass das Künstlerische dasjenige ist, was die Kunst spezifisch macht. Oder anders gesagt: Das Künstlerische wird als das gedacht, was Kunst von anderem unterscheidet. Diese Denkweise aber orientiert sich, so Heidegger weiter, an dem Modell »Gegenstand mit Eigenschaften«: Es wird nach einer Eigenschaft gefragt, die einen bestimmten Typ von Gegenständen von anderen Gegenstandstypen unterscheidet.[34] Heidegger fragt nun, wie der für dieses Modell zentrale Begriff des Gegenstands zu verstehen ist. Er legt in längeren Ausführungen drei Interpretationen aus der Geschichte des abendländischen Denkens vor, um schließlich zu der These zu gelangen, dass in der Ausstattung der Welt nicht die Gegenstände primär sind, sondern vielmehr die Zusammenhänge, die zwischen Gegenständen bestehen.[35] Das führt Heidegger zu einem Begriff von Kunstwerken, der diese überhaupt nicht primär als Gegenstände begreift, auf den an dieser Stelle näher einzugehen mich jedoch von dem Ziel meines Rekurses auf Heidegger abbringen würde. Dieses Ziel besteht nämlich darin, die These ins Spiel zu bringen, dass das Autonomie-Paradigma an einem gegenstandsorientierten Begriff von Kunst hängt, den es zu verabschieden gilt.[36]

Heideggers Ansatz lässt sich folgendermaßen auf den Punkt bringen. Es geht ihm um die Kritik einer problematischen Voraussetzung, die in der Bestimmung von Kunst oft unhinterfragt am Werk ist: um die Kritik des bereits genannten Gedankens, Kunst könne gegenstandsorientiert begriffen werden. Ein gegenstandsorientierter Begriff liegt dann vor, wenn von einer Entität ausgegangen wird, die unter Rekurs auf eine spezifische Differenz zu anderen Entitäten derselben Gattung bestimmt werden kann. Dies impliziert, dass diese Differenz der besagten Entität wesentlich innewohnt.

34 Heidegger formuliert die entsprechende Hypothese folgendermaßen: »Fast scheint es, das Dinghafte im Kunstwerk sei wie der Unterbau, darein und darüber das Andere und Eigentliche gebaut ist.« (Ebd., S. 4.)

35 Heideggers Begriff für Gegenstände, die in Zusammenhängen konstituiert sind, lautet »Zeug«. Vgl. hierzu besonders Martin Heidegger, *Sein und Zeit*, Tübingen [16]1986, §§ 15 und 18.

36 Die Kritik an einem gegenstandsorientierten Begriff der Kunst kann sich indirekt auch auf Überlegungen Michael Frieds zur modernen und nachmodernen bildenden Kunst und Lydia Goehrs zur abendländischen Kunstmusik stützen; vgl. Michael Fried, »Art and Objecthood«, in: *Artforum* 5 (1967), S. 12-23; Lydia Goehr, *The Imaginary Museum of Musical Works. An Essay in the Philosophy of Music*, Oxford 1992.

Die Differenz zu anderem wird als etwas verstanden, was die Entität von sich aus besitzt. Es gehört zu ihren Eigenschaften, sich von anderem zu unterscheiden. Der gegenstandsorientierte Begriff von Kunst ist noch mit einer weiteren Voraussetzung verbunden: Vorausgesetzt wird eine kontinuierliche Praxis, in der Unterscheidungen zur Bestimmung von etwas als etwas vorgenommen werden können. Ein Beispiel für eine in diesem Sinn kontinuierliche Praxis ist die Einrichtung von Wohnräumen. Möbel lassen sich als Einrichtungsgegenstände, die für bestimmte Tätigkeiten geeignet sind, voneinander unterscheiden. Ein Tisch eignet sich dazu, dass man Teller auf ihm abstellt oder ein Blatt Papier auf ihn legt, auf das man etwas notieren möchte. In beiden Hinsichten unterscheidet er sich von einem Stuhl. Die Unterschiede werden dabei im Rahmen einer Praxis getroffen, in der unterscheidbare Gegenstände miteinander in einem kontinuierlichen Zusammenhang stehen. Alle Gegenstände im Rahmen einer kontinuierlichen Praxis befinden sich gewissermaßen auf derselben Ebene. Die Unterschiede zwischen ihnen haben aus diesem Grund keinen qualitativen Charakter. Sie sind – wie der Unterschied zwischen Tischen und Stühlen – bloß struktureller Natur. Die Gegenstände nehmen einen strukturell unterschiedlichen Ort im Rahmen der kontinuierlichen Praxis ein. Diese Voraussetzung ist bei Gegenständen wie Möbeln offensichtlich erfüllt.

Die Voraussetzung kann aber auch, so macht Heidegger geltend, ins Spiel kommen, wo offensichtlich überhaupt nicht von Gegenständen die Rede ist. Dies ist unter anderem in der philosophischen Explikation von Kunst der Fall. An den beiden Positionen, die ich exemplarisch diskutiert habe, lässt sich das gut erkennen. Betrachten wir noch einmal den Kunstbegriff Christoph Menkes, in dem der Begriff des Gegenstands – anders als bei Danto – erst einmal überhaupt nicht prominent auftaucht. In *Die Souveränität der Kunst* bestimmt Menke Kunst zum Beispiel unter Rekurs auf Erfahrungen, die Zeichenbenutzer machen. Es handelt sich demnach entweder um Erfahrungen eines automatisierten oder eines desautomatisierten Zeichengebrauchs. Erfahrungen werden so in quasigegenständlicher Weise als Basis dafür genommen, den Unterschied von Kunst festzumachen. Vorausgesetzt wird damit erstens, dass in einer kontinuierlichen Weise von Erfahrungen gesprochen werden kann, und zweitens, dass die Unterschiede innerhalb dieses Kontinuums die Eigenart der jeweiligen Erfahrungen ausmachen.

Auch bei Danto kommt es zum Rekurs auf einen Aspekt, mit Blick auf den Kunstwerke im Unterschied zu anderen Gegenständen bestimmt werden. Es handelt sich um Gegenstände, die über etwas sind oder von etwas handeln. Manche solcher Gegenstände, so unterscheidet Danto, verstehen sich selbst als Kunst beziehungsweise erheben den Anspruch, Kunst zu sein. Andere nicht. Im weitesten Sinn kann man dies als den Unterschied zwischen Zeichen, die eine künstlerische Sichtweise aufweisen, und Zeichen, die keine solche Sichtweise haben, begreifen.

Die betrachteten Positionen halten also in unterschiedlicher Weise daran fest, dass Kunst auf Basis von Unterschieden bestimmt werden kann, die sie im Rahmen einer im weitesten Sinne kontinuierlichen Praxis aufweist. Dies führt dazu, dass der Unterschied von Kunst anhand einer Eigengesetzlichkeit gefasst wird. Paradox gesagt: Im Rahmen des Praxiskontinuums zeigt sich Kunst als das, was in diesem Kontinuum steht und zugleich aus ihm herausfällt. Kunst erweist sich, so betrachtet, als das ganz andere in dem Kontinuum, in dessen Rahmen sie bestimmt wird. Sie erweist sich als ein Nichtkönnen im Können oder als gebunden an ein künstlerisches Selbstverständnis im Kontext vieler Gegenstände, die kein solches Selbstverständnis aufweisen. In isolierter Weise wird so eine Eigenart der Kunst gerade vor dem Hintergrund eines Kontinuums betont. Positionen, die dem Autonomie-Paradigma angehören, gehen dabei – negativ gesagt – nicht primär von dem Beitrag aus, den Kunst im Rahmen der Praxis erbringt. Sie fragen primär nach Unterscheidungskriterien.

Die damit einhergehenden Verkürzungen, die bereits mehrfach angesprochen wurden, lassen sich mit Heidegger vermeiden, wenn man den Gedanken fallen lässt, Kunst sei Teil einer kontinuierlichen Praxis. Sie ist es ihm zufolge nicht. Kunst leistet vielmehr einen spezifischen Beitrag zu einer Praxis, der sie als solche aufgrund dieses Beitrags angehört. Es gilt für Heidegger also, nicht nach den Unterschieden zu fragen, die Kunst aufweist, sondern nach dem spezifischen Beitrag, den sie leistet. Erst eine derart *funktionale Bestimmung* macht begreiflich, was Kunst ist. Damit ergibt sich eine andere Möglichkeit, zu bestimmen, was Kunst ist, die günstigstenfalls zu einem Begriff führt, der Kunst als das konkrete Geschehen verständlich macht, das sie ist. Es handelt sich um ein Geschehen, in dem eine Pluralität von Künsten, unterschiedliche Realisierungen von Sinn und bestimmte mehr oder weniger sinnlich zugängliche materiale Realisierungen zusammenkommen.

4. Auf dem Weg zu einem unverkürzten Kunstbegriff: Kunst im Rahmen der menschlichen Lebensform

Was ist nun zu tun? Wie gelangt man zu einem Begriff der Kunst, der nicht ins Autonomie-Paradigma zurückfällt? Und wie kann man Heideggers Frage nach dem Beitrag der Kunst zur übrigen menschlichen Praxis beantworten? Zwei Lehren sind aus dem, was bislang diskutiert wurde, zu ziehen: (a) Nicht die Frage nach der Spezifik der Kunst, sondern die nach dem Zusammenhang, der zwischen Kunst und der sonstigen menschlichen Praxis besteht, muss an den Anfang der ästhetischen Betrachtung gestellt werden. (b) Es bedarf einer konkreteren Bestimmung der Praktiken, die Rezipierende in Auseinandersetzung mit Kunstwerken ausführen. Anhand dieser Praktiken muss verständlich werden, worin der Beitrag der Kunst zur sonstigen Praxis liegt.

Ad (a): Wir haben gesehen, dass sowohl Menke als auch Danto durchaus den Anspruch erheben, den Zusammenhang zwischen Kunst und anderen menschlichen Praktiken zu bestimmen. Bei Menke ist diesbezüglich von einem anderen Guten die Rede, das durch Kunst realisiert werde. Er stellt Kunst dadurch, ähnlich wie Adorno, in einen (im weitesten Sinn) metaphysischen Zusammenhang: Es geht in der Kunst um ein besonderes Sein (in diesem Fall: das Sein des Lebendigen) – um eine Unbestimmtheit, die aller menschlichen Praxis zugrunde liegt. Dieses Sein wird durch Kunst erfahrbar. Danto hingegen erläutert Kunstwerke als Verkörperungen von Sichtweisen auf etwas Bedeutsames im Rahmen einer Lebensform und stellt Kunst so, ähnlich wie Hegel, in historisch-kulturelle Kontexte. Ich habe gezeigt, inwiefern beide den Zusammenhang von Kunst mit der sonstigen menschlichen Praxis bestenfalls abstrakt geltend machen können. Dies führt in Menkes Position dazu, dass er ihn – jenseits der menschlichen Praxis – in eine Metaphysik des Lebens verlegt: Der Kunst wird zugeschrieben, metaphysische Erfahrungen zu ermöglichen.[37] Danto

37 Menke steht damit in der Tradition Benjamins und Adornos, knüpft aber gleichfalls an die Romantik und an Nietzsche an. Vgl. zu Benjamins Begriff der me-

hingegen erklärt Kunstwerke letztlich qua Zusammenhang mit der sonstigen menschlichen Praxis zu historisch-kulturellen Artefakten. Der spezifische Status von Kunstwerken als Kunst geht damit in dem Moment verloren, in dem der Zusammenhang betont wird. Die betrachteten Verkürzungen und Abstraktionen lassen sich aber womöglich vermeiden, wenn man von Anfang an Wert und Spezifik der Kunst miteinander verknüpft – wenn man also den Zusammenhang zwischen Kunst und sonstiger menschlicher Praxis so erklärt, dass damit *zugleich* der spezifische Beitrag der Kunst im Rahmen der Praxis begreiflich wird.

Wie das gelingen könnte, hat sich bereits abgezeichnet. Zunächst scheint es geboten, ein Gespür für die Einseitigkeit gewisser Aspekte zu entwickeln. Eine Einseitigkeit haftet zum Beispiel dem Begriff einer selbstbezüglichen Praxis an, also einer Praxis des interpretativen Umgangs mit dem Selbstverständnis bestimmter Gegenstände als Kunst. Eine weniger einseitige, und damit weniger verkürzte Fassung könnte lauten: Kunst ist eine Praxis des interpretativen Umgangs mit dem Selbstverständnis bestimmter Gegenstände als Kunst, wobei dieses Selbstverständnis den Bezug ebendieser Gegenstände zu anderen Praktiken betrifft. Eine gewissermaßen analoge Einseitigkeit findet sich in der Position Menkes. Ihm zufolge leistet Kunst eine Unterbrechung von sonstiger Praxis. Dies ist in der Formel von einem »Können des Nichtkönnens« markant festgehalten. Auch hier ist eine weniger einseitige, und damit weniger verkürzte Fassung leicht möglich: Kunst leistet eine Unterbrechung von sonstiger Praxis im Rahmen dieser sonstigen Praxis. Die Kunst ist ein auf sonstiges Können bezogenes Können des Nichtkönnens. Nun kann man einwenden, dass Menke doch genau dies sagt. Mit dem Konzept der Ästhetisierung soll ja genau ein Bezug zwischen dem ästhetischen Nichtkönnen und dem alltäglichen Können hergestellt werden. Bei Menke bleibt es jedoch bei einem gewissermaßen zweistufigen Modell, demzufolge das ästhetische Nichtkönnen für sich steht und von daher eine Ästhetisierung leistet. Der Zusammenhang mit dem alltäglichen Kön-

taphysischen Erfahrungen: Walter Benjamin, »Über das Programm der kommenden Philosophie«, in: *Gesammelte Schriften*, Band II/1, Frankfurt/M. 1977, S. 157-171; zu demjenigen Adornos: Theodor W. Adorno, »Meditationen zur Metaphysik«, in: *Negative Dialektik*, in: *Gesammelte Schriften*, Band 6, Frankfurt/M. 1970, S. 354-400.

nen ist auf diese Weise nicht in die Erläuterung des ästhetischen Nichtkönnens selbst eingetragen. Genau dies aber wäre zu leisten. Sicherlich sind solche Formulierungen viel zu schematisch, und dennoch machen sie deutlich, dass Korrekturen möglich sind, die genau das bewirken: jeweils einen Zusammenhang zwischen Kunst und der sonstigen menschlichen Praxis herzustellen.

Ad (b): Die zweite Lehre lässt sich folgendermaßen begründen: Es hat sich gezeigt, dass unter dem Autonomie-Paradigma die konkrete Vielfalt künstlerischer Medien, Verfahrensweisen und Praktiken immer wieder nur als kontingentes Faktum verständlich wird. Die Betonung der Differenz zwischen Kunst und sonstigen menschlichen Praktiken hat immer wieder die Folge, dass die Pluralität der Kunstwerke und der Künste implizit zu einem unbedeutenden Faktum erklärt wird. Eine Vermeidung dieser Verkürzung lässt sich direkt bewerkstelligen, indem man dezidiert die Vielfalt von Praktiken, die Rezipierende in Auseinandersetzung mit Kunstwerken vollführen, zum Gegenstand der ästhetischen Theoriebildung macht – und zwar von Anfang an, das heißt, indem man sie immer mit bedenkt. Über die Vielfalt dieser Praktiken lässt sich gut die Vielfalt der Medien und Verfahrensweisen einholen, die die Künste auszeichnet.

Hier taucht allerdings ein ernstzunehmender Einwand auf. Warum sollen wir sagen, dass die Pluralität der Kunstwerke und der Künste von besonderer Relevanz ist? Auch wenn wir es vielleicht nicht für plausibel halten, dass es nur ein einziges Kunstwerk gibt, so könnte es doch nur eine einzige Kunst geben. Was wäre daran falsch? Die Antwort lautet: Wir können uns sicherlich eine Praxis vorstellen, in der es nur eine Kunst gibt. Aber dies ist keine Praxis, wie wir sie kennen. Unsere Praxis ist dadurch geprägt, dass wir den Begriff der Kunst für unterschiedliche künstlerische Praktiken und Künste verwenden. Wir sagen über eine Tanzvorstellung genauso, dass es sich um Kunst handelt, wie über ein Gedicht. Genau dies ist *unser* Begriff der Kunst. In einer anderen Praxis (auf einem anderen Planeten) mag es einen anderen Begriff der Kunst geben. Aber dies ist nicht unser Begriff der Kunst. Wir können nicht verstehen, was es heißt, dass es Kunst gibt, diese aber nur in einer einzigen Kunst(form) realisiert ist. Entsprechend können wir ein solches Szenario im Gedankenexperiment auch nicht verständlich machen. Mit dieser Reaktion auf den Einwand kommt allerdings etwas ins Spiel, das einer weiteren Erläuterung bedarf. Was ist dieses »Wir«, das die Verständnisse trägt, an die ich appelliert habe? Handelt es sich um »Wir Deutsche« oder »Wir Europäer« oder »Wir Menschen«? Darum kann es sich nicht handeln, denn ich bin nicht in der Lage, allgemeine Aussagen über die Verständnisse all dieser damit bezeichneten Menschen zu treffen. Das »Wir« kann ich eher erläutern, indem ich sage »Wir, die wir mit einer bestimmten Vorstellung von Kunst umgehen«. Ich spreche also nicht aus einer Beobachterperspektive, wenn ich dieses Wir ins Spiel bringe, sondern aus der Teilnehmerperspektive. Dies ist nun wiederum selbst erläuterungsbedürftig. Erst wenn klar ist, was mit »Teilnehmerperspektive« gemeint ist, wissen wir, was es heißt, auf ein Wir zu rekurrieren und was dieser Rekurs besagt. Ich komme im vierten Kapitel darauf zurück.

Zwischen den beiden skizzierten Lehren und Reaktionen besteht eine Verbindung: Wenn man die Praktiken von Rezipierenden verfolgt, verfolgt man etwas, das in Praxiszusammenhängen stattfindet. Die Praktiken des Sehens, Hörens, des interpretativen Sprechens etc., die Rezipierende vollführen, stehen im Kontext anderer Praktiken der Auseinandersetzung mit der Welt. Auf diese Weise lässt sich unter Rekurs auf diese Praktiken genau der Zusammenhang herstellen, von dem wir im Kontext der Reaktion auf die erste Lehre gesprochen haben. Um zu einem unverkürzten Begriff von Kunst zu gelangen, gilt es also, einen Zusammenhang von Praktiken zu begreifen. Für einen solchen Zusammenhang von Praktiken führe ich den Begriff der Praxisform ein. So kann ich das Desiderat, bei dem ich angelangt bin, auch noch einmal anders formulieren: Es gilt, die *Praxisform von Kunst* zu explizieren. Zur Praxisform von Kunst gehören die konkreten Praktiken in Auseinandersetzung mit Kunstwerken und die Zusammenhänge, in denen diese Praktiken im Rahmen der *menschlichen Lebensform* stehen.

Ich führe damit einen Begriff ein, der für meine Überlegungen zentral ist und dem ich aus diesem Grund etwas Kontur verleihen möchte. Ich spreche im Titel dieses Buches von menschlicher Praxis und hier von menschlicher Lebensform. Was ist damit gemeint? Eine menschliche Praxis ist eine Praxis, die wesentlich traditionsgebunden ist. Sprachen, Essenspraktiken, Praktiken der Gestaltung von Räumen des alltäglichen und nichtalltäglichen Lebens – dies alles steht in etablierten Praxiszusammenhängen, die wir als

Traditionen bezeichnen können.[38] Dies gilt auch für Kunst. Die Traditionsgebundenheit ist dabei nicht im Sinne eines Traditionalismus zu verstehen (wie man ihn zum Beispiel Gadamer immer wieder vorgeworfen hat[39]), sondern in einer strukturellen Weise. Diese Struktur lässt sich gut anhand eines Elements der Position von Christoph Menke verstehen: Die menschliche Praxis ist eine von Grund auf unbestimmte Praxis. Der Mensch hat keine Lebensform, die ›von Natur aus‹ eingerichtet ist. Für seine Lebensform ist es charakteristisch, dass er seine Praktiken immer aufs Neue zu bestimmen hat. Die für den Menschen wesentliche Unbestimmtheit macht allerdings nicht die Grundlage all seiner Praktiken – seiner Gewohnheiten und Routinen – aus, sondern prägt jede dieser Praktiken. Immer unterliegen menschliche Praktiken Revisionen und Neuaushandlungen. Sie sind daher niemals endgültig bestimmt. Die Unbestimmtheit muss als Horizont menschlicher Praktiken verstanden werden. Im Anschluss an die von Martin Heidegger in *Sein und Zeit* entworfene Position lässt sich dies in Begriffen der Zeitlichkeit erläutern: Menschliche Praktiken sind stets auf eine offene Zukunft bezogen.[40] Aufgrund dieses Bezugs ist das menschliche Leben konstitutiv unabschließbar. Die für den Menschen wesentliche Unbestimmtheit resultiert aus dieser wesentlichen Unabschließbarkeit.

Daraus folgt, dass Praktiken in Traditionen nicht endgültig bestimmt sind. Vielmehr stehen Praktiken in Traditionen, weil nur auf diese Weise der Bezug auf eine offene Zukunft realisiert werden kann. Die Offenheit der Zukunft verlangt eine Verankerung in einer hergebrachten Praxis. Diese sichert die Praktiken von Menschen aber nicht ab, sondern stellt den Hintergrund bereit, aus dem heraus sie sich auf eine offene Zukunft beziehen. Die Traditionsgebundenheit ist also das notwendige Gegenstück der wesentlichen Unbestimmtheit menschlicher Praxis. Traditionen sind unabgeschlossen. Sie sind als der Ort zu begreifen, an dem die menschliche Praxis in immer neuer Weise ausgehandelt wird.

38 Vgl. Hans-Georg Gadamer, *Wahrheit und Methode*, Tübingen [6]1990, S. 285-290; John McDowell, *Geist und Welt*, Frankfurt/M. 2001, S. 153.

39 Der *locus classicus* der Artikulation dieses Vorwurfs ist: Jürgen Habermas, »Der Universalitätsanspruch der Hermeneutik«, in: *Zur Logik der Sozialwissenschaften*, Frankfurt/M. 1982, S. 331-366.

40 Vgl. Heidegger, *Sein und Zeit*, z. B. §§ 41, 46.

Aus diesem Grund lassen sich Bestimmtheit und Unbestimmtheit innerhalb der menschlichen Praxis nicht voneinander trennen. Es gibt in der menschlichen Praxis weder Praktiken, die ganz und gar, endgültig Bestimmtheit realisieren, noch Praktiken, die ganz und gar im Modus der Unbestimmtheit verbleiben. Die menschliche Lebensform ist grundsätzlich und durchweg von Momenten der Unbestimmtheit geprägt. Damit kann selbstverständlich nicht gemeint sein, dass Menschen nichts Bestimmtes sagen oder tun. Tagein, tagaus sagen und tun Menschen viele bestimmte Dinge. Aber es handelt sich nicht um eine finale Bestimmtheit. Immer können bestimmte Aussagen und bestimmte Handlungen revidiert werden, kann sich ihr Verständnis verändern etc. Genau in dieser Weise ist Bestimmtheit in der menschlichen Lebensform immer mit Unbestimmtheit verbunden.[41]

Diese These kann ich auch noch einmal in einem hergebrachten Vokabular artikulieren. Sie lautet dann: Die menschliche Praxis ist eine wesentlich selbstbestimmte Praxis. Selbstbestimmt ist eine Praxis genau dadurch, dass sie aus sich heraus von Momenten der Unbestimmtheit geprägt ist. Der Mensch bezieht sich auf solche Momente. Das ist ein Aspekt seiner Selbstbestimmung. Oder noch einmal anders gesagt: Es ist ein Aspekt menschlicher Vernünftigkeit. Die menschliche Praxis ist eine wesentlich vernünftige Praxis. Vernunft ist dabei nicht die Invariante der menschlichen Lebensform,[42] sondern der Prozess der ständigen Neubestimmung wesentlicher Orientierungsgrößen innerhalb dieser Lebensform. Vernünftig ist eine Praxis, in der Bestimmtheit auf Unbestimmtheit bezogen ist. Vernünftig ist eine Praxis, der keine Bestimmung als letzte Bestimmung gilt, in der also jede Bestimmung einer Revision unterzogen werden kann. Ich kann den Verdacht eines problematischen hermeneutischen Traditionalismus somit auch abwehren, indem ich sage: In ihrer Traditionsgebundenheit sind menschliche Praktiken zugleich vernünftig: Sie sind aus Traditionen heraus konstitutiv offen für Revision und Kritik. Dies macht die menschliche Lebensform aus.

41 Vgl. hierzu auch Georg W. Bertram, »Anthropologie der zweiten Natur«, in: *Allgemeine Zeitschrift für Philosophie* 30 (2005), S. 119-137.

42 Vgl. zu einer entsprechenden Naturalisierung von Vernunft: Michael Thompson, *Leben und Handeln. Grundstrukturen der Praxis und des praktischen Denkens*, Berlin 2011.

Wenn man die menschliche Lebensform als Hintergrund einer Bestimmung von Kunst in dieser Weise begreift, kann man die Verkürzung in den Positionen Menkes und Dantos noch einmal anders fassen. Sie besteht dann darin, dass die menschliche Praxis in einer zu einseitigen Weise als eine Praxis der Bestimmtheit gefasst wird. Bei Menke wird ein solcher Begriff eingeführt, um die Kunst als Praxis der Unbestimmtheit gegen alltägliche Praktiken zu stellen. Bei Danto hingegen wird die Kunst selbst auf der Basis eines entsprechenden Begriffs menschlicher Praxis als eine Praxis der Bestimmtheit verstanden. In beiden Positionen geht damit eine problematische Voraussetzung in die Erläuterung des Hintergrunds ein, vor dem sie Kunst begreifen. Beide denken die menschliche Praxis als wesentlich bestimmte. Sie ist aber zugleich bestimmt und unbestimmt. Und darin besteht die Grundlage für eine Erläuterung von Kunst. Kunst lässt sich dann als eine Praxis verstehen, in der Bestimmungen menschlicher Praxis neu ausgehandelt werden (diese These wird im vierten Kapitel erläutert). Kunst ist eine Praxis, in der Bestimmtheit konstitutiv mit Unbestimmtheit verbunden ist.

In dieser Weise lässt sich Kunst nur begreifen, wenn man sie im Rahmen der menschlichen Lebensform verortet. Es gilt, Kunst als menschliche Praxis zu begreifen, genauer: als eine spezifische Praxisform im Rahmen der menschlichen Praxis. Unter einer Praxisform verstehe ich einen Zusammenhang von Praxistypen, wobei ein Praxistyp Praktiken umfasst, die sich in bestimmter Hinsicht funktional gleichen, sich jedoch zugleich in anderen Hinsichten grundlegend unterscheiden können. Interpretationspraktiken, also Praktiken der Auseinandersetzung mit Kunstwerken, machen einen solchen Praxistyp aus. Auch alltägliche Praktiken wie Wahrnehmungspraktiken oder Bewegungspraktiken bilden einen Praxistyp. Die Praxisform der Kunst muss unter Rekurs auf diese Praxistypen aufgeklärt werden, denn sie umfasst Praktiken der Auseinandersetzung mit Kunstwerken und alltägliche Praktiken im Rahmen der menschlichen Praxis. Wenn die entsprechenden Zusammenhänge geklärt sind, können Wert und Spezifik der Kunst zusammengeführt werden.

Die Kritik am Autonomie-Paradigma nötigt somit zu einem Perspektivwechsel, bedeutet aber nicht, dass von einer Autonomie der Kunst keine Rede mehr ist. Der Explikation der Praxisform der Kunst stellt sich durchaus eine weitere Aufgabe: die Aufgabe zu begreifen, wie man in nicht verkürzender Weise von einer Autonomie der Kunst sprechen kann. Wie kann man Kunst als autonom begreifen, ohne sie in ihrer Spezifik von der sonstigen menschlichen Praxis abzusondern? Wie kann man sie als autonom begreifen, ohne Kunst als das Andere sonstiger Praktiken zu denken? Der Perspektivwechsel in der Kunstphilosophie, um den es hier geht, soll die *praktische Relevanz* der Kunst verständlich machen. Diese ist oft mit den Begriffen der Kritik oder der Politik erläutert worden. Und in der Tat: Kunst ist eine kritische Praxis. Sie ist politisch. Dies sind Aspekte ihrer praktischen Relevanz im Rahmen der menschlichen Lebensform. Wie also können wir Kunst als autonom begreifen, ohne ihre kritische und politische Dimension, allgemein gesagt: ihre praktische Relevanz, aus dem Blick zu verlieren? Auch dieser Frage will ich mich im Rahmen meines Vorhabens widmen. Der Perspektivwechsel besagt dann: Wir dürfen nicht mit der Autonomie der Kunst beginnen, sondern müssen ihre praktische Relevanz an den Anfang stellen. Wir werden sehen, zu welchem Verständnis von Autonomie dies führt.

Kapitel 2
Von Kant zu Hegel und darüber hinaus

Wo lässt sich ein Ansatz für einen unverkürzten Kunstbegriff gewinnen? Ist es sinnvoll, einfach ästhetische Praktiken zu betrachten und davon ausgehend Kunst in neuer Weise zu bestimmen? Würden wir so vorgehen, müssten wir auf Begriffe wie »Kunst«, »Werk« und viele andere mehr zurückgreifen, die jedoch bereits mit bestimmten Bedeutungsmomenten verbunden sind, die sich nicht einfach abstreifen lassen. Wir könnten die Begriffe nicht gebrauchen, wollten wir sie schlicht neu bestimmen. Aus diesem Grund ist ein Neuansatz bei einer Betrachtung ästhetischer Praktiken nicht sonderlich vielversprechend.

Was also können wir stattdessen machen? Insbesondere zwei Wege bieten sich an: Der erste besteht darin, uns zu fragen, wie die logische Grammatik der Begriffe in ihrem sprachlichen Gebrauch beschaffen ist: Wie werden Begriffe wie »Kunst«, »Werk« und dergleichen verwendet? Der zweite Weg besteht darin, die Begriffe dort aufzugreifen, wo sie eine bestimmte, für unseren Gebrauch wichtige Prägung erhalten haben: Wie sind Begriffe wie der der Kunst oder der des Werkes geprägt worden? Den ersten Weg kann ich knapp als einen sprachanalytischen, den zweiten als einen hermeneutischen charakterisieren, auch wenn solche Charakterisierungen nicht zuletzt aus dem Grund problematisch sind, weil philosophische Projekte wie Sprachanalyse und Hermeneutik in sehr unterschiedlicher Weise verstanden und praktiziert werden. Der Weg, nach einer logischen Grammatik der Begriffe zu fragen, also ihren Gebrauch in unserer Sprache zu analysieren, wird häufig mit einer gewichtigen Voraussetzung verbunden: dass es so etwas wie unseren Gebrauch bestimmter Begriffe als eine wie auch immer feststehende Größe gibt, die sich einer Betrachtung unterziehen lässt. Diese Voraussetzung ist – ich stelle das hier fest, ohne dafür zu argumentieren – problematisch. Deshalb (und aus Gründen, die im Begriff der Reflexion liegen, die später in diesem Kapitel implizit angedeutet werden) wähle ich den zweiten Weg. Genauer lautet die Frage, die ich verfolgen will: Welche Prägungen dieser Begriffe geben uns einen Hinweis darauf, wo beziehungsweise wie ein unverkürzter Begriff der Kunst zu finden ist?

Damit stehen wir vor der Geschichte des Kunstbegriffs. Bezogen auf diese Geschichte ist es eine Binsenweisheit, dass im 18. Jahrhundert eine besondere Prägung stattgefunden hat. Diese Prägung hängt mit einer Entwicklung in der Praxis der Künste zusammen, die sich mit dem Begriff der Emanzipation umreißen lässt: Standen die Künste in der Antike und im Mittelalter überwiegend in weltlichen und religiösen Herrschaftszusammenhängen, so haben sie sich seit der Renaissance und besonders seit dem 18. Jahrhundert immer stärker von diesen Zusammenhängen emanzipiert. Kunst unterliegt seit der Neuzeit einem Prozess gesellschaftlicher Ausdifferenzierung, den auch andere gesellschaftliche Teilsysteme durchlaufen haben. Insgesamt führt dieser Prozess dazu, dass Praktiken, und so auch die Kunst, sich zunehmend als autonom verstehen.[1]

Es ist wichtig, solche allgemeinen historischen Thesen mit Vorsicht zu genießen. Allzu leicht führen sie zu pauschalen Sichtweisen, die entscheidenden Unterschieden von Positionen nicht gerecht werden. Allerdings trifft es sicher zu, dass sich mit Blick auf das Verständnis von Kunst in der Neuzeit ein bemerkenswerter Umbruch ereignet hat, der üblicherweise auf die Mitte des 18. Jahrhunderts datiert wird, als Alexander Gottlieb Baumgarten mit seinen Überlegungen zu einer spezifisch sinnlichen Erkenntnis die philosophische Disziplin begründet hat, die schon bald den Namen Ästhetik tragen wird.[2] Er wurde damit auch zum Begründer der modernen Kunstphilosophie, die sich dadurch auszeichnet, dass sie Kunst als eine unter anderem auf sich selbst bezogene Praxis versteht. Antike Philosophien der Kunst haben diese in erster Linie als eine handwerklich oder politisch relevante Praxis thematisiert. Sie verorten die Kunst in einer Perspektive, die man mit Jacques Rancière als ethisch oder repräsentational bezeichnen kann: Kunst wird entweder in Bezug auf eine gesellschaftliche Ordnung bestimmt oder als eine bestimmte handwerklich vorzügliche, kognitiv orientierte Praxis erläutert. Im 18. Jahrhundert tritt demgegenüber eine Betrachtungsweise in den Vordergrund, die man wiederum mit Rancière als ästhetisch bezeichnen kann.[3] Für sie ist charakte-

1 Vgl. hierzu Niklas Luhmann, *Die Kunst der Gesellschaft*, Frankfurt/M. 1995.

2 Vgl. Alexander Gottlieb Baumgarten, *Ästhetik*, Hamburg 2007.

3 Vgl. zu Rancières Unterscheidung eines ethischen, eines repräsentationalen und

ristisch, dass sie sich dezidiert an Kunst als Kunst orientiert. Damit kommt ein wichtiges Element einer modernen Praxis der Kunst ins Spiel: die eigenständige Orientierung am Begriff der Kunst. Dieses Element ist für ein Verständnis von Kunst wesentlich und somit ein geeigneter Ausgangspunkt für unsere Suche nach einem unverkürzten Begriff der Kunst.

Wo ist dieses Element geprägt worden? Bei wem sollen wir es festmachen? Direkt bei Baumgarten oder seinem Umfeld? Bei David Hume oder Johann Gottfried Herder? Ich halte es für richtig, bei Immanuel Kant anzusetzen, denn sein Denken steht in der neuzeitlichen Philosophie für eine Revolution, die in der Erläuterung des kognitiven menschlichen Weltverhältnisses die einseitigen Orientierungen an der menschlichen Vernunftfähigkeit (Rationalismus) und an der sinnlichen Auseinandersetzung mit der Welt (Empirismus) überwunden hat. Genau diese Revolution ist auch für das Verständnis von Kunst zentral. Sie erlaubt es Kant, der Kunst eine besondere Stellung innerhalb der menschlichen Praxis zuzuweisen. Kunst wird weder auf der Seite der sinnlichen Begegnung mit der Welt noch auf der Seite des subjektiven Begreifens und der subjektiven Konstruktion verortet. Nach Kants Verständnis ist sie solchen Zuordnungen vielmehr grundsätzlich enthoben. Kunst realisiert ihm zufolge einen Beitrag zu der menschlichen Praxis, in der sich die für diese Praxis wesentlichen, aber unterschiedlichen Elemente als miteinander verbunden erweisen. Für diesen Beitrag ist der stete Bezug von Kunst auf sich selbst wesentlich.

Ich will im Folgenden zeigen, dass Kant der Kunst ein Potential zuschreibt, das für einen unverkürzten Begriff von Kunst zentral ist. Seine Weiterentwicklung des Kunstbegriffs ist in besonderer Weise von Hegel gewürdigt worden. Aus diesem Grund soll in diesem Kapitel nicht nur Kants Position, sondern zugleich der Übergang zu Hegel beleuchtet werden, um zu verstehen, in welchen Hinsichten Hegel an Kant anknüpft und in welchen nicht. Kants und Hegels Ästhetiken sind immer wieder als alternative Positionen begriffen worden. Demnach ist der Kantische Ansatz eher formalistisch orientiert und stellt den Begriff der Erfahrung ins Zentrum, wohingegen der Hegelsche Ansatz den Inhalt von

eines ästhetischen Regimes der Künste insgesamt Jacques Rancière, *Die Aufteilung des Sinnlichen. Die Politik der Kunst und ihre Paradoxien*, Berlin 2006, S. 35-43.

Kunstwerken betont und diese damit historisch-kulturell verankert. Kant wird so zu einem Vorbild für autonomieästhetische Positionen; Hegel hingegen steht allen Plädoyers für eine philosophische oder gesellschaftliche Bestimmung von Kunst Pate. Mit solchen Entgegensetzungen allerdings verfehlt man die Positionen Kants und Hegels. In diesem Sinn geht es mir in diesem Kapitel nicht allein darum, einen brauchbaren Ausgangspunkt für den Begriff von Kunst zu finden, sondern auf dem Weg zu einem solchen Ansatz zugleich herauszuarbeiten, dass Kant und Hegel in Bezug auf den Grundgedanken ihres Kunstbegriffs einig sind. Ich will zeigen, dass eine Neuinterpretation der Ästhetiken Kants und Hegels und ihres Zusammenhangs erforderlich ist, um den systematischen Impuls zu fassen, der von ihnen für die Bestimmung von Kunst ausgeht.

Die Überlegungen zu Kant und Hegel lassen sich auch gut im Lichte der im ersten Kapitel diskutierten Positionen verstehen. Sowohl für Menke als auch für Danto sind die Ästhetiken Kants und Hegels richtungweisend. Und die Verkürzungen, die sich in beiden Positionen finden, sind unter anderem der Tatsache geschuldet, dass zentrale Momente der Ästhetiken Kants und Hegels nicht in der wünschenswerten Deutlichkeit gefasst werden. Es ist mein Ziel, diese Momente für den Kunstbegriff zurückzugewinnen.

1. Kunst als Reflexion von Erkenntnisfähigkeit: Kant

Mit Blick auf die Sonderstellung der Kunst beziehungsweise des Schönen ist Kant zu einer Einsicht gelangt, die bis heute Maßstäbe setzt. Diese Einsicht lässt sich in einem Satz artikulieren: Das Schöne (beziehungsweise die Kunst) ist ein Medium der Reflexion der spezifisch menschlichen Position in der Welt.[4] Bei Kant ist diese Einsicht natürlich etwas anders formuliert: Er spricht in seinen Analysen des Geschmacksurteils davon, dass es subjektiv-allgemein sei.[5] Es bringe etwas über erkennende endliche Subjekte (das heißt:

4 Vgl. zu dieser Interpretation der Kantischen Ästhetik auch Brigitte Scheer, *Einführung in die philosophische Ästhetik*, Darmstadt 1997, bes. S. 87-92.

5 Vgl. Immanuel Kant, *Kritik der Urteilskraft*, in: *Werke*, hg. von Wilhelm Weischedel, Band 10, Frankfurt/M. 1974, bes. § 22.

sinnlich verstehende Subjekte) in ihrem Verhältnis zur Welt zum Ausdruck.

Zu dieser Einsicht kommt Kant dadurch, dass er die Eigenart eines Geschmacksurteils bestimmt. Ein Geschmacksurteil ist ein Urteil des Typs »X ist schön«. Nach Kants Verständnis ist ein solches Geschmacksurteil weder ein objektives noch ein subjektives Urteil. In der Auseinandersetzung mit dem Schönen geht es demnach nicht darum, passende Begriffe für bestimmte Gegenstände zu finden und somit etwas in der Welt zu erkennen. Geschmacksurteile sind keine Erkenntnisurteile in dem Sinn, dass Gegenstände der Welt unter bestimmte Begriffe gebracht werden. Artikuliert werden auch nicht die Eigenarten eines Subjekts in seiner Auseinandersetzung mit der Welt. Geschmacksurteile sind also auch keine subjektiv-ästhetischen Urteile in dem Sinn, dass sie subjektive Präferenzen artikulieren.

Die positive Bestimmung, die Kant diesen Abgrenzungen entgegensetzt, besagt, dass ein Urteil des Typs »X ist schön« ein subjektiv-allgemeines Urteil ist. Auch wenn es nichts über die Verfasstheit eines Gegenstands artikuliert, so bringt es doch etwas zum Ausdruck, das in allgemeiner Weise gilt. Mit Geschmacksurteilen ist, so gesehen, ein Erkenntnisanspruch verbunden, der über partikulare Subjekte hinausgeht. Allerdings handelt es sich nicht im strikten Sinn um einen Erkenntnisanspruch, da es nicht um eine Erkenntnis in Bezug auf mögliche Gegenstände der Erfahrung geht (und nur mit Blick auf solche Gegenstände ist Kant zufolge im engen Sinn von Erkenntnis zu sprechen). Kant trägt dieser Bedingung dadurch Rechnung, dass er den Erkenntnisanspruch auf die erkennende Subjektivität bezieht. In der Erfahrung von Schönem, die im Geschmacksurteil zum Ausdruck kommt, versichert sich das Subjekt demnach seiner Erkenntnisfähigkeit. Kant bringt diese These auf den Punkt, indem er von »Erkenntnis überhaupt«[6] spricht: Das Geschmacksurteil artikuliert nicht Erkenntnisse, sondern eine Erfahrung von Erkenntnisfähigkeit und bringt in diesem Sinn Erkenntnis überhaupt zum Ausdruck.

Wie aber kann eine Auseinandersetzung mit schönen Gegenständen als eine Erfahrung von Erkenntnisfähigkeit begriffen werden? Auf diese Frage gibt Kant eine recht spekulative Antwort.

6 Ebd., B 28. An anderer Stelle ist von einer »indirekten Erkenntnis« die Rede (vgl. ebd., B 198).

Er spricht von einem »*freien Spiel* der Erkenntnisvermögen«,[7] das durch die Auseinandersetzung mit schönen Gegenständen ausgelöst werde. Die Form eines schönen Gegenstands führt, so lautet die Erklärung, dazu, dass Einbildungskraft und Verstand in freier Weise in ein Zusammenspiel geraten. Anschauliche Vorstellungen und Begriffe kommen in ein freies Wechselspiel, in dem weder eine bestimmte Vorstellung noch ein bestimmter Begriff vorherrschend ist. In der Auseinandersetzung mit schönen Gegenständen machen wir demnach die Erfahrung, dass das Zusammenspiel von anschaulichen Vorstellungen und Begriffen funktioniert. Und das heißt im Sinne von Kants Erläuterungen nichts anderes, als dass die Erkenntnisfähigkeit endlicher Wesen überhaupt erfahren wird.

Die Erkenntnisfähigkeit als solche ist etwas Subjektiv-Allgemeines. Sie gilt für alle Subjekte, die so verfasst sind wie wir. Für uns ist es charakteristisch, dass wir nur mittels einer sinnlichen Auseinandersetzung mit der Welt zu Erkenntnissen kommen können. Wir sind, wie man in der Terminologie Kants sagen kann, sinnlich-rezeptive Wesen. Wir müssen auf sinnliche Weise zu Vorstellungen gelangen, um etwas zu erkennen. Unsere Einbildungskraft (unser Vermögen, *bestimmte* sinnliche Vorstellungen zu fassen) muss dabei mit dem Verstand (dem Vermögen, Begriffe in Urteilen zu verwenden) zusammenspielen. Dieses Zusammenspiel ist die Bedingung für das Zustandekommen von Erkenntnissen.

Genau ein solches Zusammenspiel wird von schönen Gegenständen ausgelöst, allerdings auf eine spezielle Weise. Ein schöner Gegenstand löst nicht eine Vorstellung aus, die in bestimmter Weise mittels eines Begriffs oder mehrerer Begriffe beurteilt wird. Das ausgelöste Zusammenspiel ist vielmehr unbestimmt. Vorstellungen und Begriffe kommen in ein freies Wechselspiel. So machen wir in Auseinandersetzung mit einem schönen Gegenstand eine Erfahrung, die für unsere Erkenntnisfähigkeit insgesamt exemplarisch ist: die Erfahrung, dass das Zusammenspiel von Einbildungskraft und Verstand funktioniert. Die Auseinandersetzung mit schönen Gegenständen zeigt somit, dass der Mensch in der Welt zu Erkenntnissen kommen kann – oder, wie Kant es an anderer Stelle formuliert: Sie zeigt, dass »der Mensch in die Welt«[8] passt. Sie zeigt es dadurch, dass das für den Menschen erforderliche Zusammen-

7 Ebd., B 28.

8 Immanuel Kant, Refl. 1820a, *Akademieausgabe*, Band 16, Berlin 1969, S. 127.

spiel von Einbildungskraft und Verstand[9] zustande kommt. In dieser Weise bringt das Geschmacksurteil »Erkenntnis überhaupt« zum Ausdruck.

Diese Erkenntnis kommt im Medium der Erfahrung zustande. Die durch schöne Gegenstände ausgelöste »Erkenntnis überhaupt« wird nicht begrifflich gefasst. Es kommt nicht dazu, dass ein ästhetisch erfahrendes Subjekt zu sich sagt: »Ah, ich kann erkennen!« Vielmehr schlägt sich diese Erkenntnis in einem spezifischen Wohlgefallen nieder. Kant spricht auch von einer »sehr merklichen Lust«[10] – von einer Lust, die man als *ästhetische Lust* bezeichnen kann. Die Lust ist Ausdruck davon, dass das Zusammenspiel der Erkenntnisvermögen funktioniert. Das freie Spiel ist dabei nicht einfach als freies Spiel lustvoll. Es ist lustvoll als eine Praxis, in der das Funktionieren des Zusammenspiels von Erkenntnisvermögen erfahren wird. In Kants Konzeption wird also die ästhetische Lust prominent, weil er sie als das Medium der allgemeinen Erkenntnis begreift, die in der Auseinandersetzung mit schönen Gegenständen zustande kommt. Die Lust (beziehungsweise das Wohlgefallen) wird durch den schönen Gegenstand ausgelöst. In ihr manifestiert sich das freie Spiel.[11] Kant rekurriert damit auf die Erfahrung einer ästhetischen Lust, um eine Erkenntnis geltend zu machen, die laut seiner transzendentalphilosophischen Position ansonsten nicht als Erkenntnis zu begreifen wäre. Das zentrale Ergebnis von Kants kri-

9 Das Erfordernis dieses Zusammenspiels hat Kant in der *Kritik der reinen Vernunft* in dem berühmten Diktum festgehalten, »Gedanken ohne Inhalte« seien »leer«, hingegen »Anschauungen ohne Begriffe [...] blind« (*Kritik der reinen Vernunft*, in: *Werke*, hg. von Wilhelm Weischedel, Band 3, Frankfurt/M. 1974, B 75).

10 Kant, *Kritik der Urteilskraft*, B XL.

11 Um die Frage, wie Kant den Zusammenhang von ästhetischer Lust, ästhetischem Urteil und dem freien Spiel der Erkenntnisvermögen begreift, herrscht in der Literatur wenig Einigkeit. Henry Allison hat überzeugend dargelegt, dass Paul Guyer (vgl. Paul Guyer, *Kant and the Claims of Taste*, Cambridge u. a. 1979, S. 110-119, 151-160) und Hannah Ginsborg (vgl. Hannah Ginsborg, »Reflective Judgment and Taste«, in: *Noûs* 24 [1990], S. 63-78) Kants Position verzeichnen, weil sie die ästhetische Lust primär setzen und damit missachten, dass es sich nach Kants Verständnis um eine Lust an der erfahrenen Allgemeinheit handelt (vgl. Henry Allison, *Kant's Theory of Taste*, Cambridge u. a. 2001, S. 112 ff.). Auch Allison aber trägt dem Reflexionscharakter des freien Spiels, den Kant mit seiner Rede von »Erkenntnis überhaupt« behauptet, nicht in ausreichendem Maße Rechnung und tendiert so zu einer zu formalistischen Interpretation der Kantischen Position.

tischer Philosophie ist, wie bereits gesagt, dass Menschen Erkenntnis nur von Gegenständen der Erfahrung zu gewinnen vermögen. Das schließt eine Erkenntnis von der Erkenntnisfähigkeit streng genommen aus. Insofern könnte man auch sagen, dass die ästhetische Lust eine Erkenntnis zum Ausdruck bringt, die keine ist.

Hinsichtlich der von Kant entwickelten Bestimmung des Schönen lässt sich das bisher Gesagte wie folgt resümieren: Das Schöne ist ein Medium der Reflexion insofern, als schöne Gegenstände eine Erfahrung auslösen, die die spezifische Erkenntnisfähigkeit des Menschen reflektiert. Die Auseinandersetzungen mit schönen Gegenständen beziehen sich also auf spezielle Praktiken, nämlich auf Erkenntnispraktiken beziehungsweise genauer: auf Erkenntnispraktiken insgesamt. Erkenntnispraktiken insgesamt werden in der Auseinandersetzung mit schönen Gegenständen reflektiert. Der Begriff der »Erkenntnis überhaupt« erweist sich damit als ein Begriff für ein *unbestimmtes* und in diesem Sinn allgemeines *reflexives* Verhältnis.

Dieses unbestimmte reflexive Verhältnis hat nun Kant zufolge einen besonderen Wert, den ich mit dem Begriff der Verlebendigung erläutern will (den Begriff der Verlebendigung gebrauche ich an diesem Punkt auch im Vorgriff auf die Position Hegels, also um einen wichtigen Zusammenhang zwischen Kant und Hegel artikulieren zu können): Kant zufolge bewirkt das Zusammenspiel der Erkenntnisvermögen eine Belebung des Subjekts: »Die Belebung beider Vermögen (der Einbildungskraft und des Verstandes) zu unbestimmter, aber doch vermittelst des Anlasses der gegebenen Vorstellung, einhelliger Tätigkeit [...] ist die Empfindung, deren allgemeine Mitteilbarkeit das Geschmacksurteil postuliert.«[12] Diese Darlegungen Kants können wir wie folgt erläutern: In der Auseinandersetzung mit schönen Gegenständen erfährt das Subjekt sich als belebt, da es in seinen Vermögen in unbestimmter Weise angesprochen ist und dabei das Funktionieren dieser Vermögen erfährt. Belebt wird der Zusammenhang, der für ein Subjekt, das nur durch ein Zusammenspiel von Sinnlichkeit und Verstand zu Erkenntnissen kommen kann, entscheidend ist. Dadurch gewinnt aber die Belebung den Charakter einer Verlebendigung. Verlebendigung heißt hier nicht, dass einer Entität Leben eingehaucht wird, sondern vielmehr, dass gegen eine drohende Erstarrung etwas zum

12 Kant, *Kritik der Urteilskraft*, B 31.

Leben gebracht wird. Zum Leben gebracht wird das menschliche Subjekt in den Grundmomenten dessen, was es ausmacht.

Ein menschliches Subjekt ist ein Wesen, dessen Sinnlichkeit untrennbar mit Begrifflichkeit verbunden ist. Für ein solches Subjekt bedarf es eines Zusammenspiels beider Dimensionen. Und genau dieses Zusammenspiel wird durch die Auseinandersetzung mit schönen Gegenständen belebt. Die Belebung ist nicht charakteristisch für ein spezifisches Subjekt, sondern für all die Subjekte, deren Erkenntnisse eines Zusammenspiels von Sinnlichkeit und Verstand bedürfen. Aus diesem Grund ist die ästhetische Lust »allgemein mitteilbar«: Sie lässt sich von jedem Subjekt nachvollziehen, für das das besagte Zusammenspiel wesentlich und zudem erfahrbar ist. Wir haben damit alle Grundlagen zusammen, um mit Kant den Wert der Kunst (im Sinne schöner Gegenstände) zu bestimmen:

> (*Wert-These Kant*) In Auseinandersetzung mit schönen Gegenständen reflektieren Menschen ihre Erkenntnisfähigkeit. Eine solche Reflexion ist wertvoll, da sie die Subjekte mittels einer Erfahrung des Zusammenspiels ihrer Erkenntnisvermögen verlebendigt.

Komplizierter liegen die Dinge mit Blick auf die Spezifik der Kunst. Bislang ging es in Zusammenhang von Kants Überlegungen gar nicht spezifisch um Kunst, sondern um das Schöne. Für Kant sind natürliche Lebewesen paradigmatisch für Schönes: schöne Blumen, schöne Vögel und dergleichen. Gemünzt auf Kant lautet die Frage daher: Worin besteht die Spezifik des Schönen? Man kann sagen, dass Kant darauf mit dem Wert des Schönen antwortet: Die Spezifik des Schönen liegt darin, dass schöne Gegenstände eine besondere Form der Erkenntnis ermöglichen, eben Erkenntnis überhaupt. Da aber diese Erkenntnis gerade nicht spezifisch ist, sondern im Gegenteil sehr allgemein beziehungsweise gar keine Erkenntnis im strikten Sinn, bestimmt Kant den Wert des Schönen im Grunde so, dass es weder möglich ist, diesen Wert zu spezifizieren, noch, spezifische Realisierungen dieses Werts zu bestimmen. Eine allgemeine Spezifik ist keine Spezifik. Kant hat, mit anderen Worten, nichts über die Spezifik des Schönen und ergo der Kunst zu sagen.[13]

13 Ich bin der Meinung, dass dies auch für Kants Ausführungen zu Kunst im engeren Sinn gilt (vgl. ebd., §§ 45 ff.), will dies aber im vorliegenden Kontext

Man könnte nun einwenden, dass Kant es gerade vermeidet, das Geschmacksurteil als ein Erkenntnisurteil zu begreifen. Es sollte ja deutlich geworden sein, dass die ästhetische Reflexion in ihrer Kantischen Fassung nicht umstandslos als Erkenntnisbeziehung gefasst werden kann. Was wie eine Lösung aussieht, ist aber in Wahrheit Ausdruck eines gravierenden Problems. Denn nun stellt sich die Frage: Wie lässt sich das Ästhetische als Medium der Reflexion begreifen, ohne dass die Reflexionsbeziehung als eine der Erkenntnis gedeutet wird? Auf diese Frage hat Kant keine Antwort, überdeckt diese Leerstelle aber mit einer vielsagenden Erläuterung, indem er über das freie Spiel der Erkenntnisvermögen sagt, es handele sich um ein »harmonisches« und »einhelliges« Spiel.[14] Wie kommt Kant zu diesen Bestimmungen? Da das freie Spiel unbestimmt ist und es von ihm keine Erkenntnis zu geben vermag, ist unklar, worauf diese Charakterisierungen beruhen. Es könnte auch chaotisch oder ungeordnet sein. Indem Kant es aber dennoch mit Eigenschaften belegt, es also bestimmt, macht er deutlich, dass die Frage, wie eine nicht als Erkenntnisbeziehung zu denkende Reflexion spezifiziert werden kann, noch auf der Agenda steht. Erst mittels einer Antwort auf diese Frage könnten entsprechende Bestimmungen gerechtfertigt werden.

Aber nicht nur das Verständnis der Reflexion bleibt bei Kant offen, sondern auch die Frage, welche Wirkung die Verlebendigung hat. Wie dargestellt, ist Kants Konzeption des freien Spiels mit dem Gedanken der Verlebendigung verknüpft. Das freie Spiel verlebendigt die Erkenntnisvermögen. Die Unbestimmtheit des freien Spiels hat aber zur Folge, dass diese Verlebendigung in ihrem Bezug und damit in ihrem Charakter als Verlebendigung unklar bleibt. Zwar können Subjekte in ihren Erkenntnissen erstarren, leerlaufen oder scheitern, aber sie sind natürlich dennoch insofern in einem allgemeinen Sinn lebendig, als ihre Erkenntnisvermögen zusammenwirken. Dieses Zusammenwirken kann für Kant gar nicht in Frage stehen. Die »Belebung«, von der er spricht, ist so als eine Belebung von etwas zu verstehen, das ohnehin belebt ist. Sie zielt auf eine Wirkung in einem bereits Belebten und nicht auf etwas, das potentiell zu beleben wäre, nämlich einzelne Erkenntnispraktiken.

nicht verfolgen, da es mich vom eigentlichen Ziel dieses Kapitels abbringen würde.

14 Vgl. ebd., B 29, B 31, u. a.

An diesem Punkt ist noch ein anderer Aspekt relevant: Kant geht davon aus, dass das Schöne für die alltägliche Praxis als solche irrelevant ist. Erkenntnispraktiken oder einfache Handlungsvollzüge in der Welt sind ihm zufolge von der Auseinandersetzung mit Schönem nicht betroffen. Das Wohlgefallen am Schönen sei von allen anderen Formen des Wohlgefallens abzugrenzen, da es sich um ein Wohlgefallen »ohne alles Interesse« handele,[15] während für die Formen des alltäglichen Wohlgefallens – das Wohlgefallen am Guten und das Wohlgefallen am Angenehmen – gelte, dass sie interessiert sind, das heißt handlungsmotivierend sein können. Genau das gilt, Kant zufolge, nicht für schöne Gegenstände. Das von ihnen ausgelöste Wohlgefallen ist demnach nicht handlungsmotivierend. Zwar suchen wir den Kontakt zu schönen Gegenständen, aber wir vollziehen nicht mit ihnen oder in Bezug auf sie irgendwelche Handlungen.

Ästhetische Reflexion ist somit für Kant mit einem Ausstieg aus sonstigen alltäglichen Praktiken verbunden. Die Betonung dieses Ausstiegs führt aber dazu, dass der Zusammenhang mit der sonstigen Praxis nicht mehr begreiflich ist. Insofern liefert Kant der ästhetischen Diskussion nach ihm gewissermaßen eine *mixed message*. Auf der einen Seite betont er den reflexiven Charakter ästhetischer Erfahrungen. Auf der anderen Seite aber kann er diese Reflexion nur als in praktischer Hinsicht irrelevant denken. Die Reflexion trägt zu dem von ihr reflektierten Zusammenspiel – dem Zusammenspiel der Erkenntnisvermögen – nichts bei. Sie kommt wie eine spielerische Dreingabe daher.[16] Zwar soll die Auseinandersetzung mit schönen Gegenständen etwas leisten, auch mit Blick auf alltägliche Praktiken: Sie soll – wie wir gesehen haben – die Erkenntnisvermögen in ihrem Zusammenspiel beleben. Aber Kant kann den spezifischen Sinn dieser Belebung nicht verständlich machen. Warum bedarf es einer solchen Belebung? Die Antwort kann aus Kants Perspektive nur lauten: Grundsätzlich bedarf es ihrer nicht, denn das Zusammenspiel von Einbildungskraft und Verstand funktioniert auch unabhängig von der ästhetischen Refle-

15 Ebd., B 5.

16 Derrida hat die Kantische Bestimmung des Ästhetischen als spielerischen Abgrund dadurch kommentiert, dass er von einer »Satire des Abgrunds« spricht. Siehe Jacques Derrida, »Parergon«, in: *Die Wahrheit in der Malerei*, Wien 1992, S. 31-176, hier: S. 33.

xion. Dieses Funktionieren zu erfahren ist zwar lustvoll, leistet aber keinen spezifischen Beitrag. Die Erfahrung des Funktionierens ist für das Subjekt eine besondere reflexive Erfahrung, die aber nicht mehr ist als eine Schaumkrone auf den Wellen menschlicher Erkenntnisvermögen.

Zwischen der ästhetischen Reflexion und den sonstigen Praktiken klafft somit bei Kant eine Lücke, was dazu führt, dass er dem Autonomie-Paradigma, das wir im ersten Kapitel betrachtet und kritisiert haben, (*nolens volens*) Vorschub leistet. Damit droht seine Einsicht in den reflexiven Charakter des Ästhetischen aus dem Blick zu geraten. Gerade diese Einsicht muss aus meiner Sicht jedoch gerettet und reaktualisiert werden, um zu einem überzeugenden Begriff der Kunst zu gelangen.

2. Kunst als Verlebendigung wesentlicher Orientierungen: Hegel

Hegel hat Kants Analyse des Schönen nur recht pauschal und seinen Begriff der »Erkenntnis überhaupt« nicht direkt kommentiert.[17] Hegels Ästhetik und der Begriff des Schönen, den sie entwickelt, lassen sich aber insgesamt so lesen, dass sie einerseits die Einsicht Kants festzuhalten und dabei andererseits die *mixed message* Kants aufzulösen versuchen. Auch wenn dies *prima facie* nicht so aussieht, liefert Hegel also eine Bestimmung von Kunst, die direkt an Kant anschließt. Er möchte die ästhetische Reflexion so erläutern, dass sie tatsächlich einen Beitrag zu anderen Praktiken innerhalb der menschlichen Lebensform erbringt. Das ist das Ziel

17 Vgl. Georg Wilhelm Friedrich Hegel, *Vorlesungen über die Ästhetik I-III*, in: *Werke*, hg. von Eva Moldenhauer und Karl Markus Michel, Frankfurt/M. 1986, Bände 13-15, hier: Band 13, S. 83-89. In der Mitschrift von Hegels Ästhetik-Vorlesung aus dem Jahr 1826 heißt es, nach Kants Verständnis sei »die Aussöhnung« von dem besonderen Gegenstand und der Allgemeinheit des Begriffs im Schönen »nur zufällig« (vgl. Georg Wilhelm Friedrich Hegel, *Philosophie der Kunst. Vorlesung von 1826*, Frankfurt/M. 2004, S. 61). Kants »Erkenntnis überhaupt« fehlt, so gesehen, der Kontakt zum Gegenstand, der die Erkenntnisfähigkeit in bestimmter Weise zu reflektieren erlaubt.

seiner Darlegungen; und um es zu erreichen, setzt Hegel bei dieser reflexiven Dimension und nicht bei der Autonomie an. Dadurch will er vermeiden, dass die These von der Autonomie des Ästhetischen eine Klärung der spezifischen Bedeutung ästhetischer Reflexivität unterminiert.

Hegel geht es, so gesehen, in seiner Ästhetik um eine Weiterentwicklung von Kants Position. Er wendet grundsätzlich gegen Kant ein, dass Erkenntnisvermögen nicht unabhängig von bestimmten Erkenntnispraktiken gedacht werden können. Die kritische Wende, die Hegel aufgrund dieses Einwands vollzieht, lässt sich gut auf Grundlage von Kants Begriff des freien Spiels erläutern, auch wenn dieser Begriff bei Hegel keine Rolle spielt. Ein freies Spiel von Erkenntnisvermögen kann Kant zufolge nicht unabhängig von Begriffen verstanden werden. Begriffe erhalten ihre Bestimmtheit aber nur in historisch-kulturell gebundenen Praktiken. Also, so schließt Hegel, müssen die Erkenntnisvermögen von historisch-kulturellen Praktiken her begriffen werden. Das hat Folgen für das Verständnis des subjektiv-allgemeinen Zustands, den Kant zufolge die ästhetische Lust zum Ausdruck bringt: Er kann nicht mehr in der Weise universal begriffen werden, wie dies bei Kant geschieht. Vielmehr muss es sich um einen Zustand handeln, der an eine historisch-kulturell etablierte, wir können im Sinn Hegels auch sagen: an eine wirkliche Praxis, gebunden ist. Worin könnte ein solcher Zustand bestehen? Hegels Antwort lautet: Er beruht auf Elementen, die in einer historisch-kulturellen Praxis von allen in diese Praxis involvierten Individuen geteilt werden. Daher rührt seine subjektive Allgemeinheit. Die Elemente, von denen ich spreche, sind als *wesentliche Orientierungen* dieser Praxis zu verstehen (in Bezug auf Tod, Liebe, Transzendenz, Selbstbestimmung, Körperbeherrschung und dergleichen), die den Rahmen für alle Erkenntnispraktiken abstecken. Sie sind insofern als Basis einer Auseinandersetzung mit den Erkenntnisvermögen zu begreifen. Ein subjektiv-allgemeiner Zustand ist Hegel zufolge demnach ein Zustand, in dem Subjekte sich auf die wesentlichen Orientierungen einer historisch-kulturellen Lebensform richten.[18]

Die Pointe dieser Überlegung besteht darin, dass eine Allgemeinheit als konkret realisiert gedacht werden muss. Dazu bedarf es ei-

18 Vgl. z. B. Hegel, *Vorlesungen über die Ästhetik I*, S. 141.

nes Rekurses auf historisch-kulturelle Lebensformen. Diese verstehe ich als Zusammenhänge von Praktiken in einer Gemeinschaft, die sich im Laufe der Zeit etabliert haben. Solche Zusammenhänge lassen sich aber Hegel zufolge erst dann als Zusammenhänge begreifen, wenn die Subjekte entsprechender Gemeinschaften grundlegende Verständnisse miteinander teilen.[19] Sofern das der Fall ist, bilden sich zwischen vielfältigen Praktiken dieser Gemeinschaften Zusammenhänge so aus, dass man diese Gemeinschaften in Hegels Sinn als Lebensformen begreifen kann.[20] Man kann die *wesentlichen Orientierungen*, von denen ich spreche, auch als *Selbstverständnisse* bezeichnen. Alle Praktiken im Rahmen der jeweiligen Lebensform basieren Hegel zufolge auf solchen Selbstverständnissen. Wenn sie thematisiert werden, dann betrifft das somit direkt die Subjekte einer bestimmten Lebensform. Da die (praktischen und kognitiven) Auseinandersetzungen dieser Subjekte mit der Welt nur vor dem Hintergrund der wesentlichen Orientierungen Bestand haben, sind mit ihnen die (historisch-kulturell verstandenen) Erkenntnisvermögen dieser Subjekte insgesamt angesprochen.[21]

Damit ist für Hegel der Rahmen abgesteckt, innerhalb dessen ästhetische Reflexivität zu begreifen ist: Kunst thematisiert wesentliche Orientierungen einer Lebensform. Und eine solche Thematisierung hat, in diesem Punkt stimmt Hegel mit Kant überein, eine belebende Wirkung. Diese Wirkung betrifft aber nicht die Erkenntnisvermögen menschlicher Subjekte insgesamt, sondern Erkenntnisvermögen in den konkreten historisch-kulturellen Ausprägungen, die für Subjekte leitend sind. Das heißt: Die von Kunstwerken thematisierten wesentlichen Orientierungen einer

19 Vgl. hierzu auch Terry Pinkard, *Hegel's Phenomenology: The Sociality of Reason*, Cambridge u.a. 1996, S. 221-268.

20 Der Begriff der Lebensform hat im Anschluss an Wittgensteins *Philosophische Untersuchungen* in der Gegenwartsphilosophie eine erstaunliche Karriere gemacht. Ich verwende ihn im Sinne der Interpretation, die John McDowell der Philosophie Wittgensteins gegeben hat (vgl. John McDowell, »Wittgenstein on Following a Rule«, in: *Mind, Value, and Reality*, Cambridge, Mass., u.a. 1998, S. 221-262). Hegels These, dass geteilte Selbstverständnisse für eine Gemeinschaft unerlässlich sind, geht allerdings über McDowells Wittgenstein hinaus.

21 Im Gegensatz zu meiner Interpretation der Position Kants ist diejenige, die ich Hegels Ästhetik gebe, in ihren Grundzügen mehr oder weniger unkontrovers. Vgl. hierzu z.B. Terry Pinkard, »Symbolic, Classical, and Romantic Art«, in: Stephen Houlgate (Hg.), *Hegel and the Arts*, Evanston 2007, S. 3-28, bes. S. 9.

Lebensform werden durch diese Thematisierung aktualisiert und damit bekräftigt. Insofern haben ästhetische Praktiken eine *bestimmte* verlebendigende Wirkung.[22] Diese Sichtweise Hegels beinhaltet den Gedanken, dass die für eine Lebensform wesentlichen Orientierungen an Lebendigkeit verlieren können, dass eine Lebensform erstarren kann. Eine solche Erstarrung kann durch ästhetische Verlebendigungen aufgebrochen werden.[23] Da die wesentlichen Orientierungen einer Lebensform eine wichtige normative Funktion spielen, müssen sie immer wieder belebt werden, und genau dies leisten unter anderem ästhetische Praktiken. Mit dieser Erläuterung gelingt es Hegel – anders als Kant –, die Verlebendigung auf etwas zu beziehen, das einer Verlebendigung tatsächlich bedarf, da es an Leben verlieren kann.

Hegel begreift die Verlebendigung des Subjekts damit als konkrete Verlebendigung. Sie resultiert ihm zufolge nicht aus dem unbestimmten Zustand eines freien Spiels, sondern aus dem bestimmten Zustand der Auseinandersetzung mit einem konkreten Kunstwerk. Charakteristisch für Hegels Kritik an Kant ist so auch, dass ihm zufolge die Verlebendigung von Objekten ausgeht. Die Objekte geben nicht nur einen unbestimmten Anstoß, sondern bringen mit ihrer jeweiligen Gestalt die verlebendigende Wirkung hervor. Diese Wirkung betrifft eine gesellschaftliche Praxis insgesamt.[24] Kunstwerke stoßen – wenn man Kants Begriff in einer ganz anderen Art und Weise einbringen will – kein unbestimmtes, sondern ein bestimmtes Spiel an: das bestimmte Spiel einer gesellschaftlichen Praxis. In diesem Spiel geht es um die Hervorbrin-

22 Entsprechend hat Annemarie Gethmann-Siefert Hegels Ideal des Schönen auf der Basis der Vorlesungsmitschriften von 1823 und 1826 auch als »›Lebendigkeit‹ der Idee« erläutert. Vgl. dazu: *Einführung in Hegels Ästhetik*, München 2005, S. 237-241.

23 Vgl. zu einer entsprechenden Erläuterung von Hegels Position Robert B. Pippin, »The Absence of Aesthetics in Hegel's Aesthetics«, in: Frederick C. Beiser (Hg.), *The Cambridge Companion to Hegel and Nineteenth-Century Philosophy*, Cambridge u. a. 2008, S. 394-418, hier: S. 400-402.

24 So schreibt Hegel in Bezug auf die geschichtliche Dimension wesentlicher Orientierungen: »Das Geschichtliche ist nur dann das Unsrige, wenn es der Nation angehört, der wir angehören, oder wenn wir die Gegenwart überhaupt als eine Folge derjenigen Begebenheiten ansehen können, in deren Kette die dargestellten Charaktere oder Taten ein wesentliches Glied ausmachen.« (Hegel, *Vorlesungen über die Ästhetik I*, S. 352.)

gung und Bekräftigung wesentlicher Orientierungen einer solchen Praxis. Subjekte werden somit nicht als einzelne Subjekte in ihrer Allgemeinheit angesprochen, sondern in der konkreten Allgemeinheit, in der sie stehen: in ihrer Stellung in einer bestimmten historisch-kulturellen Wirklichkeit. Dem bisher Gesagten lässt sich Hegels Bestimmung des Wertes der Kunst entnehmen:

> (*Wert-These Hegel*) Kunst leistet im Rahmen einer Lebensform die Verlebendigung wesentlicher Orientierungen dieser Lebensform.

Aus Hegels Sicht ist diese Bestimmung jedoch nicht spezifisch genug, denn ihm zufolge leisten noch zwei andere Praktiken eine solche Verlebendigung wesentlicher Orientierungen: Religion und Philosophie. Auch sie thematisieren wesentliche Orientierungen und haben damit für eine Gemeinschaft eine Relevanz, die der von Kunst strukturell verwandt ist. (Hegel fasst diese Relevanz bekanntlich mit dem Begriff des »absoluten Geistes«.[25]) Aus diesem Grund sieht sich Hegel vor die Aufgabe gestellt, Kunst von Religion und von Philosophie zu unterscheiden. Die Spezifik der Kunst liegt, so sein Vorschlag, darin, dass sie die Thematisierung wesentlicher Orientierungen von historisch-kulturellen Orientierungen in einer besonderen Form leistet: in sinnlich-anschaulicher Form. Kunstwerke realisieren ihre Darbietungen in sinnlich-anschaulichen Medien, die mit je unterschiedlichen Materialien arbeiten und auf unterschiedliche Wahrnehmungspraktiken und Bewegungen von Seiten der Rezipierenden abzielen. Die berühmte Formel vom »sinnlichen Scheinen der Idee«[26] bringt diese Spezifik zum Ausdruck. Spezifisch für Kunst ist, dass sie ein sinnliches Scheinen realisiert: eine Darbietung in bestimmten sinnlich-anschaulichen Medien. Ich habe schon gesagt, wie sich »Ideen« übersetzen lässt: Ideen sind Leitbegriffe, die die Wirklichkeit anderer Begriffen prägen.[27] Sie sind nichts anderes als wesentliche Orientierungen, die

25 Vgl. Georg Wilhelm Friedrich Hegel, *Enzyklopädie der philosophischen Wissenschaften I-III*, in: *Werke*, hg. von Eva Moldenhauer und Karl Markus Michel, Frankfurt/M. 1986, Bände 8-10, hier: Band 10, § 553 ff.

26 Hegel, *Vorlesungen über die Ästhetik I*, S. 151.

27 Hegels Erläuterung von »Idee« lautet: »der in seiner Realität gegenwärtige und mit derselben in Einheit gesetzte Begriff ist Idee« (ebd., S. 145). Ideen sind so für

im Rahmen begrifflicher Praktiken verfolgt werden. Hegel versteht also unter Ideen keine gedanklichen Gebilde, sondern Leitbegriffe einer wirklichen Praxis. Mit diesen Leitbegriffen hat es aber nicht nur die Kunst zu tun, sondern, wie bereits gesagt, auch die Religion und die Philosophie. Spezifisch für die Kunst ist allerdings, dass sie Ideen im Medium sinnlicher Anschaulichkeit thematisiert:

> (*Spezifik-These Hegel*) Spezifisch für Kunst ist die sinnliche Anschaulichkeit, in der sie wesentliche Orientierungen einer Lebensform thematisiert.

Für Hegel kommt es, anders als für Kant, im Ästhetischen nicht zu einem interesselosen Ausstieg aus alltäglichen Praktiken. Es kommt vielmehr zu einer spezifischen Ausformung von Praktiken. Kunst realisiert eine *interesselose Sinnlichkeit*. In alltäglichen Praktiken sind sinnlich-anschauliche Momente immer interesseleitend oder interessegeleitet: Bestimmungen praktischer Tätigkeiten, mittels deren Menschen unterschiedliche Zwecke realisieren. Im Ästhetischen hingegen ist dies nicht der Fall, da hier die sinnlich-anschaulichen Momente als solche im Fokus der Aufmerksamkeit stehen. In der Kunst beziehen Rezipierende sich in besonderer Weise, nämlich interesselos, auf sinnlich-anschauliche Momente. Aufgrund dieser Fokussierung können die sinnlich-anschaulichen Momente einen Beitrag zu Thematisierungen leisten. Die Interesselosigkeit – und damit die ästhetische Autonomie – wird so verstanden, dass sie der ästhetischen Reflexion nicht entgegensteht, sondern vielmehr deren Spezifik artikuliert.

Indem Hegel die Autonomie der Kunst so erläutern kann, dass sie nicht im Konflikt mit ihrer reflexiven Dimension steht, beseitigt er das zentrale Problem in Kants Position. Aber mit seiner Erläuterung kehrt eine Struktur zurück, die wir bereits kennen. Der Wert der Kunst wird nämlich von Hegel so bestimmt, dass eine weitere Spezifizierung erforderlich ist. Auch bei Dantos Wert-These hatte ich diese Struktur diagnostiziert. Bei Hegel sieht die Situation ähnlich, aber nicht strikt analog aus, da er mit seiner Wert-These

Hegel Begriffe, die eine Wirklichkeit bestimmen und eine Einheit von Begriff und Wirklichkeit gewährleisten. Solche Begriffe leiten eine begriffliche Praxis und sind Kriterien für den Zusammenhang, in dem Begriffe mit der Wirklichkeit stehen.

durchaus ein spezifisches Moment von Kunst zu fassen bekommt. Kunst leistet demnach eine Reflexion wesentlicher Orientierungen einer Lebensform. Kunstwerke sind nicht einfach nur Gegenstände, die Bedeutung haben, sondern sie tragen zu den historisch-kulturellen Praktiken im Rahmen einer Lebensform etwas bei, indem sie die für diese Praktiken wesentlichen Orientierungen reflektieren und damit verlebendigen. Damit ist der spezifische Beitrag der Kunst zu einer Lebensform bestimmt, allerdings in einer Art und Weise, die zu allgemein bleibt.[28]

Es bleibt die Frage: Welchen Beitrag erbringt eine Thematisierung wesentlicher Orientierungen *in sinnlich-anschaulicher Form* im Rahmen historisch-kultureller Praktiken? Worin liegt die Relevanz des sinnlichen Scheinens für die Verlebendigung wesentlicher Orientierungen im Rahmen solcher Praktiken? Handelt es sich um eine historische Relevanz in dem Sinne, dass Kunst eine notwendige Station der Entwicklung einer selbstbezüglichen begrifflichen Artikulation als solcher ist? Muss also Kunst entwickelt werden, um Religion und Philosophie zu ermöglichen, wie Hegel zu suggerieren scheint? Eine solche These ist schon historisch nicht sonderlich plausibel. Aber auch systematisch kann sie nicht überzeugen: Wir begreifen Kunstwerke nicht als Gegenstände, die etwas thematisieren, das sich auch in anderer Weise, zum Beispiel in philosophischer Begrifflichkeit, artikulieren lässt. Wären Kunstwerke solche Gegenstände, wäre fraglich, warum Künstler nicht gleich philosophieren. Hegel muss voraussetzen, dass die von Kunstwerken thematisierten Orientierungen prinzipiell auch mittels Religion und Philosophie thematisiert werden können. Kunstwerke aber wären überflüssig, wenn sich das von ihnen Thematisierte einfach auf eine andere Weise sagen ließe. Und Letzteres ist auch nicht der Fall: Kunstwerke sind unübersetzbar. Genau dieser Unübersetzbarkeit trägt Hegel nicht in angemessener Weise Rechnung.[29] Wie wir gesehen haben, liegt dies daran, dass er mit seiner Erläuterung des Werts der Kunst nur eine allgemeine Spezifik zu fassen bekommt, aber keine kunstspezifische Spezifik.

28 Diese Allgemeinheit kommt sehr schön in einer Erläuterung Robert Pippins zum Ausdruck, der schreibt: »Die Kunst hatte für Hegel eine Art philosophischer Tätigkeit zu erfüllen.« (Robert B. Pippin, *Kunst als Philosophie*, Berlin 2012, S. 54 f.)

29 Diese Kritik hat auch Gadamer Hegel gegenüber artikuliert; vgl. Hans-Georg Gadamer, *Wahrheit und Methode*, Tübingen [6]1990, z. B. S. 105.

Das ist also der Preis, den Hegel für seinen Versuch zahlt, die Autonomie des Ästhetischen zumindest hintanzustellen, wenn nicht zu umgehen, indem er die Kunst stärker an reale Praktiken zurückbindet. Zwar kann er die Relevanz der Kunst bestimmen, aber nur auf Kosten einer Erläuterung ihrer Spezifik. Wert und Spezifik werden nicht gleichrangig auseinander begründet. Das ist aber erforderlich, um Kunst zu begreifen. Hegel kann nicht erklären, welche besondere Selbstbewusstwerdung durch das Medium des sinnlichen Scheinens verfügbar wird. Dazu bedarf es, so zeigt sich durch die Auseinandersetzung mit seiner Ästhetik, eines Begriffs für eine spezifische ästhetische Reflexion.

Auch in einem anderen Punkt kann Hegels Bestimmung der ästhetischen Reflexion nicht recht zufrieden stellen. Hegel expliziert Kunst als ein Medium, in dem Reflexionen über wesentliche Orientierungen einer Lebensform zustande kommen. Zugespitzt formuliert: Die subjektive Allgemeinheit wird von Hegel als eine intersubjektive Allgemeinheit begriffen. Im Unterschied zu Kant weiß Hegel damit Allgemeinheit mit Partikularität zu verbinden: Als historisch-kulturell allgemeine ist Kunst jeweils an bestimmte historisch-kulturelle Zusammenhänge gebunden. Damit versteht Hegel Kunst zu Recht nicht als ein Medium, das Menschen überhaupt – unabhängig von Zeiten und Orten – verbindet. Dennoch ist Hegels Verständnis von Partikularität unzureichend.[30] Es handelt sich nämlich um die Partikularität einer Allgemeinheit – um die Partikularität einer historisch-kulturellen Lebensform wie der Polis in der klassischen griechischen Antike oder des christlichen Europa im Mittelalter. Aber ist das überhaupt Partikularität? Die genannten Lebensformen sind in sich genauso allgemein, wie die Menschlichkeit des Menschen es ist, von der Kant ausgeht. Partikularität scheint erst dadurch verständlich zu werden, dass sie im Inneren einer Lebensform situiert, also aus der Perspektive derjenigen

30 Man kann Hegel diesem Vorwurf gegenüber zu verteidigen versuchen, indem man auf seine Analyse der romantischen Kunstform und der Kunst nach der Auflösung dieser Kunstform rekurriert. Vgl. Hegel, *Vorlesungen über die Ästhetik II*, S. 231-242; vgl. auch Robert B. Pippin: »What Was Abstract Art? (From the Point of View of Hegel)«, in: Stephen Houlgate (Hg.), *Hegel and the Arts*, Evanston 2007, S. 279-306. Auch wenn sich hier Ansätze zu einem Verständnis der Partikularität der Künste finden, gewinnt Hegel dieses nicht als positive Bestimmung von Kunst, sondern als Bestimmung einer geistigen Überschreitung der Kunst (vgl. hierzu auch Kapitel 4, Abschnitt 3).

gefasst ist, die in dieser Lebensform agieren. Aus dieser Perspektive gilt, dass sie nicht stets mit Allgemeinheit versöhnt ist, sondern immer wieder in Spannung zu Allgemeinheit steht. Genau dies aber macht Hegels Erläuterung nicht verständlich, weil sie Partikularität gewissermaßen aus der Außenperspektive betrachtet. Hegel setzt damit voraus, dass eine Lebensform als eine Allgemeinheit zu verstehen ist. Sie gilt ihm als eine Einheit. Er zieht nicht angemessen in Betracht, dass in einer Gemeinschaft unterschiedliche, auch einander widerstreitende Perspektiven existieren können (wiewohl Hegel eine solche Koexistenz widerstreitender Perspektiven in einer Gemeinschaft an anderen Stellen seiner Philosophie durchaus und auch intensiv analysiert hat). Auch sein Begriff der Allgemeinheit bleibt ebenso wie derjenige Kants von problematischen Voraussetzungen geprägt.

Zum Abschluss noch ein dritter Kritikpunkt: Hegels Begriff der ästhetischen Reflexion führt gewissermaßen zu einer Hierarchisierung der Künste.[31] Ihm zufolge ist das Ideal des Kunstschönen in den Künsten nicht nur unterschiedlich, sondern unterschiedlich gut realisiert. Die Skulptur kommt ihm zufolge dem Ideal am nächsten (in anderer Hinsicht sagt Hegel Ähnliches über die Tragödie). Die Darstellung eines menschlichen Körpers erlaube eine Reflexion geistiger Wirklichkeit, die tatsächlich ganz und gar im Medium sinnlicher Anschaulichkeit zustande kommt. Hingegen würden etwa weder Architektur noch Musik diesem Ideal voll und ganz gerecht. Heißt das, dass die ästhetische Reflexion letztlich nur in der Skulptur geleistet wird? Kann nur sie zeigen, dass der Mensch in seine Welt passt? Sind die anderen Künste nur Vorstufen oder Überschreitungsphänomene einer so verstandenen perfekten ästhetischen Reflexion? Das leuchtet wahrlich nicht ein. Kunst insgesamt muss als eine Praxis verstanden werden, die sich in der Pluralität gleichberechtigter Künste realisiert. Die ästhetische Reflexion sollte also in einer Weise erläutert werden, die Raum für ein solchermaßen plurales Verständnis von Künsten lässt.[32]

31 Vgl. Hegel, *Vorlesungen über die Ästhetik II*, S. 256-263.

32 Vgl. hierzu auch meine Kritik am Autonomie-Paradigma in Kapitel 1.

3. Praktische Reflexion

Kant und Hegel haben den wegweisenden Gedanken entwickelt, dass das Schöne als eine reflexive Praxis zu begreifen ist. Allerdings hat weder der eine noch der andere diesen Gedanken in einer plausiblen Weise ausbuchstabiert. So ist es das Desiderat der Darlegungen zum Zusammenhang zwischen den Ästhetiken Kants und Hegels, den Reflexionsbegriff genauer zu fassen und die Frage zu verfolgen, wie Reflexion so begriffen werden kann, dass man Kunst als eine spezifische reflexive Praxis zu fassen vermag. Dazu ist es nötig, die Kunstphilosophie beziehungsweise die Ästhetik für einen Moment zu verlassen. Denn erst im Rahmen einer Theorie der Reflexion, verstanden als Theorie der Selbstbewusstwerdung beziehungsweise des Selbstbewusstseins oder Selbstverhältnisses, lässt sich der Reflexionsbegriff schärfen. »Reflexion« ist fraglos einer der besonders umstrittenen Begriffe in der Philosophie, weshalb es vermessen wäre, im Rahmen dieses Buches seine Klärung in Aussicht zu stellen. Doch ich möchte zumindest zeigen, wo eine solche Klärung anzusetzen hätte, um den Gedanken, dass Kunst eine reflexive Praxis ist, stärker zu konturieren.

Ich schlage vor, mit einer einfachen Unterscheidung zu beginnen, die unterschiedliche Verständnisse von Reflexion betrifft. Um Missverständnisse zu vermeiden, betone ich sogleich, dass es sich nicht um eine Unterscheidung unterschiedlicher Typen von Reflexion handelt. Es geht mir nicht um eine Typologie von Reflexionen, sondern darum, wie wir Reflexion zu begreifen haben – um das Verständnis von Reflexion insgesamt. Zu diesem Zweck unterscheide ich einen *theoretischen* und einen *praktischen* Begriff von Reflexion. Reflexion lässt sich in theoretischer oder in praktischer Weise verstehen, womit ich deutlich machen möchte, dass die dominante Option, Reflexion als theoretisches Verhältnis zu fassen, nicht die einzige ist. Gerade das praktische Verständnis der Reflexion ist für den Zusammenhang, um den es mir hier geht, in besonderer Weise aufschlussreich.

Nach einem *theoretischen* Verständnis ist Reflexion ein Erkenntnisgeschehen. Die Reflexionsbeziehung wird so gedeutet, dass der Gegenstand der Reflexion auf theoretische Weise objektiviert wird. Reflexion impliziert demnach (begrifflich, nicht notwendigerweise faktisch) Distanzierung. Sie verschafft dem Reflektierenden Distanz zum Reflektierten. Wer theoretisch reflektiert, so könnte man sagen, objektiviert Eigenes in der Weise, dass er die Perspektive eines Anderen auf dieses Eigene einnimmt. Gemäß einem theoretischen Verständnis kommt Reflexion somit gewissermaßen von außen zustande. Nach einem *praktischen* Verständnis hingegen ist Reflexion ein eingreifendes Geschehen. Die Reflexionsbeziehung wird so gedeutet, dass sich die Reflexion auf andere Praktiken auswirkt beziehungsweise bei diesen Wirkungen zeitigt. Dabei ist die Wirksamkeit in diesem Fall an ein Selbstverhältnis oder – wie man mit Tugendhat sagen kann – an ein Sichzusichverhalten geknüpft.[33] Was es mit diesem praktischen Sichzusichverhalten auf sich hat, können wir erläutern, indem wir sagen: Eine reflexive Praxis wirkt auf eine andere Praxis desselben Subjekts (oder eines Kollektivs oder einer wie auch immer gearteten Instanz, der Praktiken zugeschrieben werden) ein. Dabei ist ebenfalls ein Moment von Distanz im Spiel: Die Praxis, die wirksam wird, verhält sich zu der Praxis, auf die sie wirkt. Diese Distanz kommt aber nicht in einem Außenverhältnis zum Tragen, sondern in einem Innenverhältnis. Reflexion kommt, mit anderen Worten, von innen heraus zustande.

Reflexion, als theoretische verstanden, hat ein Relevanzproblem. Worin liegt die Relevanz eines theoretischen Bezugs auf die eigene Praxis? Anders herum gefragt: Inwiefern kann ein theoretischer Bezug auf sich für denjenigen, der sich auf sich bezieht, wirkungsvoll werden?[34] Die theoretische Distanz schließt, so scheint es, eine Wirkung, die diesen Namen verdient, aus. Sie impliziert, wie bereits angesprochen, dass der Bezug analog zum Bezug einer dritten Person auf sich selbst erfolgt. Und ein solcher Bezug ist nicht direkt mit bindenden Wirkungen für einen selbst verbunden: Man muss sich nicht unbedingt an das halten, was Andere in Bezug auf einen für richtig halten. Ja, mehr noch: Man muss sich auch nicht unbedingt an das halten, was man selbst in Bezug auf sich für richtig hält. Dass man es für richtig hält, heißt – wie viele Phänomene der Willensschwäche zeigen – nicht, dass es wirksam wird. Die Frage lautet also: Warum sollte man sich an das halten, was man über

33 Vgl. Ernst Tugendhat, *Selbstbewußtsein und Selbstbestimmung*, Frankfurt/M. 1979, Vorlesungen 8, 9 und 10.

34 Vgl. hierzu die Überlegungen von Richard Moran, *Authority and Estrangement. An Essay on Self-Knowledge*, Princeton u. a. 2001.

sich erkennt, wenn diese Erkenntnis keine Verpflichtungen für das Subjekt und/oder seine Praxis nach sich zieht? Daraus folgt nicht, dass wir die Idee von Selbsterkenntnis – das altehrwürdige Projekt des »Erkenne Dich selbst!« – aufgeben sollten. Es folgt vielmehr, dass wir auch die theoretische Reflexion in ein praktisches Licht rücken müssen. Pointiert gesagt: Auch die theoretische Reflexion muss praktisch verstanden werden.

Die Frage nach der bindenden Wirkung von Selbsterkenntnis und das von ihr artikulierte Problem sind verwandt mit den Fragen, auf die wir im Nachdenken über Kunst gestoßen sind. Welche Relevanz hat die von Kunst geleistete Reflexion? Wozu bedarf es dieser Reflexion für eine historisch-kulturelle Praxis oder für die Praxis des Menschen überhaupt? Anhand der Diskussion, die wir zur Position Kants geführt haben, lässt sich dies besonders gut nachvollziehen: Wenn gilt, dass das Zusammenspiel von Einbildungskraft und Verstand in jeder Erkenntnispraxis funktioniert: Warum bedarf es dann einer Reflexion dieses Funktionierens? Welchen Wert hat eine Reflexion, die nur feststellt, was sowieso gewährleistet ist? Wozu führt eine Verlebendigung eines Zusammenspiels, das ohnehin die spezifische Lebendigkeit der betreffenden Subjekte ausmacht? Die Verwandtschaft dieser Fragen mit dem allgemeinen Problem, das ein theoretisches Verständnis von Reflexion aufwirft, macht noch einmal deutlich, dass es aufschlussreich sein könnte, dieses Verständnis zu hinterfragen, um zu speziell die Kunstphilosophie betreffenden Klärungen zu gelangen.

Ein theoretisches Verständnis von Reflexion wird in vielen Positionen allzu selbstverständlich vorausgesetzt – auch bei Kant und Hegel, wie sich gezeigt hat. Kant geht in seinen Überlegungen zur ästhetischen Reflexion davon aus, dass Reflexion sich durch eine Distanz konstituiert. Für ihn impliziert die ästhetische Reflexion einen Abstand des Schönen zur alltäglichen Praxis. Die ästhetische Interesselosigkeit sichert die Distanz, aus der heraus die Erkenntnisfähigkeit in einer theoretischen Weise reflektiert werden kann. Zwar haben wir gesehen, dass Kant zufolge die ästhetische Reflexion des Zusammenspiels menschlicher Erkenntnisvermögen im Medium der Erfahrung zustande kommt: Für die ästhetische Reflexion ist die ästhetische Lust als Ausdruck des freien Spiels der Erkenntnisvermögen wesentlich. Dennoch wird Reflexion hier implizit in theoretischer Weise verstanden. Die ästhetische Lust – das interesselose Wohlgefallen – ist ein Zustand mit einem theoretischen Erkenntnismoment.

Nun kann man erneut einwenden, dass Kant die ästhetische Reflexion durchaus als praktische versteht. Die belebende Wirkung, die das freie Spiel der Erkenntnisvermögen entfaltet, ist eine praktische Wirkung. Sie ist kein rein theoretischer Zustand, sondern einer mit praktischer Bedeutung oder Relevanz, denn immerhin führt er das Funktionieren des Zusammenspiels der Erkenntnisvermögen vor. So berechtigt dieser Einwand ist, räumt er jedoch die theoretische Tendenz von Kants Bestimmung nicht aus dem Weg. Für Kant zeigt das freie Spiel etwas an beziehungsweise gibt etwas zu erkennen. Das angezeigte beziehungsweise erkennbar werdende Funktionieren des Zusammenspiels der Erkenntnisvermögen ist aber, wie schon vielfach betont, auch unabhängig von dieser Vorführung gegeben. Die Reflexion fügt dem, was sie zeigt, nichts hinzu; ihr praktischer Charakter spielt in der Erläuterung lediglich eine Nebenrolle.

Auch in Hegels Ästhetik tritt ein praktisches Moment der ästhetischen Reflexion zutage, und zwar deutlicher als bei Kant. Kunstwerke verlebendigen Hegel zufolge wesentliche Orientierungen einer historisch-kulturellen Lebensform. Sie bieten Orientierungen dar – wie etwa bestimmte Vorstellungen von Tod oder Liebe – und beleben damit die Praxis, die von diesen Orientierungen geleitet ist. Die ästhetische Verlebendigung zeigt hier eine deutlich praktische Tendenz. Unklar bleibt jedoch, inwiefern die Thematisierung der besagten Orientierungen für ihre Konstitution wesentlich ist.[35]

35 Hegel erweckt immer wieder den Eindruck, dass die Konstitution dieser Orientierungen sich in der Praxis einer Lebensform vollzieht. So liest sich zum Beispiel Hegels Erläuterung von »Idee« als des Zugleich eines Begriffs und seiner Realität (vgl. Fn. 26). Wenn Hegel also sagt, dass Kunst als ein sinnliches Scheinen der Idee zu begreifen ist, sagt er damit, dass Kunst verwirklichte Begriffe thematisiert. Es gibt aber auch Formulierungen Hegels, die der Kunst einen produktiveren Charakter zugestehen. So zitiert Pippin (*Kunst als Philosophie*, S. 43) eine Stelle, an der es über die klassische Kunst heißt: »[...] die Weise des künstlerischen Produzierens war die, daß jene Dichter, was in ihnen gärte, *nur* in dieser Form der Kunst und Poesie herauszuarbeiten vermochten« (Hegel, *Vorlesungen über die Ästhetik I*, S. 141). Es bleibt aber in Hegels Ausführungen unklar, wie genau zu verstehen ist, was hier »herausarbeiten« heißt. Es ist eine Sache, zu sagen, dass die für die gesellschaftliche Praxis wesentlichen Orientierungen in einer historischen Situation nicht anders artikuliert werden konnten, aber eine

Aber selbst wenn wir Hegel zugestehen, dies gezeigt zu haben, bleibt immer noch offen, worin die spezifische Funktion einer Thematisierung im Medium des sinnlichen Scheinens besteht. In welchem Sinn leistet dieses Scheinen einen eigenen Beitrag und hat damit innerhalb der Praxis einer Lebensform einen eigenständigen Wert? Hegels These von der ästhetischen Verlebendigung einer solchen Praxis bleibt ambivalent, weil er solche Fragen nicht beantwortet.

So können wir eine Hypothese formulieren, woher die Probleme rühren, auf die wir bislang in diesem Kapitel gestoßen sind. Sie lautet: Bei Kant und Hegel ist – allen gegenläufigen praktischen Momenten zum Trotz – ein theoretisches Verständnis von Reflexion leitend.[36] Besser zu verstehen, was es heißt, Reflexion als praktisches Verhältnis zu begreifen, könnte uns also weiterbringen.

Das praktische Verständnis von Reflexion besagt: Die Reflexionsbeziehung ist eine praktische Beziehung. Reflexion ist ein Geschehen der Prägung von Praxis. Ich habe oben gesagt, dass eine solche Prägung aus einem Sichzusichverhalten heraus resultiert. Diesen Aspekt können wir zur Erläuterung einer praktischen Reflexionsbeziehung heranziehen und sagen: Die Reflexion leistet eine *selbstgesetzte* Bestimmung von Praktiken.[37] Eine solche selbstgesetzte Bestimmung kommt dadurch zustande, dass bestimmte Praktiken durch andere Praktiken geprägt werden, die Prägungen aber nicht von außen aufgezwungen werden, sondern aus einem inneren Zusammenhang heraus zustande kommen. Für solche Prägungen können wir den Begriff der Festlegung einführen und sagen, dass Reflexionen durch Festlegungen zustande kommen. Ein Beispiel für eine entsprechende Festlegung ist die Äußerung »Reflexion verstehe ich in dem Sinne als praktisch, dass sie eine selbstgesetzte Bestimmung von Praktiken leistet«. Wer in einer Gesprächssituation (zum Beispiel in einem Vortrag oder in einer Seminardiskussion) mittels einer solchen Äußerung zu dem Stellung nimmt, was er im Folgenden sagt, prägt seine weiteren Äußerungen. Ein Sprecher legt

ganz andere, zu sagen, dass diese Orientierungen in ihrer Konstitution auf diese Artikulation angewiesen sind.

36 Das zeigt in Bezug auf Hegel auch sehr gut die Interpretation Robert Pippins. Vgl. Pippin, *Kunst als Philosophie*, z. B. S. 10-16 und bes. S. 64-69.

37 Vgl. zu der selbstbewusstseinstheoretischen Deutung, die Selbstbewusstsein als praktische Reflexion im Sinne von selbstgesetzten Bestimmungen bzw. Festlegungen begreift, nochmals Moran, *Authority and Estrangement*.

sich damit anderen gegenüber in einer bestimmten Weise fest. Die Festlegung basiert nicht auf einer theoretischen Distanz, sondern darauf, dass man zu sich bestimmend Stellung zu nehmen vermag. Dies zeigt sich daran, wie andere auf die nachfolgenden Äußerungen des Sprechers eingehen. Weicht der Sprecher zum Beispiel in diesen Äußerungen von seiner Festlegung ab, werden die Zuhörerinnen und Zuhörer zunehmend in Zweifel darüber geraten, wie weit es mit dieser Festlegung her ist. Sie haben so die Wirksamkeit der Festlegung für das weitere Sprechen im Blick.

Ein anderes Beispiel für eine bestimmende Stellungnahme zu sich selbst (im Sinne einer als praktisch zu verstehenden Reflexion) ist die Klärung der eigenen Gefühle. So kann Karl sich auf seine Gefühle der Liebe Maria gegenüber beziehen und zu sich sagen, dass er diese Gefühle für falsch hält, da sie ihm immer nur die kalte Schulter zeigt etc. Er kann sich vornehmen, einer zu sein, der diese Gefühle nicht mehr hat. Wir wissen alle aus Erfahrung, dass ein solches Vorhaben zumeist zum Scheitern verurteilt ist, und es kann auch eine wichtige Frage sein, ob es überhaupt ein vernünftiges Ziel ist, sein eigenes Fühlen in dieser Weise verändern zu wollen. Dennoch mag es – nicht zuletzt in manchen therapeutischen Situationen – dazu kommen, dass eine gewisse Veränderung des eigenen Fühlens gelingt. In einem solchen Fall entfalten die erzielten Klärungen eine bestimmende Wirkung. Sofern dies der Fall ist, zeigt sich auch hier Reflexion in einer praktischen Weise. Eine als praktisch verstandene Reflexion entfaltet eine Wirksamkeit. Dass Karl seine eigenen Gefühle klärt, heißt dann nicht, dass er sie erkennt, sondern dass er sie verändert. Die Reflexion impliziert in diesem Sinn eine bestimmte Festlegung, eine bestimmende Stellungnahme zu sich.

Ein solchermaßen praktisches Verständnis von Reflexion ist – vor dem Hintergrund der Philosophien Kants und Hegels – besonders von Heidegger entwickelt worden.[38] Heidegger hat dabei einen Aspekt in besonderer Weise hervorgehoben: Wenn Reflexion praktisch verstanden wird, hat sie eine besondere zeitliche Ausrichtung:[39] Das reflexive Verhältnis stellt sich durch einen Be-

38 Vgl. zum Folgenden auch die vorläufigen Bestimmungen zum Begriff der menschlichen Lebensform, die ich am Ende der ersten Kapitels zusammengetragen habe.

39 Vgl. dazu Martin Heidegger, *Sein und Zeit*, Tübingen [16]1986, §§ 46-48; Georg

zug auf die Zukunft her. Eine Praxis ist dadurch reflexiv, dass sie in Bezug auf zukünftige Praktiken eine prägende Wirkung zu entfalten sucht. Sie ist mit einem Anspruch der Festlegung zukünftiger Praktiken verbunden. Dabei sind reflexive Praktiken immer aus der Vergangenheit heraus bestimmt. So stellt sich in einer als praktisch verstandenen Reflexionsbeziehung ein Verhältnis zwischen Vergangenheit und Zukunft her. Jede gegenwärtige reflexive Praxis steht in diesem Verhältnis. Wer zum Beispiel sagt, wie er den Begriff der praktischen Reflexion versteht, bezieht sich auf Äußerungen, die er in der Zukunft machen wird. In dieser Zukunft steht etwas für ihn auf dem Spiel: das Wirksamwerden der entsprechenden Prägung. Die als praktisch verstandene Reflexionsbeziehung hat also eine spezifische Dynamik. Es handelt sich nicht um eine Beziehung, die in einer Gegenwart entweder erfüllt ist oder nicht und die in diesem Sinn abgeschlossen ist. Ein Geschehen praktischer Reflexion ist ein wesentlich unabgeschlossenes Geschehen.[40]

An diesem Punkt ist der Begriff der Imagination beziehungsweise der Einbildungskraft aufschlussreich. Wenn reflexive Praktiken auf die Zukunft verweisen, haben sie einen imaginativen Charakter. Heidegger spricht hier von einem Entwurf. Ein Entwurf ist eine praktische Imagination zukünftiger Praxis. Um eine Imagination handelt es sich, da das Vermögen im Spiel ist, sich etwas konstitutiv nicht Anwesendes als wirklich vorzustellen:[41] Wer sich prägend auf die Zukunft bezieht, stellt sich etwas als wirklich vor, das noch nicht realisiert ist. Eine solche Vorstellung ist aber, das ist die Pointe von Heideggers Begriff des Entwurfs, nicht eine rein theoretische oder geistige Übung. Es geht nicht darum, einfach eine bestimmte Vorstellung möglicher Praxis zu entwickeln. Vielmehr hat die imaginative Vorstellung selbst einen grundlegend praktischen Charakter: Sie ist mit dem Anspruch auf eine Prägung von Praxis verbunden, so dass Imagination falsch verstanden ist, wenn wir in ihr eine allein geistige Aktivität sehen. Zur Imagination ge-

W. Bertram: »Die Einheit des Selbst nach Heidegger«, in: *Deutsche Zeitschrift für Philosophie* 61 (2013), S. 197-213.

40 Heideggers Titelbegriff für diese Unabgeschlossenheit lautet »Sorge«; vgl. Heidegger, *Sein und Zeit*, §§ 41 f.

41 So lautet Kants Bestimmung der Einbildungskraft: »*Einbildungskraft* ist das Vermögen, einen Gegenstand auch *ohne dessen Gegenwart* in der Anschauung vorzustellen.« (Kant, *Kritik der reinen Vernunft*, B 151.)

hört konstitutiv, dass sie sich praktisch niederschlägt. Wir können damit dem Begriff der Einbildungskraft den praktischen Sinn geben, der schon etymologisch angelegt ist: Es handelt sich um eine Kraft, die etwas in etwas ein-bildet. Diese Ein-bildung manifestiert sich in zukünftiger Praxis. Reflexion, praktisch verstanden, ist ein imaginatives Geschehen.

Der Begriff der Einbildungskraft wird damit in einer Weise profiliert, die sowohl seine Relevanz für die Erläuterung von Kunst unterstreicht als auch Kants Gedanken eines freien Spiels eine neue Wendung gibt. Kunst ist immer wieder als eine Praxis begriffen worden, die auf Einbildungskraft basiert. Um diesem Begriff Sinn zu verleihen, ist ein Verständnis von Einbildungskraft vonnöten, wie ich es gerade skizziert habe. Einbildungskraft ist nicht bloß das Vermögen, sich etwas nicht sinnlich Anwesendes vorzustellen, sondern muss auch als das Vermögen verstanden werden, die Vorstellung von etwas nicht sinnlich Anwesendem produktiv werden zu lassen. Für ein produktionsästhetisches Verständnis von Kunst gilt dies trivialerweise: Wer Kunstwerke schafft, lässt in irgendeiner Weise seine Einbildungskraft dahingehend produktiv werden, dass sie bestimmte Vorstellungen hervorbringt. In seinem Tun erweisen sich diese Vorstellungen als gleichermaßen praxisorientiert wie zukunftsgerichtet. Die Vorstellungen realisieren sich in Tätigkeiten, die zur Herstellung von Kunstwerken führen. Dabei ist Einbildungskraft aber nicht einfach als determinierende Kraft wirksam. Wer in imaginativer Weise produktiv ist, ist keine Marionette seiner Vorstellungen. Vielmehr begibt er sich in eine Interaktion seiner imaginativen Produktivität mit dem Gegenstand, der daraus entsteht, so dass er immer wieder seine imaginativen Praktiken auf Basis des Gegenstands und den Gegenstand auf Basis seiner imaginativen Praktiken neu bestimmt. Kants Begriff des freien Spiels lässt sich mittels eines praktischen Verständnisses von Reflexion demnach auf andere Weise fassen, nämlich als in praktischer Weise realisiert. In ihm entwickeln sich Praktiken der Einbildungskraft und die von ihnen hervorgebrachten Gegenstände spielerisch aneinander.

Die als praktisch verstandene Reflexion, so lässt sich jetzt sagen, ist nicht allein dadurch charakterisiert, dass sie wirksam wird, sondern auch dadurch, dass sie ein spannungsreiches zeitliches und imaginatives Verhältnis realisiert. Es handelt sich also nicht um ein

Verhältnis bloßer Gegenwart und auch nicht um ein einfach realisiertes Verhältnis. Wenn wir sagen, dass die reflexiven Praktiken wirksam werden, dann heißt das nicht, dass ein solches Wirksamwerden eo ipso eintritt. Das wäre dann der Fall, wenn das Wirksamwerden von der Gegenwart her zu denken wäre. Es muss aber auf die Zukunft hin gedacht werden – über die Gegenwart hinaus. Und dieser Anforderung können wir gerecht werden, indem wir sagen, dass in entsprechenden reflexiven Praktiken immer etwas auf dem Spiel steht. Mit einem praktischen Verständnis von Reflexion ist also nicht der Gedanke der Selbsterschaffung verbunden, sondern der Gedanke des in praktischer Weise prekären Charakters der menschlichen Existenz. In seinen Reflexionen setzt der Mensch sich nicht einfach selbst. Er entwickelt vielmehr selbstgesetzte Bestimmungen, denen er in der Zukunft gerecht werden muss – ganz so wie der Sprecher in dem von mir angeführten Beispiel. Am Ende des ersten Kapitels habe ich behauptet, es sei charakteristisch für die menschliche Existenz, dass sie nicht festgelegt, sondern immer auf eine offene Zukunft bezogen sei. Diesem Bezug werden wir nicht gerecht, wenn wir Menschen als Wesen verstehen, die sich in demiurgischer Weise selbst erschaffen. Menschen sind Wesen, die sich selbst durch Festlegungen immer wieder aufs Spiel setzen. Wenn wir das Reflexionsverhältnis – auch in Fragen der Selbsterkenntnis – als ein praktisches Verhältnis begreifen, gewinnen wir einen Einblick in diesen grundlegend prekären Charakter menschlicher Existenz.

Daraus ergibt sich auch: Reflexion in diesem praktischen Sinn bedeutet Veränderung. Reflexion ist ein Sichzusichverhalten, mit dem eine Bestimmung anderer Praktiken stattfindet. So greift Reflexion in Praktiken ein. Dies ist wesentlich für ihren praktischen Charakter. Die Reflexion führt dazu, dass etwas anders wird, was erneut ihren zeitlichen Charakter unterstreicht. Die Rede von Veränderung darf aber nicht zu eng verstanden werden. Den prägenden Charakter entfaltet Reflexion nicht allein dadurch, dass alles immer wieder ganz anders wird. Häufig führt Reflexion lediglich zu einer Bekräftigung des Reflektierten. Die Festlegung zukünftiger Praktiken erfolgt dann so, dass Verständnisse bestätigt werden. Aber auch in einer solchen Bestätigung liegt ein Moment von Veränderung. Dies lässt sich an einem eben genannten Beispiel verdeutlichen: Wer sagt, dass einem praktischen Verständnis zufolge Reflexion eine selbstgesetzte Bestimmung von Praktiken leistet, bestätigt damit im Normalfall Verständnisse, die bereits vorher im Spiel waren. Mit der Bekräftigung ändert sich die Situation. Ein zuvor präsentes Verständnis erfährt eine Akzentuierung. Dies aber kann nicht ohne einen Eingriff geschehen, ohne dass sich etwas verändert. Der verändernde Charakter einer Bekräftigung lässt sich am Beispiel des Explizitmachens von Verständnissen erklären:[42] Das Explizitmachen macht nicht theoretisch und praktisch greifbar, was sowieso bereits der Fall ist. Es zeitigt vielmehr eine Wirkung. Es bekräftigt Verständnisse und stabilisiert sie damit. In diesem Sinn ist eine Bestätigung als eine spezifische Art von Veränderung zu begreifen. Auch in einer Bestätigung liegt, so gesehen, eine Prägung, ein praktisches Wirksamwerden.

Im Lichte dieser begrifflichen Klärungen können wir besser verstehen, in welchem Sinn Hegel die ästhetische Reflexion als praktisch zu verstehen sucht. Es handelt sich um eine Reflexion, die eine Bestätigung erbringt. Genau so haben wir die ästhetische Verlebendigung bei Hegel auch erläutert. Kunst verlebendigt wesentliche Orientierungen einer historisch-kulturellen Lebensform. Die Orientierungen werden durch Kunst bekräftigt. Die Reflexion erweist sich in diesem Sinn als praktisch. Die ästhetische Verlebendigung zeitigt, so gesehen, tatsächlich eine Wirkung. Sie hat nicht nur den Charakter einer Thematisierung. In dieser Weise deutet sich in Hegels Position mehr als in derjenigen Kants an, dass die ästhetische Reflexion praktisch zu verstehen sein könnte.

4. Über Kant und Hegel hinaus: ästhetische Freiheit

Kants wegweisende Einsicht war, dass ästhetische Praktiken reflexive Praktiken sind. In ästhetischen Praktiken setzen Menschen sich mit sich selbst auseinander. Kunstwerke sind keine Gegenstände, die in irgendwelchen Gebrauchszusammenhängen menschlicher Praxis stehen und daraus ihre Bedeutung beziehen. Kunst ist vielmehr an besondere Praktiken des Menschen gebunden: an Praktiken, in denen Menschen sich mit sich selbst auseinandersetzen.[43]

42 Diese Redeweise ist besonders durch Robert Brandoms Buch *Expressive Vernunft* (Frankfurt/M. 2000) in Mode gekommen.

43 Ich will am Rande noch einmal festhalten, dass diese Einsicht erhebliche Konse-

Kant zufolge haben solche Praktiken einen durch und durch allgemeinen Charakter: Im Ästhetischen geht es um die Verfasstheit des Menschen als eines sinnlich verstehenden Wesens. Diese Verfasstheit teilen alle Menschen miteinander. So sind ästhetische Erfahrungen Kant zufolge Erfahrungen von etwas, das Menschen prinzipiell miteinander teilen. Menschen können das, was ihnen sinnlich begegnet, nur verstehen, wenn sie es mit ihren Begriffen artikulieren. Menschen müssen in der Lage sein, ihre Begriffe dem gegenüber zu gebrauchen, womit die Welt sie konfrontiert. Sie müssen, anders gesagt, ihre eigenen Erkenntnisinstrumente – Begriffe – der Welt gegenüber einsetzen können. Die Auseinandersetzung mit schönen Gegenständen zeigt nun, so Kant, dass Menschen dazu in der Lage und in diesem Sinn frei sind.[44] Im Ästhetischen geht es also, kurz gesagt, um die menschliche Freiheit. Schöne Gegenstände lösen einen Zustand aus, der diese Freiheit erfahrbar macht. Dieser Zustand ist Kant zufolge lustvoll.

Diese Erläuterung ästhetischer Reflexion wird von Hegel als zu abstrakt kritisiert. Hegel macht geltend, dass der Mensch sich nicht einfach allgemein in seinem Begriffsgebrauch als frei begreifen kann, sondern dass die menschliche Freiheit immer in konkreter Weise realisiert ist. Hegel stimmt Kant dabei im Grundsatz durchaus zu: In der Kunst geht es um die Spannung, die die menschliche Existenz prägt. Sie rührt daher, dass Menschen zugleich natürliche und verstehende Wesen sind.[45] Mit dieser Spannung können Menschen aber nicht in einer allgemeinen Weise umgehen. Sie ist

quenzen für die Ontologie der Kunst hat (vgl. hierzu auch die Einleitung). Wer das Sein von Kunstwerken aufklären will, muss in erster Linie das Sein derjenigen Praktiken aufklären, die als Auseinandersetzungen von Menschen mit sich selbst – kurz: als Selbstverständigungspraktiken – zu bestimmen sind. Auf andere Weise ist dem Sein von Kunstwerken nicht beizukommen.

44 Kant erläutert dies auch mit seiner berühmten Bestimmung, das Schöne sei ein »Symbol der Sittlichkeit« (Kant, *Kritik der Urteilskraft*, § 59). Dadurch dass schöne Gegenstände die menschliche Freiheit vorführen (reflektieren), sind sie ein Symbol für die Möglichkeit sittlichen Verhaltens. So könnte man Kant im Lichte der oben artikulierten Kritik noch einmal zu verteidigen suchen, indem man sagt, dass die Erfahrung des Schönen zu sittlichem Verhalten auffordert und in diesem Sinne praktisch wirkt. Aber auch diese Verteidigung hilft nicht weiter, da die Aufforderung unbestimmt ist und so kein sittliches Verhalten anleitet. Da in der entsprechenden Aufforderung unklar bleibt, worin die Sittlichkeit eines Verhaltens besteht, kann sie nicht auf es hinwirken.

45 Vgl. Hegel, *Vorlesungen über die Ästhetik I*, S. 80-82.

immer in einer bestimmten Weise historisch-kulturell ausgestaltet. Wenn Menschen sich also vorführen wollen, inwiefern ihre Freiheit mit ihrer natürlichen Situation in Einklang steht, müssen sie von der je spezifischen Entwicklung ausgehen, aus der heraus ihre natürlichen und begrifflichen Fähigkeiten die sind, die sie sind. Genau dies geschieht Hegels Verständnis zufolge in der Kunst. Er begreift Kunst als eine historisch-kulturelle Praxis der Auseinandersetzung des Menschen mit sich – und das heißt zuletzt immer: mit der eigenen Freiheit.

Wir haben allerdings gesehen, dass auch bei Hegel dieser Gedanke nicht konsequent gefasst wird. Die in der Kunst vorgeführte Freiheit wird so verstanden, dass sie in einer bestimmten Lebensform realisiert ist. Es bleibt damit unklar, inwiefern Kunst selbst einen Beitrag zu dieser Freiheit leistet: Ist sie eine bloße Vorführung dieser Freiheit? Oder trägt sie etwas zu ihrer Realisierung bei?[46] Wenn Letzteres der Fall sein soll, ist es erforderlich, dass Kunst mit der sonstigen Praxis des Menschen in Verbindung steht. Um Freiheit kann es letzten Endes nur gehen, sofern eine solche Verbindung verständlich wird. Das heißt für die ästhetische Praxis, dass sie sich irgendwie in der sonstigen menschlichen Praxis niederschlagen können muss. Veränderung muss als ein wesentliches Moment der ästhetischen Reflexion begreiflich werden.

Im Kontext dieser Überlegungen drängt es sich geradezu auf, Schillers Ästhetik ins Spiel zu bringen. Friedrich Schiller hat im Anschluss an Kant eine Konzeption des Ästhetischen vorgeschlagen, die das Praktischwerden der Kunst in besonderem Maße betont. Schiller als denjenigen Ästhetiker zu begreifen, der eine Konzeption ästhetischer Freiheit entwickelt hat, ist ein Gemeinplatz.[47] Es entspricht auch genau Schillers Anspruch, der sich in seinen Konzepten der ästhetischen Erziehung und des Spiels[48] manifestiert. Die ästhetische Erziehung soll eine besondere Praxis des Spieltriebs initiieren und damit dazu führen, dass eine durch und durch ästhetische Praxis zustande kommt. Diese Konzeption einer ästhetischen Praxis ist in gewisser Weise die Reaktion auf die Probleme in Kants

46 Diese Unklarheit zeigt sich auch deutlich in der Reaktualisierung der Hegelschen Position durch Henning Tegtmeyer, *Kunst*, Berlin 2008, z. B. S. 163, 197 f.

47 Vgl. Friedrich Schiller, *Über die ästhetische Erziehung des Menschen*, Stuttgart 1986, 27. Brief.

48 Vgl. ebd., 14. u. 15. Brief.

Begriff des freien Spiels, das ja in der Fassung Kants ohne praktische Wirkung bleibt. Schiller zieht daraus den Schluss, dass das freie Spiel selbst als der Zustand begriffen werden muss, der durch die ästhetische Praxis hergestellt wird. Die Wirksamkeit des freien Spiels liegt damit in der ästhetischen Praxis selbst. Oder anders gesagt: Die ästhetische Praxis stellt als solche den Zustand der Freiheit her. Mit dieser Konzeption Schillers wird aber weder die Wirksamkeit des freien Spiels noch der Beitrag der Kunst zur Herstellung der Freiheit verständlich. Denn auch bei Schiller gerät der Bezug von der ästhetischen zur sonstigen alltäglichen Praxis aus dem Blick. Er konzipiert die ästhetische Praxis als eine solche, die die alltägliche Praxis insgesamt transformiert. Alles wird ästhetisch, könnte man sloganhaft sagen. Das heißt: Es existiert gar keine alltägliche Praxis mehr, zu der die ästhetische Praxis einen Beitrag leisten könnte. Schillers Begriff der ästhetischen Freiheit bleibt damit leer. Es handelt sich um eine Freiheit, die keinen Niederschlag findet.

Dennoch artikuliert Schiller eine wichtige Einsicht. Er realisiert implizit, dass Freiheit nicht einfach ästhetisch vorgeführt werden kann, wie Kant und Hegel es nahelegen. Freiheit muss als auch ästhetisch realisiert begriffen werden. Schiller zieht aus dieser Einsicht aber keine plausible Konsequenz. Er geht davon aus, dass es reicht, die Vorführung von Freiheit einfach nicht als eine solche zu verstehen. Zu diesem Zweck isoliert er den ästhetischen Zustand, so dass er nicht mehr als Präsentation von etwas anderem verstanden werden kann, das anderswo realisiert ist. Der in dieser Weise isolierte Zustand soll insgesamt als Realisierung von Freiheit gelten. Schillers Vorgehen ist damit aber ausschließlich negativ. Der ästhetische Zustand ist ihm zufolge ein von allen Momenten des Bezugs auf andere Praktiken befreiter Zustand. Diese ausschließlich negative Bestimmung aber reicht nicht hin, um die Realisierung von Freiheit verständlich zu machen.

Warum gelingt es weder Kant noch Hegel, Kunst als eine Realisierung von Freiheit verständlich zu machen? Ich stelle diese Frage erneut, da ihre Beantwortung uns quasi ex negativo zeigt, welchen Weg wir einschlagen müssen. Meine Antwort lautet: Weil beide – aus der Perspektive ästhetischer Praktiken betrachtet – die Freiheit wesentlich unabhängig von ästhetischen Praktiken realisiert sehen.[49]

49 Ich betone noch einmal, dass bei Hegel die Erläuterungen in diesem Punkt deutlich ambivalenter bleiben als bei Kant. Hegel hat durchaus den Anspruch, Kunst

Kant und Hegel haben allerdings recht, wenn sie sagen, dass die außerkünstlerische Praxis wesentlich für ein Verständnis von Freiheit ist. Eine Realisierung von Freiheit kann ihnen zufolge nicht darin liegen, die menschliche Praxis einfach auf einen ästhetischen Zustand zu reduzieren. Freiheit manifestiert sich stets in Bezug auf eine alltägliche Praxis.

Wenn wir Kunst als eine Praxis der Freiheit verstehen wollen, haben wir also Folgendes zu tun: Wir müssen danach fragen, wie Kunst durch den Bezug auf die alltägliche Praxis, genauer: durch das, was sie in dieser anstößt, einen Beitrag zur Realisierung von Freiheit leistet. Worin genau besteht dieser Beitrag? Wie realisiert sich welche Art von Freiheit in der Kunst? Die Beantwortung dieser Fragen habe ich durch die Überlegungen zum Begriff der Reflexion und zu einem Verständnis von Kunst als reflexiver Praxis vorbereitet, weil ein plausibles Konzept praktischer Reflexion das Verständnis des Bezugs von Kunst zur menschlichen Freiheit ändert. Freiheit wird dann nicht mehr so verstanden, dass sie reflexiv thematisiert wird. Vielmehr werden reflexive Praktiken als ein Element der Konstitution von Freiheit erkennbar.

Bei Kant und Hegel ist der Gedanke leitend, dass Freiheit die menschliche Praxis grundsätzlich ausmacht. Erkenntnispraktiken sind demnach Praktiken der Freiheit. Die Reflexion der Kunst hat die Aufgabe, denjenigen, die sich mit Kunstwerken auseinandersetzen, vorzuführen, dass und inwiefern sie ihre Praktiken als frei verstehen können: Als solche, in denen Erkenntnisvermögen harmonisch zusammenspielen, oder als solche, die von wesentlichen Orientierungen einer historisch-kulturellen Lebensform geleitet sind. Ein praktisches Verständnis von Reflexion erlaubt es uns, in diesem Punkt noch einen Schritt weiterzugehen. Freiheit lässt sich im Licht dieses Verständnisses nicht nur als eine solche reflektieren, die realisiert ist. Die Reflexion trägt darüber hinaus zur Herstellung von Freiheit bei. Damit wird auch die Frage auf die Agenda gesetzt, wie Freiheit tatsächlich zustande kommt. Inwiefern sind Menschen frei? Welche ihrer Praktiken sind, um es mit Christoph Menke zu sagen, automatisiert und welche desautomatisiert? Welche Prak-

als Moment einer Realisierung von Freiheit begreiflich zu machen. Er klärt aber den spezifischen Beitrag von Kunst zu dieser Realisierung zu wenig auf, so dass letztlich unklar bleibt, ob sich diese Freiheit für Hegel nicht in einer komplexen Praxis konstituiert, innerhalb deren Kunst keine wesentliche Rolle zukommt.

tiken unterliegen Zwängen oder stereotypen Formen und welche lassen sich demgegenüber als selbstbestimmte begreifen? Mit einem praktischen Verständnis von Reflexion geht auch einher, dass es in diesen Fragen keine abschließenden Antworten gibt, sondern dass sie immer wieder neu beantwortet werden müssen. Die menschliche Freiheit steht, auch und gerade innerhalb der menschlichen Praxis, immer wieder auf dem Spiel.

Vor diesem Hintergrund können wir auch Schillers Plädoyer für einen absoluten ästhetischen Zustand noch einmal in anderer Weise einschätzen. Schiller verteidigt hier die Idee einer Praxis, die durch und durch frei ist. Er trägt damit der Tatsache Rechnung, dass die menschliche Praxis unfrei sein kann. Er macht aber geltend, dass die Gefahr der Unfreiheit durch eine bestimmte Praxis, die ästhetische Praxis, restlos beseitigt werden kann. Ich habe bereits gezeigt, warum ein solcher ›totalisierender‹ Ansatz ins Leere läuft. Der von Kant eingeführte und von Schiller ins Zentrum gestellte Begriff des Spiels lässt sich aber gerade auch heranziehen, um die Brüchigkeit und Unabgesicherheit menschlicher Freiheit zu erläutern. Aus diesem Grund möchte ich im Folgenden an diesem Begriff festhalten, ihn aber so fassen, dass er weder mit den Verkürzungen Kants noch mit den Übertreibungen Schillers belastet ist. Als »freies Spiel« bezeichne ich das Spiel, in dem ästhetische Praktiken mit alltäglichen Praktiken interagieren. Dieses Spiel trägt zur Realisierung von Freiheit bei und ist genau darin prekär. Es ist immer fraglich, ob und inwiefern es ihm gelingt, zur Realisierung von Freiheit beizutragen. Das Spiel ist auch nicht entweder harmonisch oder disharmonisch. Seine Struktur wird immer wieder im Spiel selber ausgehandelt. Ich möchte also zeigen, wie dieses Spiel als ein unabgesichertes Spiel zu begreifen ist und wie genau es zur Realisierung von Freiheit beiträgt.

Die Spezifik der Kunst muss, so habe ich am Ende des ersten Kapitels resümiert, in Begriffen eines Zusammenhangs zwischen Kunst und anderen Praktiken begriffen werden. Nach den zurückliegenden Überlegungen kann ich diese Anforderung anders formulieren: Die Spezifik der Kunst muss in Begriffen praktischer Reflexion begriffen werden, so dass Kunst als spezifische Praxis der Auseinandersetzung von Menschen mit sich selbst verstanden wird. Damit haben wir den Rahmen genauer abgesteckt, innerhalb dessen die Praxisform von Kunst zu begreifen ist. Diese Praxisform ist innerhalb der menschlichen Praxis verortet. Mit dem Gedanken, dass Kunst eine praktische Reflexion leistet, ist dieser Ort abstrakt umrissen, aber noch nicht konkret ausbuchstabiert. Wollen wir dies leisten, müssen wir verständlich machen, wie Kunst in besonderer Weise Veränderungen menschlicher Praktiken anstößt.

Kapitel 3
Autonomie als Selbstbezüglichkeit: Die praktische Reflexion der Kunst

In dem vorangegangenen Kapitel ging es mir vor allem darum, die Kantische Einsicht wiederzugewinnen, der zufolge Kunst eine Praxis der Reflexion menschlicher Praxis ist. Nun muss ich erklären, inwiefern es sich bei Kunst um eine besondere Praxis der Reflexion handelt, die sich von anderen Praktiken unterscheidet, in denen es auch um den Menschen geht. Im Vokabular, das ich im letzten Kapitel eingeführt habe, kann ich diese Frage auch so formulieren: Worin besteht die Spezifik der praktischen Reflexion, die Kunst leistet? Will man Kunst begreifen, ist es entscheidend, diese Frage zu beantworten. Dabei ist es wichtig, auch die anderen Ergebnisse, zu denen wir in den bisherigen Überlegungen gelangt sind, nicht aus dem Blick zu verlieren, also darauf zu achten, dass es nicht zu einer Reproduktion der problematischen Aspekte des Autonomie-Paradigmas kommt. Die Spezifik von Kunst als praktischer Reflexion muss so erklärt werden, dass damit der Wert der Kunst für die menschliche Praxis verständlich wird. Zu sagen, worin sich Kunst als praktische Reflexion von anderen Praktiken der Reflexion unterscheidet, reicht nicht aus, sondern geklärt werden muss, inwiefern ein entsprechender Unterschied der Kunst so zu verstehen ist, dass er eine Relevanz für die menschliche Praxis hat.

Mit dieser Frage können wir an die Debatte anknüpfen, die seit Baumgarten geführt wird und davon handelt, wie wir den spezifischen Beitrag der Kunst zur Erkenntnistätigkeit des Menschen verstehen können. Eine naheliegende Antwort lautet, dass Kunst als ein sinnlich-materiales Geschehen einen spezifischen Beitrag zur menschlichen Erkenntnistätigkeit leistet. Als These formuliert:

> (*Spezifik des Beitrags der Kunst zur menschlichen Praxis*) Kunst liefert dadurch einen spezifischen Beitrag zur menschlichen Praxis, dass mittels ihrer Erkenntnis auf eine sinnlich-materiale Weise erweitert wird.

Damit wird nichts darüber ausgesagt, ob wir die Erkenntniserweiterung der Kunst in einer eher theoretischen oder in einer eher praktischen Weise zu deuten haben. Man kann ihr also in unterschiedlicher Weise Kontur verleihen, was ich allerdings hier nicht verfolge, da es mir um die allgemeine Struktur des besonderen Beitrags der Kunst geht. Und in ihrer allgemeinen Struktur weist die Spezifizierung, die mit der These umrissen ist, ein Problem auf, das sich mit folgenden Fragen artikulieren lässt: Warum ist eine Erweiterung von Erkenntnis überhaupt relevant für die menschliche Praxis? Erweiterungen der Erkenntnis sind prinzipiell unbegrenzt denkbar. Warum ist es für menschliche Erkenntnis relevant, durch Kunst in einer sinnlich-material geprägten Weise erweitert zu werden? Darauf kann man grundsätzlich zwei unterschiedliche, sich wechselseitig ausschließende Antworten geben: Entweder sagt man, die Erweiterung sei relevant, weil sie sich in andere Erkenntnisse transformieren lässt, oder man sagt, dass sie relevant ist, weil sie sich gerade nicht in andere Erkenntnisse transformieren lässt. Im ersten Fall wird die Kontinuität, im zweiten die Diskontinuität zu sonstigen Erkenntnispraktiken betont. Und damit stehen wir vor einem Dilemma: Wenn man die Spezifik der Kunst auf ihre sinnliche Materialität zurückführen möchte, dann läuft man Gefahr, damit entweder die Spezifik der Kunst zu dementieren oder sie so zu betonen, dass der Kontakt zur sonstigen Praxis verloren geht.

Wir können den möglicherweise erkenntniserweiternden Charakter von Kunst und das Dilemma, das mit einer entsprechenden Konzeption verbunden ist, noch anders fassen, und zwar in Begriffen, denen wir bereits begegnet sind: Kunstwerke können – unter anderem mit Hegel, Danto und Menke – als Zeichen verstanden werden. Für die Zeichen, die Kunstwerke sind, sind besondere sinnlich-material realisierte Darbietungen charakteristisch. Oder anders gesagt: Kunstwerke sind Zeichen, die eine besondere dingliche Seite haben.[1] Wenn wir Kunstwerke als besondere Zeichen verstehen, stehen wir allerdings vor dem Problem der Relevanz solcher Zeichen innerhalb der menschlichen Praxis. Und damit landen wir wieder bei der Alternative, die ich gerade in Begriffen der Erkenntnis artikuliert habe: Entweder sagen wir, dass Kunstwerke sich in

1 Vgl. hierzu: Gertrud Koch und Christiane Voss (Hg.), *Zwischen Ding und Zeichen. Zur ästhetischen Erfahrung in der Kunst*, München 2005.

andere Zeichen transformieren lassen, oder wir sagen, dass dies gerade nicht möglich ist. Im ersten Fall betonen wir die Kontinuität und im zweiten Fall die Diskontinuität der Kunst zu sonstigen Zeichenpraktiken (Letztere firmiert im zweiten Kapitel in der Kritik an Hegel unter dem Begriff »Unübersetzbarkeit«). Und wieder stehen wir vor dem Dilemma, entweder die Spezifik der Kunst zu dementieren oder sie so zu betonen, dass der Kontakt zur sonstigen Praxis verloren geht:

> (*Dilemma der Spezifizierung von Kunst durch ihre sinnliche Materialität*) Wenn man als Spezifik der Kunst ihre sinnliche Materialität begreift, dann erläutert man Kunst entweder als eine Erkenntnis- oder Zeichenpraxis, die sich in andere Erkenntnis- oder Zeichenpraktiken überführen lässt, oder als eine Erkenntnis- oder Zeichenpraxis, die von allen anderen Erkenntnis- oder Zeichenpraktiken gänzlich abgetrennt ist.

Wir müssen also überlegen, was an dem Versuch, die Spezifik der Kunst in Begriffen ihrer sinnlichen Materialität zu begreifen, problematisch ist. Eine Erläuterung im Sinne der Überlegungen des ersten Kapitels lautet: Die Spezifik der Kunst wird bei diesem Versuch nicht als spezifischer Beitrag zu einer Praxis gedacht, sondern bloß als spezifische Bestimmtheit der Kunst, unabhängig von einem solchen Beitrag. Dass dies problematisch ist, zeigt sich, wenn wir ästhetische Praktiken zu verstehen suchen. Wer die These vertritt, dass ihre sinnliche Materialität für Kunst spezifisch ist, der sagt im Grunde, dass wir in der Auseinandersetzung mit Kunstwerken besonders intensiv wahrnehmen. Wir verfolgen, sinnlich wahrnehmend, die Details, die charakteristisch für ein Kunstwerk sind. Wozu entsprechende Wahrnehmungspraktiken gut sind, bleibt aber offen. Es darf aber nicht offen bleiben, wenn wir die Relevanz der Kunst für die menschliche Praxis begreifen wollen. Damit haben wir einen ersten Hinweis darauf, was an dieser Art der Spezifizierung der Kunst unzureichend ist: Die Spezifik wird vom Gegenstand und seiner charakteristischen »Ausstattung« her gedacht und eben nicht von der Praxis her. Wir können daraus schließen, was wir in anderer Weise bereits im ersten Kapitel geschlossen haben: dass es entscheidend ist, ein gegenstandsorientiertes Verständnis der Spezifik von Kunst zu vermeiden. Dies können wir, wenn wir die Spezifik in Begriffen von Praktiken fassen. Genau dies will ich nun machen.

Der Grundgedanke des Vorschlags, den ich unterbreiten will, lautet, dass in Kunst Bestimmungen unterschiedlicher Praktiken in einer praktischen Weise ausgehandelt werden. Um das Charakteristische der Kunst in Begriffen von Praktiken verständlich zu machen, muss man mehr sagen, als dass Kunst die menschliche Praxis um einen spezifischen Typ von Praktiken erweitert. Wir müssen vielmehr den Zusammenhang von Kunst mit anderen Praktiken klären, und ein guter Ansatzpunkt hierfür ist die Behauptung, dass Kunst zu einer Aushandlung von Praktiken beiträgt. Nun gibt es natürlich viele praktische Weisen, Praktiken auszuhandeln. Wir müssen also Kunst als Aushandlungsgeschehen näher bestimmen, indem wir uns zunächst klarmachen, dass für Kunst eine besondere Dynamik von Gegenständen (im weitesten Sinn) und Praktiken charakteristisch ist. Durch Kunstwerke kommt es zu einer Herausforderung der Praktiken, die aufgrund dessen bestätigt oder verändert und dadurch erweitert werden. Für ein solches Verständnis ist es entscheidend, Kunst als eine reflexive Praxis zu verstehen: als eine Praxis, die sich auf andere Praktiken bezieht.

Ich werde meinen entsprechenden Vorschlag dadurch konturieren, dass ich bei zwei paradigmatischen Positionen ansetze, die Kunst als eine spezifisch sinnlich-materiale Praxis charakterisieren: bei den Kunstphilosophien Hegels und Goodmans. Ich will zeigen, dass Unzulänglichkeiten in Hegels Ansatz sich zwar mit Goodman korrigieren lassen, dass dadurch aber umso deutlicher das Dilemma hervortritt, das ich bereits umrissen habe. Dies bringt mich schließlich zu der These, Kunstwerke seien so verfasst, dass sie spezifische Praktiken initiieren. Mittels dieser Praktiken werden unterschiedliche andere Praktiken des Menschen neu ausgehandelt. Eine Pointe meines Vorschlags liegt darin, dass wir mit ihm die These aufgeben können, sinnliche Materialität sei in jedem Fall charakteristisch für Kunst. Zweifelsohne gilt, dass sinnliche Materialität für viele Kunstwerke charakteristisch ist. Dennoch gibt es Kunstwerke, die trotz gewisser sinnlich-materialer Realisierungen diesen Realisierungen keine große oder möglicherweise überhaupt keine Relevanz beimessen. Eine Explikation von Kunst muss auch diesen Kunstwerken gerecht werden. So gilt es verständlich zu machen, dass Kunstwerke aus sich heraus bestimmen, was in ihnen Relevanz besitzt und was nicht, dass es also eine Frage jeweiliger Kunstwerke ist, ob und in welcher Weise sie auf sinnliche Materialität setzen. Die Spezifizierung von Kunst in Begriffen einer reflexiven Praxis wird am Ende in der Behauptung kulminieren, dass Kunst keine feststehende Spezifik hat.

1. Die sinnliche Materialität der Kunst: Hegel

Die These, dass Kunst eine reflexive Praxis ist, lässt sich auf Kant gründen. Dass für diese Praxis eine sinnlich zugängliche Materialität wesentlich ist, ist wiederum eine These, die ich Hegel zuschreiben möchte. Auch wenn ich schon angedeutet habe, dass man hier nicht gleichermaßen ungebrochen wie bei Kant von einer Einsicht sprechen kann, gelingt Hegel mit dieser Bestimmung doch ein zentraler Anstoß für die kunstphilosophische Diskussion. Anders als Kant geht er davon aus, dass ästhetische Gegenstände das von ihnen Dargebotene in einer besonders sinnlich-materialen Gestaltung präsentieren.[2] Hegel konkretisiert auf diese Weise – im Anschluss unter anderem an Baumgarten[3] und an Herder[4] – die Kantische These von der Begriffslosigkeit des Ästhetischen.[5] Kunstwerke bieten ihm zufolge geistige Gehalte nicht im Medium des Begriffs, sondern in sinnlich-materialer Form dar, das heißt: Sie sind Gegenstände, die sich mittels einer materialen Gestalt an die menschlichen Sinne richten. Dies wiederum geschieht Hegel zufolge auf eine irreduzibel vielfältige Weise: Unterschiedliche Künste sprechen unterschiedliche Sinne mit ihren Materialien an – mit den Farben in der Malerei, dem tonalen System in der Musik, der natürlichen Sprache in den Sprachkünsten etc. Viele dieser Materialien sind historisch-kulturell geformt. Andere sind – wie die Materialien

2 Vgl. dazu die programmatischen Bestimmungen in Georg Wilhelm Friedrich Hegel, *Enzyklopädie der philosophischen Wissenschaften I-III*, in: *Werke*, hg. von Eva Moldenhauer und Karl Markus Michel, Frankfurt/M. 1986, Bände 8-10, hier: Band 10, 367 f.

3 Vgl. Alexander Gottlieb Baumgarten, *Ästhetik*, 2 Bände, Hamburg 2007.

4 Vgl. Johann Gottlieb Herder, *Viertes kritisches Wäldchen*, in: Gunter E. Grimm (Hg.), *Schriften zur Ästhetik und Literatur 1767-1781*, Frankfurt/M. 1993, S. 247-443.

5 Vgl. Immanuel Kant, *Kritik der Urteilskraft*, in: *Werke*, hg. von Wilhelm Weischedel, Band 10, Frankfurt/M. 1974, §§ 6-8.

der Architektur – Hegel zufolge recht bedeutungsfern und insofern eher als natürlich zu verstehen, was er als ein Defizit begreift.

Auf Grundlage dieser Erläuterungen lassen sich – und damit führe ich die Auseinandersetzung mit Hegel aus dem letzten Kapitel fort – folgende Überlegungen zur Spezifik ästhetischer Praxis anstellen: Als sinnlich-materiale Gegenstände sind Kunstwerke in beliebig vielen Details bestimmt. Dabei fällt diese Bestimmtheit so aus, dass kein Kunstwerk einem anderen Gegenstand (auch keinem anderen Kunstwerk) gleicht. Aus diesem Grund muss man Kunstwerke in intensiver Weise wahrnehmen, um sie zu erfassen, was wiederum vielfach eine Schulung des Wahrnehmungsvermögens voraussetzt. Produzierende und Rezipierende müssen in die unterschiedlichen Praktiken der Künste eingeführt werden, um ihr Wahrnehmungsvermögen aus- und weiterzubilden. Das ist der Grund, weshalb auch die Auseinandersetzungen mit Kunstwerken wesentlich historisch-kulturell geprägt sind. Dennoch führt eine entsprechende Schulung nicht dazu, dass Produzierende und Rezipierende auf einzelne Kunstwerke so vorbereitet sind, dass sie sie einfach verstehen könnten. So verfeinert ihre Wahrnehmungsvermögen auch sein mögen: Rezipierenden ist es aus prinzipiellen Gründen unmöglich, auf den Detailreichtum und die Eigenart der sinnlich-materialen Gestaltung einzelner Kunstwerke in jeder Hinsicht eingestellt zu sein. Deshalb lassen sich Kunstwerke in unbegrenzter Weise sinnlich erkunden, und dieses potentiell endlose Erkunden ist, so kann man mit Kant sagen, eine lustvolle Angelegenheit. Es bereitet Lust, auf einem Gemälde immer noch genauer hinzusehen oder bei einem Musikstück immer noch genauer hinzuhören. Die detaillierte sinnlich-materiale Bestimmtheit könnte in diesem Sinn zur Erklärung der Spezifik von ästhetischen Praktiken herangezogen werden.

Wir können Hegel entsprechend die These zuschreiben, dass für Kunst das Aktivieren sinnlich-materialer Praktiken spezifisch ist. Er vertritt damit eine Variante der bereits eingeführten These, dass mit Kunst die menschliche Erkenntnis in spezifischer Weise erweitert wird. Für Hegel handelt es sich um eine Erweiterung von Selbsterkenntnissen, von Erkenntnissen in Bezug auf leitende Verständnisse in historisch-kulturellen Lebensformen. So kann ich in Hegels Sinn die These enger fassen, die ich zu Anfang dieses Kapitels formuliert habe:

(*Spezifik des Beitrags der Kunst zur menschlichen Praxis*) Kunst liefert dadurch einen spezifischen Beitrag zur menschlichen Praxis, dass mittels ihrer Selbsterkenntnis auf eine sinnlich-materiale Weise erweitert wird.

Dennoch gelingt Hegel mit dieser Erklärung keine zufriedenstellende Erläuterung der Spezifik von Kunst, da er die Wirksamkeit der Kunst auf ihren auch begrifflich fassbaren Gehalt zurückführt. Kunstwerke, das habe ich bereits herausgearbeitet, thematisieren für Hegel wesentliche Orientierungen historisch-kultureller Lebensformen (Vorstellungen von Tod, Liebe, Transzendenz etc.). Da diese Orientierungen grundsätzlich auch begrifflich artikuliert werden können, droht eine Auseinandersetzung mit sinnlich-materialen Darbietungen ihre Stellung als höchste Form der Auseinandersetzung einer historisch-kulturellen Lebensform mit sich selbst zu verlieren. Dazu kommt es dann, wenn eine entsprechende begriffliche Praxis entwickelt ist.[6] Kunst erweist sich damit aus Hegels Sicht als Propädeutik der Philosophie oder allgemeiner gesagt: der begrifflichen Selbsterfassung einer historisch-kulturellen Wirklichkeit. Damit erläutert er, wie wir im letzten Kapitel gesehen haben, die Wirksamkeit der Kunst – ihren Wert – so, dass sich seine These zur Spezifik der Kunst in dieser Erläuterung nicht niederschlägt.[7] Das aber heißt: Hegel gelingt es nicht, die Spezifik der Kunst im Sinne praktischer Reflexion zu erklären, da er die Antwort auf die Frage schuldig bleibt, wozu die sinnliche Auseinandersetzung mit einer solchen detaillierten Bestimmtheit gut ist.

Nun ist es keine Neuigkeit, Hegels Ästhetik eines heteronomen Begriffs von Kunst zu bezichtigen. Im Kontext von Ästhetiken in der kantischen Tradition gehört es geradezu zum guten Ton, Hegel diesen Vorwurf zu machen.[8] Von einem weitergehenden Interesse aber ist die Frage, warum Hegel die spezifische Relevanz ästhetischer Praxis verfehlt und welche Schlüsse daraus für eine plausible

6 So der berühmte Satz vom Ende der Kunst; vgl. Georg Wilhelm Friedrich Hegel, *Vorlesungen über die Ästhetik I-III*, in: *Werke*, hg. von Eva Moldenhauer und Karl Markus Michel, Frankfurt/M. 1986, Bände 13-15, hier: Band 13, S. 25.

7 Vgl. hierzu auch Annemarie Gethmann-Siefert, *Einführung in Hegels Ästhetik*, München 2005, S. 261-263.

8 Vgl. Rüdiger Bubner, »Über einige Bedingungen gegenwärtiger Ästhetik«, in: *Ästhetische Erfahrung*, Frankfurt/M. 1989, S. 9-51, hier: S. 16-20.

Erläuterung dieser Praxis zu ziehen sind. Hegel vollzieht in seiner Ästhetik einen Doppelschritt: Einerseits behauptet er gegen Kant, dass die Eigenständigkeit des Ästhetischen nur dann begriffen werden kann, wenn man die Relevanz des Sinnlich-Materialen in der Kunst betont. Diese These richtet sich gegen die Kantische Erläuterung dieser Eigenständigkeit in Begriffen einer ästhetischen Lust. Die ästhetische Lust ist aus Hegels Sicht nur Ausdruck einer Eigenständigkeit des Subjekts, so dass sie die Spezifik ästhetischer Praktiken nicht begreiflich machen kann. Dazu bedarf es ihm zufolge eines Rekurses auf Besonderheiten von Kunstwerken und ästhetischen Praktiken als solchen, also eines Rekurses auf die Relevanz des Sinnlich-Materialen in ebendiesen Praktiken. Andererseits tragen für Hegel die sinnlich-materialen Darbietungen von Kunstwerken als solche nicht substantiell zu ihrer Bedeutung und zu ihrer Wirksamkeit in Bezug auf die außerästhetische Welt bei. Sie führen letztlich nicht zu einer Erweiterung von Erkenntnissen. Hegel gelingt es nicht, die Wirksamkeit ästhetischer Praktiken zu erläutern.

2. Kunstwerke als spezifisch sinnliche Muster: Goodman

Der gesuchten Erklärung kommt man mit der Kunstphilosophie Nelson Goodmans näher. Goodman erläutert Kunstwerke als Gegenstände, die in besonderer Weise als Zeichen gebraucht werden, wobei er die Besonderheit des Zeichenverhältnisses von Kunstwerken mit Blick auf sehr unterschiedliche Aspekte und jeweils auf eine gewissermaßen abstrakte Art und Weise analysiert. Ich hingegen will seine Position in einer konkreten Weise zuspitzen, indem ich ihr die These zuschreibe, dass bei Kunstwerken der sinnlich-materialen Seite eine gesteigerte Relevanz zukommt. Wenn man mit einem Gegenstand als einem Kunstwerk umgeht, dann sind Goodman zufolge oftmals beliebige Details der Gestaltung dieses Gegenstands für die Zeichengestalt relevant. Er spricht hier von der syntaktischen Dichte eines Zeichenschemas.[9] Die syntaktische Eigenschaft der Dichte lässt sich an Gemälden erläutern, hinsicht-

9 Vgl. Nelson Goodman, *Sprachen der Kunst*, Frankfurt/M. 1995, S. 133 f.

lich deren sich niemals abschließend klären lässt, wie Elemente voneinander abgegrenzt sind, so dass Elemente – auch in kleinsten Zusammenhängen – immer weiter unterschieden werden können. Diese Eigenschaft schlägt sich in der Auseinandersetzung mit einem Gemälde darin nieder, dass ein immer noch genaueres Hinsehen zur Klärung der Eigenschaften des Gemäldes lohnend ist. Mit dieser Erläuterung schließt Goodman nahtlos an Hegels Begriff von Kunstwerken als in vielfältigen Details sinnlich-material bestimmten Gegenständen an. Anders als Hegel begreift Goodman diese Spezifik allerdings dezidiert als Aspekt einer Zeichenpraxis. Dadurch kann er die Behauptung, dass die Darbietung eines Kunstwerks irreduzibel auf der sinnlich-materialen Gestalt beruht und aus diesem Grund nicht in Begriffen aufgehoben zu werden vermag, auf andere Weise plausibel machen als etwa Hegel. Goodmans These ist, dass das Zeichenverhältnis von Kunstwerken auf ebenjenen vielen Details ihrer sinnlich-materialen Gestalt beruht.

Goodman erhofft sich von einer Analyse der charakteristischen Zeichenfunktion von Kunstwerken eine Klärung der Spezifik von ästhetischen Praktiken, wobei er Wert darauf legt, diese Spezifik nicht essentialistisch zu fassen. Er behauptet entsprechend, dass keine definierenden Kriterien für das Vorliegen einer ästhetischen Praxis gefunden werden können, sondern allein »Symptome des Ästhetischen«.[10] Diese sollen unter anderem verständlich machen, inwiefern es in unserer Auseinandersetzung mit Kunstwerken auf unbegrenzt viele Details der sinnlich-materialen Gestaltung dieser Kunstwerke ankommen kann. Ein Grund dafür ist die bereits genannte syntaktische Dichte von Kunstwerken.

Eines der von Goodman genannten Symptome aber sticht in seinen Erläuterungen besonders deutlich hervor. Goodman zufolge ist für Kunstwerke eine spezifische Bezugnahme charakteristisch, die er als Exemplifikation bezeichnet.[11] Kunstwerke beziehen sich demnach nicht nur in einer sinnlich-material gestalteten Art und

10 Ich greife hier nur auf zwei der fünf »Symptome des Ästhetischen« zurück, die Goodman geltend macht; vgl. Nelson Goodman, *Weisen der Welterzeugung*, Frankfurt/M. 1984, S. 88-91. Vgl. zu Goodmans Verständnis der Symptome des Ästhetischen auch das sechste Kapitel von *Sprachen der Kunst*.

11 Die kanonische Definition, die Goodman für diese Weise der Bezugnahme anbietet, lautet: »Exemplifikation ist Besitz plus Bezugnahme« (*Sprachen der Kunst*, S. 60).

Weise auf irgendetwas in der Welt, sondern auch auf Eigenschaften, die sie selbst besitzen. Diese Weise der Bezugnahme kann man mit der Relation »... ist ein Beispiel für ...« erläutern: Ein Kunstwerk ist ein Beispiel für die sinnlich-materiale Gestaltungsweise, die es selbst aufweist. Wir können entsprechend eine Malweise, in der der Pinselstrich hervortritt, so verstehen, dass sie sich auf die Materialität des Farbauftrags beziehungsweise der Farblichkeit bezieht. Das Gemälde hat die Eigenschaft, in seinem Farbauftrag material gestaltet zu sein. Es besitzt diese Eigenschaft aber nicht bloß, sondern bezieht sich auf sie, so dass sie ihrerseits in dem Kunstwerk auffällig wird. Exemplifikation liegt als Zeichenverhältnis überall dort vor, wo ein Gegenstand als Probe für eine Eigenschaft verwendet wird.[12] Für Kunstwerke ist es Goodmans Analyse zufolge charakteristisch, dass sie in vielfältiger Weise Proben geben.

Goodman hat das Zeichenverhältnis der Exemplifikation so unter anderem anhand der Praxis in einer Schneiderwerkstatt erläutert. Wenn ich mir beim Schneider ein Sakko schneidern lassen will, kann es dazu kommen, dass ich Proben möglicher Stoffe für dieses Sakko gezeigt bekomme. Die Proben exemplifizieren die Eigenschaften des Stoffes, wobei nicht alle ihrer Eigenschaften relevant sind, zum Beispiel nicht ihre Größe und nicht ihre Zusammenstellung mit anderen Proben in einem Musterbuch. Die Proben beziehen sich nur auf die von ihnen exemplifizierten Eigenschaften, so dass genau diese Eigenschaften hervortreten. Diese Erläuterungen lassen sich auf Kunstwerke übertragen: Auch für diese gilt, dass sie sich nicht auf alle Eigenschaften beziehen, die sie besitzen. Manche Eigenschaften aber, wie die Malweise eines Gemäldes oder Klangfarben in einem Orchester, treten hervor. Sie werden von dem Kunstwerk exemplifiziert.

Mit Goodmans Begriff der Exemplifikation kann man damit – gegen Goodmans eigene antiessentialistische Intentionen – die Spezifik ästhetischer Praktiken folgendermaßen zu erläutern versuchen: Die sinnlich-materialen Gestaltungen eines Kunstwerks fordern eine eigene Auseinandersetzung, da nur in dieser Auseinandersetzung geklärt werden kann, wofür einzelne Aspekte eines Kunstwerks ein Beispiel sind. Was ein Kunstwerk bedeutet, lässt sich nur auf dem Weg einer Versenkung in seine sinnlich-materiale

12 Vgl. auch die Erläuterungen in Goodman, *Weisen der Welterzeugung*, S. 83-85.

Gestalt erfassen. Kunstwerke beziehen sich auf Materialien, auf Klangfarben, auf eine Verwischung der Konturen des Farbauftrags oder eine Kurzatmigkeit von Sätzen und auf vieles andere mehr. All solche Momente können die Bedeutung eines Kunstwerks ausmachen, so dass Kunstwerke in diesem Sinn als Zeichen zu verstehen sind, deren spezifische materiale Zeichengestalt in vielen Hinsichten für ihre Bedeutung relevant ist. Sie unterscheiden sich dadurch von Zeichen in unserem Alltag, für die dies nicht gilt. Wenn ich in einer Bäckerei drei Brötchen kaufen will, ist es unerheblich, ob ich bei der Bestellung mit hoher oder tiefer Stimme spreche oder langsam oder schnell oder laut oder leise. Ich kann auch einen Zettel hinhalten, auf den ich handschriftlich den Satz »Bitte drei Sesambrötchen« notiert habe. In Bezug auf die Bedeutung der Order »Ich hätte gerne drei Sesambrötchen« ändert dies nichts. Bei einem Kunstwerk ist dies anders, da hier immer viele solcher materialen Gestaltungselemente zählen.

Wir können diesen für Goodmans Begriff der Exemplifikation entscheidenden Gedanken folgendermaßen auf den Punkt bringen: Kunstwerke stellen denjenigen, die sich mit ihnen auseinandersetzen, besondere sinnliche Muster bereit. Sie lernen, diese sinnlichen Muster, wie zum Beispiel die Klangfarben in einem Orchesterstück oder die Strukturen des Holzes in einer Skulptur, als bedeutsame Muster zu verstehen. Kunstwerke beziehen sich auf Eigenheiten ihrer sinnlich-materialen Gestalt, die als solche zu ihrer Bedeutung beitragen. Aufgrund ihres Selbstbezugs treten diese Eigenheiten hervor.

Nun erklärt dieses Hervortreten aber noch nicht die Relevanz entsprechender Momente für die menschliche Praxis. Warum ist es für die menschliche Praxis relevant, dass in Kunstwerken besondere Klangfarben oder Strukturen des Holzes oder dergleichen hervortreten? Diese Frage können wir in Goodmans Sinn beantworten, indem wir sagen: Die in Kunstwerken hervortretenden Eigenschaften spielen auch in unserer sonstigen Auseinandersetzung mit der Welt eine Rolle. Eine bestimmte Materialität oder bestimmte Klangfarben treten auch in nichtkünstlerischen Praktiken auf. Die von Kunstwerken präsentierten Muster finden sich auch außerhalb der Kunst. Sie sind entsprechend als Muster für die Erschließung von Elementen der außerkünstlerischen Welt zu begreifen. Die Auseinandersetzung mit diesen Mustern schärft den Sinn und unsere Sinne für diese Elemente. Die sinnlich-materialen Momente von Kunstwerken erweisen sich damit als erkenntniserweiternd.[13] Der Begriff der Exemplifikation könnte in dieser Weise eine Erläuterung der Spezifik ästhetischer Praxis zur Verfügung stellen, die sich durch eine Variation der zu Beginn dieses Kapitels formulierten allgemeinen These darstellen lässt:

> (*Spezifik der durch Kunst vermittelten Erkenntnis*) Kunst liefert dadurch einen besonderen Beitrag zur menschlichen Erkenntnis, dass sie sinnlich-materiale Muster für die sonstige menschliche Praxis bereitstellt. Produzierende und Rezipierende schärfen in der Auseinandersetzung mit Kunstwerken ihre Sinne für sinnliche Phänomene, die diesen Mustern entsprechen.

Diese Erläuterung aber führt nicht zu dem gewünschten Ergebnis, da sie nicht leistet, was sie verspricht: Wenn man Exemplifikation als Basis der Spezifik unserer Auseinandersetzung mit Kunstwerken begreift, verliert man entweder die Relevanz der Kunst für die sonstige Praxis aus dem Auge oder kann ihre Spezifik nicht angemessen fassen. Dies ist die ungünstige Alternative, zu der man gelangt, wenn man Exemplifikation zu einer Erläuterung der Spezifik ästhetischer Praktiken heranzieht. Betrachten wir kurz die eine Seite der Alternative: den möglichen Verlust der Spezifik von Kunstwerken. Exemplifikation heißt, so hatten wir gesagt, dass ein Kunstwerk auf sinnliche Muster verweist. Diese Muster – ein Rhythmus, eine Farbkonstellation – können auch jenseits des Kunstwerks verwirklicht sein beziehungsweise lassen sich jenseits des Kunstwerks verwirklichen. Ist dies der Fall, kommt der sinnlich-materialen Gestaltung in dem Kunstwerk allerdings keine Spezifik zu. Gehen wir zum Beispiel davon aus, dass auf einem Gemälde eine bestimmte Farbkonstellation realisiert ist. Wenn genau diese Farbkonstellation in einer zufälligen Konfiguration von Kleidungsstücken in einer Menschenmenge gesehen – oder, um ein anderes Beispiel ins Spiel zu bringen, ein markanter musikalischer Rhythmus in den Fahrtgeräuschen einer S-Bahn gehört – wird, dann ist in solchen

13 Goodman legt großen Wert darauf, Kunst als eine Erkenntnispraxis unter anderen Erkenntnispraktiken (wie der Wissenschaft) zu begreifen (vgl. Goodman, *Sprachen der Kunst*, Kapitel 6).

alltäglichen Situationen natürlich nicht die spezifische Gestaltung realisiert wie in den entsprechenden Kunstwerken. Wenn Kunstwerke dadurch wirksam sind, dass ihre sinnlich-materialen Muster auch in der außerästhetischen Welt erkennbar werden, spielt eine von ihnen sinnlich-material realisierte Spezifik aus diesem Grund keine Rolle. Die von ihnen bereitgestellten Muster könnten auch ganz anders realisiert werden. Ein entsprechender Ansatz liefert aus diesem Grund keine Erklärung dafür, dass ein Kunstwerk in seiner Spezifik eine Relevanz für unsere sonstige Praxis hat.[14]

Nun kann man allerdings auch mit dem Begriff der Exemplifikation eine solche Spezifik zu bewahren suchen. Damit allerdings verliert man – ich komme zur zweiten Seite der Alternative – die Relevanz ästhetischer Praktiken innerhalb der menschlichen Lebensform aus dem Blick. Gehen wir noch einmal von einem Gemälde aus. Wenn ein solches Gemälde eine Malweise, die vom Pinselstrich geprägt ist, exemplifiziert, dann bezieht sich das Gemälde damit nur auf Gegenstände, die genau die Eigenschaften aufweisen, die auch das Kunstwerk aufweist. Wenn man die Prägung durch den Pinselstrich sehr präzise fasst, wird der Kreis der Gegenstände, die genau diese Prägung aufweisen, rasch sehr klein. Am Ende gibt es genau einen Gegenstand, der den Pinselstrich in genau dieser Weise aufweist: das Kunstwerk selbst. Exemplifikation erklärt so die Bezugnahme eines Kunstwerks auf sich selbst. Genau in einem solchen Selbstbezug kann man die Spezifik eines Kunstwerks realisiert sehen. Allerdings wird dann nicht mehr verständlich, wie ein Weg von einem in dieser Weise eigengesetzlichen Kunstwerk zu Verständnissen der alltäglichen Welt führt. Dass ein Kunstwerk sich auf seine eigene spezifische Gestalt bezieht, klärt nicht, wie die Auseinandersetzung mit dem Kunstwerk für andere Praktiken wertvoll sein kann. So mag man sich genötigt sehen, die These aufzugeben, dass Kunstwerke überhaupt wirksam sind. Will man dies vermeiden, muss man Exemplifikation so erläutern, dass

14 In analoger Weise kritisiert James O. Young, Goodmans Begriff der Exemplifikation mache nur verständlich, dass Kunst triviale Erkenntnisse vermittle; vgl. »Art, Knowledge, and Exemplification«, in: *British Journal of Aesthetics* 39 (1999), S. 126-137. Zur Kritik der Erklärungskraft des Konzepts der Exemplifikation in Bezug auf Kunst insgesamt vgl. Henning Jensen, »Exemplification in Nelson Goodman's Aesthetic Theory«, in: *Journal of Aesthetics and Art Criticism* 32 (1973), S. 47-51.

der Gedanke einer Spezifik fallengelassen wird – wir kommen also wieder zur ersten Seite der Alternative zurück. Exemplifikation basiert dann auf Eigenschaften (zum Beispiel einer bestimmten Farbkonstellation), die das Kunstwerk mit anderen Gegenständen teilt. So führt der Versuch, die Relevanz sinnlich-materialer Gestaltung in einem Kunstwerk unter Rekurs auf Goodmans Begriff der Exemplifikation zu erläutern, nicht zu einem Verständnis der Spezifik ästhetischer Praxis, das den Zusammenhang von Kunst mit dem außerästhetischen Sonst verständlich macht.

Es ist aufschlussreich, die durch Goodmans Begriff der Exemplifikation gebotene Erläuterung noch einmal mit der Position Hegels zu vergleichen. Hegel spricht der Kunst zu, eine sinnlich-materiale Erkenntnisweise zu sein, vermag aber nicht, diese Erkenntnisweise mit sinnlich-materialen Erkenntnisinhalten zu verbinden. Dies genau leistet Goodman mittels des Begriffs der Exemplifikation. Er zahlt allerdings dafür den Preis, dass bei ihm jenes Dilemma zutage tritt, das ich zu Anfang dieses Kapitels bereits angesprochen habe. Ich wiederhole es noch einmal:

> (*Dilemma der Spezifizierung von Kunst durch ihre sinnliche Materialität*) Wenn man als Spezifik von Kunst ihre sinnliche Materialität begreift, dann erläutert man Kunst entweder als eine Erkenntnis- oder Zeichenpraxis, die sich in andere Erkenntnis- oder Zeichenpraktiken überführen lässt, oder als eine Erkenntnis- oder Zeichenpraxis, die von allen anderen Erkenntnis- oder Zeichenpraktiken unabhängig ist.

Dieses Dilemma können wir auch noch einmal mit den Begriffen von Wert und Spezifik der Kunst fassen: Mit Goodmans Begriff der Exemplifikation gelingt keine Erläuterung der Spezifik der Kunst, die zugleich den Wert der Kunst verständlich macht. Er liefert zwar einen sehr wichtigen Anstoß zu einer Bestimmung der Spezifik dadurch, dass er Kunstwerke als selbstbezügliche Gegenstände begreift, verbindet aber den Gedanken dieser Selbstbezüglichkeit nicht mit einem Begriff von Kunst als einer reflexiven Praxis. Aus diesem Grund klärt seine Bestimmung der Spezifik der Kunst den Wert der Kunst nicht. Goodman versteht Kunstwerke hinsichtlich ihrer Relevanz im Rahmen der menschlichen Praxis als Zeichen, die Zeichen sind wie andere Zeichen auch. Damit wird die Kontinuität zwischen Kunst und anderer Praxis – zu Recht – betont. Diese Kontinuität wird aber nicht angemessen verstanden. Sie liegt nämlich nicht darin, dass Kunstwerke genauso zu Erkenntnissen beitragen wie andere Zeichen. Vielmehr hat sie ihre Basis darin, dass Kunst als reflexive Praxis eine Aushandlung von Praktiken anstößt und damit zur Verwirklichung menschlicher Freiheit (menschlicher Selbstbestimmung) beiträgt.

3. Die Spezifik der Kunst, interaktiv verstanden: ein programmatischer Aufriss

Wir können nun einigermaßen überblicken, was an den bisher diskutierten Erläuterungen der Eigenart ästhetischer Praktiken problematisch ist. Die Relevanz der sinnlich-materialen Gestaltung eines Kunstwerks soll dadurch erklärt werden, dass die materiale Gestalt jedes einzelnen Kunstwerks genau so verfasst ist, wie sie es ist. Auf dieser Grundlage aber bleibt nur die folgende Alternative: Entweder ist diese Gestalt so geartet, dass sie die Spezifik des Ästhetischen erklärt. Dann aber ist eine Auseinandersetzung mit ihr als eine irrelevante Erweiterung sonstiger außerästhetischer Praktiken zu verstehen. Oder die genaue Eigenart der Gestalt ist unerheblich. Dann wird zwar die Verbindung zwischen Kunst und außerästhetischer Praxis verständlich, dies jedoch zuungunsten der ästhetischen Spezifik. Aus dieser Diagnose folgt, dass eine Explikation der Eigenart ästhetischer Praktiken unter Rekurs auf sinnlich-materiale Momente eines Kunstwerks nur dann gelingen kann, wenn man diese Momente nicht im Sinne einer bestimmten, feststehenden Gestalt eines Kunstwerks begreift.

Wie kann man dieser Bedingung gerecht werden? Wir müssen erkennen, dass wir die Spezifik der Kunst bislang auf einer falschen Ebene gesucht haben. Der Ausgangspunkt unserer Überlegungen war die Hypothese, dass die menschliche Praxis durch Kunst erweitert wird. Demnach statten Kunstwerke die menschliche Praxis mit irgendetwas Besonderem aus. Und dies, so schlossen wir weiter, liege darin begründet, dass Kunstwerke ihrerseits besonders ausgestattet sind. Genau dieser Schluss ist aber nicht zwingend. Wir können ihn aufgeben, indem wir sagen, dass Kunst eine Praxis ist, in der unterschiedliche Erweiterungen der menschlichen Praxis möglich werden. Der Grund dafür liegt darin, dass in Kunst Erweiterungen der menschlichen Praxis ausgehandelt werden. Wenn wir dies verstehen wollen, dürfen wir nicht von der ›Ausstattung‹ der Gegenstände ausgehen, die Kunstwerke sind, sondern müssen vielmehr sagen, dass Kunstwerke ihrerseits in je unterschiedlicher Weise davon handeln, welche ›Ausstattungen‹ für Praktiken relevant sind. Kunstwerke dürfen, so möchte ich betonen, in ihrer Spezifik *nicht gegenständlich* verstanden werden. Man muss ihre Spezifik vielmehr unter Rekurs auf die Praktiken verstehen, die mit Kunstwerken verbunden sind, und muss diese Praktiken als solche begreifen, die sich auf andere, außerästhetische Praktiken beziehen. Ich kann dies auf einen knappen Begriff bringen, der im Folgenden wichtig werden wird: Kunst muss als ein *Aushandlungsgeschehen* verstanden werden.

Damit gründen wir unser Nachdenken über Kunst auf den Zusammenhang zwischen Kunst und menschlichen Praktiken. Er besteht aus zwei Momenten: Kunstwerke evozieren erstens bei den Rezipierenden charakteristische Praktiken: Rezipierende *interagieren* mit Kunstwerken. Zweitens stehen diese Rezipientenpraktiken in einem Zusammenhang mit anderen außerästhetischen Praktiken in der Welt: Sie schlagen sich in diesen in unterschiedlicher Weise nieder. Mein Vorschlag ist also, die Erläuterung von Kunst bei den Interaktionen mit Kunstwerken und deren prägender Kraft anzusetzen, so dass die Spezifik der Kunst in Begriffen ästhetischer Praktiken erläutert wird. Und die Interaktion Rezipierender (und Produzierender) mit Kunstwerken ist, so kann man sagen, die ästhetische Praxis *par excellence*. Wenn man hier ansetzt, dann geht man nicht von der Beschaffenheit eines Gegenstands aus, sondern von dem Zusammenhang, der zwischen dem Gegenstand und den Praktiken derjenigen besteht, die sich mit ihm auseinandersetzen.

Damit zeichnet sich ein Umbruch in der Erläuterung der Spezifik der Kunst ab, den ich wie folgt auf den Punkt bringen will: Es gilt, diese Spezifik nicht *gegenständlich*, sondern *interaktiv* zu fassen. Diese Zielsetzung können wir schon an dieser Stelle mit den Überlegungen des letzten Kapitels verbinden. Es zeichnet sich nämlich ab, aus welchem Grund es immer wieder schwergefallen ist, den reflexiven Charakter von Kunst angemessen zu begreifen: weil die Spezifik von Kunst in Begriffen von Gegenständen (auch und besonders von Zeichengegenständen) angegeben werden sollte. Auf diesem Weg schafft man es aber nicht zur Ebene des Sichzusichverhaltens von Menschen, auf der sich Kunst allerdings erst begreifen lässt. Wir erreichen sie nur, indem wir die Spezifik von Kunst in Begriffen von Interaktionen fassen. Programmatisch gesagt: Kunst lässt sich nicht als eine Praxis im Rahmen eines einfachen (gegenständlichen) Weltverhältnisses begreifen, sondern nur als eine Praxis der Reflexion eines solchen Weltverhältnisses, wobei Reflexion praktisch verstanden werden muss.

Das Programm, das sich damit abzeichnet, bringt uns zum Begriff des freien Spiels zurück. Der von mir angedeutete Perspektivwechsel bedeutet, dass wir die ästhetische Praxis als eine spielerische Praxis zu begreifen beginnen, die durch besondere Interaktionen gekennzeichnet ist. Wenn wir mit diesen Interaktionen anfangen, können wir das freie Spiel als ein praktisch realisiertes Spiel verstehen. Wichtig für ein angemessenes Verständnis dieses praktisch realisierten Spiels ist, so will ich im Folgenden deutlich machen, in erster Linie der Zusammenhang zwischen Praktiken, die sich ganz auf ein Kunstwerk einlassen, und anderen, außerästhetischen Praktiken. Das Spiel ist, insgesamt betrachtet, nicht nur Kunstwerken gewidmet, sondern erstreckt sich darüber hinaus. Kunst entwickelt ein freies Spiel innerhalb der menschlichen Lebensform. Mit einem glücklichen Ausdruck Albrecht Wellmers können wir von einem ästhetischen »Reflexionsspiel«[15] sprechen. Dieses ästhetische Reflexionsspiel ist ein dynamischer Zusammenhang zwischen unterschiedlichen Praktiken und damit die Basis des Aushandlungsgeschehens, das von Kunst ausgeht: Kunst stößt Neubestimmungen menschlicher Praktiken an.

Diese groben Charakterisierungen des freien Spiels als eines ästhetischen Reflexionsspiels sind nicht mehr als erste Andeutungen dessen, was ich im Folgenden einlösen will. Sie sollen aber bereits deutlich machen, dass der bloße Rekurs auf den Begriff der Interaktion uns noch nicht zu einem ausreichenden Verständnis des freien Spiels bringt. Dennoch weist er uns die Richtung, und aus diesem Grund setze ich bei ihm an.

Um zu klären, wie Interaktionen mit Kunstwerken zu begreifen sind, können wir mit der Frage anfangen, wie sich die Relation zwischen Gegenständen und den Reaktionen derjenigen, die sich mit

15 Albrecht Wellmer, *Versuch über Musik und Sprache*, München 2009, S. 146 u. a.

diesen Gegenständen auseinandersetzen, analysieren lässt. Wir haben gesehen, dass wir es vermeiden müssen, von einer gegenständlich gedachten Eigenart von Kunstwerken auszugehen. Kunstwerke sind nicht als Gegenstände mit besonderen Eigenschaften zu begreifen. Wir müssen uns also fragen, wie man Gegenstände anders denken kann. Hier können wir zunächst schematisch vorgehen, indem wir sagen, dass Kunstwerke in ihren Eigenschaften nicht fixiert sind, sondern an der Konstitution ihrer eigenen Eigenschaften mitwirken. Wie sich dies denken lässt, kann man sich ganz leicht am Beispiel von Personen klarmachen, die ja ebenfalls keine Gegenstände mit feststehenden Eigenschaften sind. Sie haben Eigenschaften vielmehr dadurch, dass sie sich zu diesen Eigenschaften verhalten.

Wie aber lassen sich Kunstwerke als Gegenstände denken, die an der Konstitution ihrer Eigenschaften mitwirken? Kunstwerke sind ja keine Personen. Auch wenn man ihnen immer wieder einen quasisubjektiven und in diesem Sinn eigenständigen Status zugeschrieben hat,[16] bleibt eine solche Redeweise doch dunkel. Wir müssen also eine Alternative dazu finden, einen Gegenstand einfach durch seine Eigenschaften zu charakterisieren. Dem Ansatz einer solchen Alternative sind wir bereits begegnet. Er liegt in Goodmans Gedanken, Kunstwerke als selbstbezügliche Gegenstände zu begreifen. Der Begriff der Exemplifikation besagt ja, wie wir gesehen haben, dass Kunstwerke sich auf sich selbst beziehen. Dieser Gedanke ist aber bei Goodman zu eng gefasst, was daran liegt, dass er den Selbstbezug als eine Zeichenrelation begreift. Er lässt sich aber viel allgemeiner zur Geltung bringen: Kunstwerke bestimmen aus sich heraus die Eigenschaften, die wesentlich für sie sind. Diese stehen nicht einfach fest, sondern werden innerhalb der Kunstwerke selbst ausgehandelt. Pointiert gesagt: Kunstwerke sind *dynamische Gegenstände*. Sie entfalten aus sich heraus eine Dynamik, aus der heraus ihre Eigenschaften geprägt werden. Es mag seltsam klingen, zu sagen, dass Eigenschaften in einem Kunstwerk selbst ausgehandelt werden, dass dieses aus sich heraus eine Dynamik entfaltet. Wir müssen also noch verständlich machen, warum diese Redeweise gerechtfertigt ist.

16 Diese Zuschreibung ist besonders in der idealistischen Tradition verankert. Vgl. z. B. Friedrich Wilhelm Joseph Schelling, *System des transzendentalen Idealismus*, in: *Ausgewählte Schriften*, Frankfurt/M. 1985, S. 417.

Sofern wir erst einmal voraussetzen, dass dies möglich ist, können wir den Zusammenhang von Interaktionen und Kunstwerken als dynamischen Gegenständen dadurch auf den Punkt bringen, dass wir sagen: In ihren Interaktionen mit Kunstwerken folgen Rezipierende der Konfiguration, die ein Kunstwerk selbstbezüglich entwickelt. Die dynamische Anlage von Kunstwerken ist mit den Praktiken, die diese Dynamik aufgreifen und artikulieren, verschränkt. Ich werde im Folgenden diesen beiden Seiten – der selbstbezüglichen Konstitution von Kunstwerken und den Praktiken von Rezipierenden – folgen. Dabei wird gerade im nächsten Abschnitt möglicherweise der Eindruck entstehen, als würde doch noch einmal ein Kunstwerk allein aus sich heraus begriffen. Was ich über die Konstitution von Kunstwerken entwickle, muss aber im Zusammenhang mit denjenigen Praktiken verstanden werden, die sich auf das Kunstwerk einlassen. Ich hoffe also, dass das Nebeneinander der im Folgenden präsentierten Unterscheidungen allein der Notwendigkeit geschuldet ist, eins nach dem anderen zu entfalten und innerhalb der begrifflichen Arbeit analytisch zu trennen.

4. Die selbstbezügliche Konstitution von Kunstwerken

In jedem Kunstwerk lassen sich relevante Momente wie Rhythmen, Farbkonstellationen, körperliche Haltungen oder exponierte Wörter ausmachen. Solche Momente haben ein besonderes Gewicht für das, womit das Kunstwerk diejenigen konfrontiert, die sich mit ihm auseinandersetzen. Wenn wir nun davon ausgehen, dass Kunstwerke diese Momente, die in ihnen von besonderer Bedeutung sind, in eigenständiger Weise bestimmen, können wir nicht mehr in einer allgemeinen Weise sagen, wie die Spezifik von Kunstwerken zu begreifen ist: ob als Spezifik besonderer Zeichen, als Spezifik qua sinnlicher Materialität etc. Was ein jeweiliges Kunstwerk auszeichnet, ist dann aus der Dynamik heraus zu begreifen, die es in seiner selbstbezüglichen Konstitution entfaltet.

Dennoch scheint es mir hilfreich, eine Erläuterung zu suchen, die zumindest für viele Kunstwerke angemessen ist. Diese Erläuterung kann von den Beziehungen zwischen Elementen in einem Kunstwerk ausgehen: Beziehungen zwischen Wörtern, zwischen Harmonien, zwischen Farbflächen, zwischen körperlichen Haltungen, zwischen unterschiedlichen Gegenständen einer Installation und so fort. Solche *Beziehungen* prägen in Kunstwerken *Konfigurationen von Elementen* aus. Die Beziehungen haben dabei eine vielversprechende Eigenart: Sie entfalten ein eigenständiges Bedeutungsmoment. Sie kontrastieren, grenzen ab, wiederholen, bilden einen Übergang und vieles andere mehr. Beziehungen in einem Kunstwerk sind spezifisch angelegt.

Viele Kunstwerke lassen sich in diesem Sinn als strukturelle Zusammenhänge unterschiedlicher Elemente, also etwa von Wörtern, Tönen oder Farbflächen, begreifen. Charakteristisch für solche Zusammenhänge ist, dass die einzelnen Elemente in diesen Zusammenhängen selbst profiliert werden: Ein Element wird in einem Kunstwerk durch Beziehungen, in denen es zu den anderen Elementen des Kunstwerks steht, in seiner Identität bestimmt. Dies gilt auch in Fällen, in denen Kunstwerke sich aus Elementen zusammensetzen, die es in gewisser Hinsicht unabhängig von ihnen gibt. Nehmen wir als Beispiel ein Gedicht. Ein Gedicht setzt sich in vielen Fällen aus Wörtern einer natürlichen Sprache zusammen und greift so gewissermaßen auf bestehende Elemente zurück. Diese aber werden in dem Gedicht transformiert. Sie haben nicht einfach die Bedeutung, die sie in einer alltäglichen Verwendung der jeweiligen natürlichen Sprache haben.[17] Aus diesem Grund müssen Rezipierende die Bedeutung der Elemente jeweils interpretativ erschließen. Sie können nicht einfach auf ihr Bedeutungswissen zurückgreifen, sondern müssen die Elemente aus dem jeweiligen Gedicht heraus verstehen. Analoges gilt zum Beispiel für Farben in der Malerei und für Töne sowie Harmonien in der Musik. Auch wenn man hier jeweils davon sprechen kann, dass Elemente in gewisser Hinsicht unabhängig von einzelnen Kunstwerken bestehen, werden sie doch jeweils in jedem Kunstwerk anders und neu geprägt. Wer sie verstehen will, muss sie aus dem jeweiligen Kunstwerk heraus verstehen (wobei es selbstverständlich der Fall sein kann, dass für dieses Verständnis Gattungskonventionen, Anspielungen auf

17 Das heißt nicht, dass die Bedeutung in alltäglichen Verwendungen von Ausdrücken natürlicher Sprache als solche einfach feststehen. Sie lassen sich durchaus als veränderlich begreifen, sind aber dabei an Interaktionen zwischen Sprecherinnen und Sprechern und andere Faktoren gebunden. Vgl. z. B. Davidsons sprachphilosophische Überlegungen in Donald Davidson, *Wahrheit, Sprache und Geschichte*, Frankfurt/M. 2008.

andere Kunstwerke etc. entscheidend sind). Ein Kunstwerk setzt sich, so gesehen, nicht aus Elementen zusammen, die unabhängig von ihm bestimmt sind, sondern prägt seine Elemente in einem Wechselspiel von Elementen, das es als Kunstwerk erst in Gang setzt.[18]

Die interne Bestimmung von Elementen in einem Kunstwerk allerdings geschieht nicht dadurch, dass diese in Beziehungen zu *allen* anderen Elementen innerhalb dieses Kunstwerks stehen. Stellen wir uns beispielsweise ein Gedicht vor, das allein dadurch zustande kommt, dass sich alle darin vorkommenden Wörter beziehungsweise Wortkombinationen (was auch immer wir jeweils als Elemente begreifen wollen) wechselseitig bestimmen. Das wäre dann kein Kunstwerk, sondern eine formale Spielerei. In einem Kunstwerk stehen Elemente in unterschiedlichen und unterschiedlich gewichteten Relationen. Eine Tonfolge etwa tritt als Wiederholung oder Variation einer anderen Tonfolge auf. Ein Wort bildet zusammen mit einem anderen Wort einen Reim oder einen rhythmischen Zusammenhang. In solchen Fällen werden in den Kunstwerken einzelne Beziehungen hervorgehoben. Die Prägung von Elementen in einem Kunstwerk ist in diesem Sinn zu verstehen: Einzelne Beziehungen werden exponiert, andere in den Hintergrund gestellt, wiederum andere als solche bestimmt, die sich nicht fortsetzen, also fragmentarisch bleiben. Und so fort. Ein Kunstwerk bezieht sich in diesem Sinn prägend auf die je besonderen Beziehungen, die zwischen einzelnen seiner Elemente in ihm hergestellt sind.

Wir stehen damit vor der Frage, wie wir das Zustandekommen solcher gewichteten Beziehungen in einem Kunstwerk erläutern können. Wodurch konstituieren sich Beziehungen in einem Kunstwerk zum Beispiel als Wiederholungen oder Variationen? Vielleicht möchten wir sagen, dass diese Beziehungen in einem Kunstwerk einfach angelegt sind. Dies ist sicher nicht ganz falsch, aber wir fallen mit dieser Erläuterung doch in den Gedanken zurück, Kunstwerke als eigentümlich ausgestattete Gegenstände zu begreifen.

18 Das gilt auch für Kunstwerke, die – wie zum Beispiel die meisten literarischen Texte – mit Elementen arbeiten, die auch außerhalb ihrer bestimmt sind. Diese Elemente werden in ihrer Bestimmtheit in einem Kunstwerk überformt. Vgl. hierzu Theodor W. Adorno, »Engagement«, in: *Noten zur Literatur*, *Gesammelte Schriften*, Band 11, Frankfurt/M. 1974, S. 409-430, hier z. B.: S. 410; Theodor W. Adorno, *Ästhetische Theorie*, Frankfurt/M. 1970, z. B. S. 205-226.

Und von diesem Gedanken wollten wir uns gerade dadurch befreien, dass wir Kunstwerke als dynamische Gegenstände begreifen, indem wir ein Kunstwerk als einen Zusammenhang fassen, der sich selbst anlegt. Anders gesagt: Ein Kunstwerk bezieht sich auf sich selbst. Es enthält Beziehungen, in denen es auf sich selbst Bezug nimmt und sich dabei selbst bestimmt. Wenn nun gilt, dass dabei Beziehungen zwischen Elementen in den Vordergrund treten, heißt dies zunächst: Ein Kunstwerk bezieht sich auf Beziehungen zwischen seinen Elementen. Diese Beziehungen werden, wie andere seiner entscheidenden Momente auch, in einem Selbstbezug ausgehandelt. Für Kunstwerke ist somit eine Dynamik charakteristisch, durch die das, was in ihnen eine besondere Relevanz hat, bestimmt wird. Selbstbezüge in Kunstwerken initiieren diese Dynamik und legen Beziehungen als Wiederholungen, Variationen und anderes an.

Wie lassen sich die Selbstbezüge, von denen hier die Rede ist, besser verstehen? Ganz allgemein gesprochen ist eine Darbietung genau dann selbstbezüglich, wenn sie in einer Beziehung zu sich selbst steht. Paradigmatisch hierfür ist die Aussage: »Dieser Satz besteht aus sechs Wörtern.« Auch hier kann man – im Sinne von Exemplifikation – davon sprechen, dass die Gestaltung des Satzes hervortritt. Der Satz lenkt dadurch die Aufmerksamkeit seiner Leser (oder Hörer) auf seine eigene Gestaltung, dass er sich durch eine Aussage (propositional) auf sich bezieht. Genau dies ist bei einem Kunstwerk normalerweise nicht der Fall, da hier der Selbstbezug nicht auf Aussagen basiert und sich auch nicht auf das Werk insgesamt bezieht. Vielmehr betrifft der Selbstbezug in einem Kunstwerk einzelne Gestaltungsmomente. Anders gesagt: Der Selbstbezug in einem Kunstwerk ist nicht zentral und umfassend, sondern dezentral und in Bezug auf einen lokalen Umkreis von Elementen realisiert.

Dies lässt sich gut an Musikstücken erläutern. Ein musikalisches Kunstwerk bezieht sich zum Beispiel auf eine Beziehung, etwa eine Wiederholungsbeziehung zwischen zwei Tonsequenzen, und hebt damit die Beziehung zwischen der Exposition eines Themas und seiner Reprise hervor. Genau durch solche Hervorhebungen von Beziehungen und das damit verbundene In-den-Hintergrund-Treten anderer Beziehungen werden Elemente in einem Kunstwerk bestimmt. Dabei steht niemals fest, was in einem Kunstwerk als

Element und was als Beziehung zwischen Elementen fungiert, sondern dies wird in dem dynamischen Geschehen zwischen den Elementen eines Kunstwerks jeweils ausgehandelt.[19] So kann beispielsweise die Beziehung zwischen zwei Wörtern, die in einem Gedicht einen Reim bilden, ihrerseits ein Element sein, das in einem Kunstwerk in Beziehungen gestellt wird. Immer gilt: Ein Kunstwerk basiert nicht auf Elementen, die als solche bestimmt sind. Vielmehr werden seine Elemente stets dadurch bestimmt, dass Beziehungen zwischen ihnen etabliert werden. Dies geschieht dadurch, dass solche Beziehungen durch einen nichtaussageförmigen Selbstbezug je unterschiedlich gewichtet werden. Das Kunstwerk ist so in seiner Anlage von vielfältigen Selbstbezügen geprägt, die dazu führen, dass Beziehungen innerhalb seiner hervortreten und damit Elemente bestimmt und in unterschiedlicher Weise relevant werden.[20]

Ich will noch einmal daran erinnern, dass nicht über jedes Kunstwerk gesagt werden kann, seine Konstitution vollziehe sich in Beziehungen und Elementen. Die selbstbezügliche Konstitution ist vielmehr so zu verstehen, dass innerhalb des Kunstwerks ausgehandelt wird, was in ihm bestimmend wird und woraufhin es bestimmend wird. Eine abschließende allgemeine Erläuterung lässt sich aus diesem Grund nicht geben. So darf auch mein Rekurs auf Beziehungen und Elemente nicht so verstanden werden, als sei damit ein Vokabular gefunden, in dem Kunstwerke grundsätzlich artikuliert werden können. Das Vokabular ist günstigstenfalls für viele Kunstwerke treffend. Zudem: Nur in sehr formaler Betrachtung kann man sagen, dass die Selbstbezüglichkeit immer mit Beziehungen verbunden ist. Der Selbstbezug ist ja schlicht ein Typ von Beziehungen. Eine allein formale Betrachtung allerdings wird Kunstwerken nicht gerecht. Sie müssen vielmehr als dynamisch in dem Sinn betrachtet werden, dass sie aus sich heraus bestimmen, was in ihnen Relevanz hat.

Der von mir soweit unterbreitete Vorschlag, Kunstwerke als dynamische Gegenstände zu begreifen, kann als Reformulierung eines

19 Ich betone noch einmal, worauf ich im nächsten Abschnitt genauer zu sprechen komme: Das dynamische Geschehen, von dem ich hier spreche, lässt sich nicht unabhängig von rezeptiven Auseinandersetzungen mit einem Kunstwerk begreifen.

20 Adorno spricht in diesem Sinn davon, jedes Kunstwerk wolle die »Identität mit sich selbst« (ebd., S. 14).

zentralen Begriffs von Adorno verstanden werden. Adorno vertritt die These, dass Kunstwerke Gegenstände mit eigenen »Formgesetzen« sind. Der Begriff des Formgesetzes lässt sich mit gutem Recht als der wichtigste Begriff der *Ästhetischen Theorie* verstehen.[21] Adorno gelingt mit ihm eine zentrale Einsicht in die Verfasstheit von Kunstwerken, die er allerdings in gewisser Weise verschenkt, da er sie im Rahmen des Autonomie-Paradigmas (seiner Negativitätsästhetik) zur Geltung bringt. Der Begriff des Formgesetzes ist aber nicht an dieses Paradigma gebunden. Unabhängig davon besagt er, dass jedes Kunstwerk aus sich heraus bestimmt, wie es angelegt ist und was innerhalb seiner Relevanz hat, und erfasst so gesehen die *selbstbezügliche Anlage* eines Kunstwerks. Das Formgesetz umfasst all diejenigen Momente eines Werks, die für seine Konfiguration entscheidend sind, und damit all die Eigenarten, die das Kunstwerk kraft seiner selbstbezüglichen Verfasstheit realisiert.

Für Adorno ist es entscheidend, hier von einer jeweils eigentümlichen Form zu sprechen. Das Insistieren auf dem *formalen* Charakter der jeweiligen Eigenart von Kunstwerken ist wiederum in der negativistischen Stoßrichtung von Adornos Ästhetik begründet. Adorno vertritt die These, dass die kommunikativen Verhältnisse innerhalb einer Gesellschaft nur dadurch gebrochen werden können, dass sich Gegenstände qua Form der Kommunikation entziehen. Wenn man nun den Begriff des Formgesetzes von der Negativitätsästhetik entkoppelt, kann man diese These fallenlassen. Es ist nicht entscheidend für Kunstwerke, durch ihre Form den kommunikativen Verhältnissen innerhalb einer Gesellschaft zu widerstehen. Entscheidend ist vielmehr, dass sie ihre Anlage und das, was innerhalb ihrer Relevanz besitzt, aus sich heraus bestimmen. In dieser selbstbezüglichen Konstitution geht es nicht nur um ihre formalen Aspekte, sondern auch um das jeweilige farbliche, klangliche, sprachliche Material, aus dem sie gearbeitet sind – um Momente von Bedeutung, Gegenständlichkeit und so fort. Adornos Begriff ist also insofern irreführend, als er den formalen Aspekt der selbstbezüglichen Konstitution zu einseitig betont.

Diese Kritik an Adornos Begriff des Formgesetzes können wir dadurch fortsetzen, dass wir uns Improvisationen in der Kunst zuwenden.[22] Improvisationen lassen sich aus gutem Grund als ein

21 Adorno nennt ihn die »ästhetisch zentrale« Kategorie (ebd., S. 18).

22 Es scheint mir charakteristisch für die Ästhetik Adornos, dass sie Improvisa-

Paradigma der Kunst überhaupt begreifen.[23] In einer Improvisation zeigt sich nämlich, dass die selbstbezügliche Anlage eines Kunstwerks nicht als bloß formal hergestellt oder gar formal geschlossen verstanden werden darf. Denken wir an die Improvisation eines Jazzquintetts. Die Musiker haben hier vielleicht ein thematisches und harmonisches Material, über das sie improvisieren. Im Zuge einer Improvisation kann es dazu kommen, dass die Trompete in ihrem Spiel eine rhythmische Figur etabliert, ohne dass diese Figur in dem zugrunde liegenden Material vorbereitet wäre. Das Klavier kann diese Figur aufgreifen und modifizieren. Wiederum kann dies eine Fortsetzung bei der Trompete oder bei einem noch anderen Instrument erfahren. Eine solche Interaktion ist paradigmatisch selbstbezüglich, denn in ihrem Spiel beziehen sich die Musiker wechselseitig aufeinander und etablieren dadurch Momente, an die sie sich in ihrem weiteren Spiel binden.[24] Dabei werden die etablierten Momente nicht ›festgeschrieben‹, sondern können in den Interaktionen der Musiker stets weiter bestimmt werden.

Das Beispiel der Improvisation illustriert, dass die selbstbezüglichen Bezugnahmen in einem Kunstwerk nicht aus der Einheit einer geschlossenen Form hervorgehen. Sie werden lokal beziehungsweise dezentral ausgehandelt, wobei die Anlage des Kunstwerks (bei der Improvisation: das Ereignis des Zusammenspiels der Musiker) insgesamt den Rahmen für diese Aushandlung abgibt.[25] Beziehungen zwischen einzelnen Elementen werden an anderer Stelle wieder aufgegriffen, werden verstärkt oder revidiert, so dass Selbstbezüge aus der Entwicklung eines Werkes heraus entstehen. Der Begriff des Formgesetzes suggeriert eine einheitliche Organisation aller selbstbezüglichen Momente in einem Kunstwerk, die

tionen zum einen nicht gut in ihrem ästhetischen Wert und zum anderen – was noch schwerer wiegt – nicht als paradigmatische ästhetische Praktiken begreift. Ein Symptom dafür mag sein, dass das Stichwort »Improvisation« im Register der *Ästhetischen Theorie* Adornos nicht auftaucht.

23 Vgl. dazu Alessandro Bertinetto, »Improvisation and Artistic Creativity«, in: *Proceedings of the European Society for Aesthetics* 3 (2011), S. 81-103.

24 Vgl. zum normativen Moment von Improvisationen Georg W. Bertram, »Improvisation und Normativität«, in: Gabriele Brandstetter u. a. (Hg.), *Improvisieren. Paradoxien des Unvorhersehbaren*, Bielefeld 2010, S. 21-40.

25 Günter Figal spricht in diesem Sinn treffend von der »dezentrale[n] Ordnung eines Erscheinungsgefüges« (in: *Erscheinungsdinge. Ästhetik als Phänomenologie*, Tübingen 2010, S. 95).

aber nicht gegeben ist. Sie setzte voraus, dass die selbstbezüglichen Bezugnahmen von einem zentralen Punkt ausgehen. Dies ist aber unmöglich, da von einem beliebigen Punkt eines Kunstwerks aus – wie von einem beliebigen Punkt einer Improvisation aus – nur bestimmte Beziehungen zu anderen Punkten dieses Kunstwerks erfolgen können. Die selbstbezüglichen Bezugnahmen sind lokal realisiert. Wie in einer Improvisation ergibt sich aus diesen Bezugnahmen in einem Kunstwerk ein mehr oder weniger komplexes Geflecht. Dies aber setzt voraus, dass die Bezugnahmen vielfältig sind – dass sich unterschiedliche Beziehungen in einem Kunstwerk voneinander differenzieren. Anders formuliert: Kunstwerke sind als dynamische Gegenstände in sich plural verfasst.

Mit dieser Feststellung können wir zu unserer Auseinandersetzung mit Hegel und Goodman vom Anfang dieses Kapitels zurückkommen. In ihr stand der Gedanke im Zentrum, dass für Kunst eine sinnlich-materiale Darbietung spezifisch ist. Von diesem Gedanken können wir uns jetzt verabschieden. Wenn wir davon ausgehen, dass die Spezifik ästhetischer Praktiken unter Rekurs auf die Besonderheit von Kunstwerken als selbstbezüglich konstituierten Gegenständen begriffen werden kann, können wir zur Frage der Relevanz sinnlich zugänglicher Materialität nämlich eine entspannte Haltung einnehmen. Die bislang betrachteten Positionen Hegels und Goodmans haben diese Relevanz als Erklärung dafür geltend gemacht, dass ein Kunstwerk eine spezifische Auseinandersetzung verlangt. Nun allerdings zeichnet sich eine andere Erklärung für die Spezifik dieser Auseinandersetzung ab: Die Auseinandersetzung mit Kunstwerken ist deshalb spezifisch, weil wir es mit dynamischen Gegenständen zu tun haben. Aus diesem Grund können wir zugestehen, dass es Kunstwerke gibt, für die eine Relevanz sinnlicher Materialität nicht durchweg geltend gemacht werden kann.[26] Bei vielen literarischen Texten, aber auch einigen Werken der Konzeptkunst handelt es sich möglicherweise um solche Kunstwerke. Auch wenn man sich in Einzelfällen immer streiten kann, ob hier und dort sinnlich-materiale Aspekte nicht doch relevant sind, steht bei manchen Kunstwerken dieser

26 In diesem Punkt haben mich unter anderem Argumente von Daniel M. Feige überzeugt; vgl. bes. Daniel M. Feige, »Zum Verhältnis von Kunsttheorie und allgemeiner Ästhetik. Sinnlichkeit als konstitutive Dimension der Kunst?«, in: *Zeitschrift für Ästhetik und Allgemeine Kunstwissenschaft* 56 (2011), S. 123-142.

Art das Sinnlich-Materiale nicht im Vordergrund. Auch für sie ist aber spezifisch, dass sie selbstbezüglich ihre Anlage bestimmen und das, was innerhalb ihrer Relevanz besitzt. Kunstwerke handeln die Momente aus, die innerhalb ihrer relevant sind. In ihnen kommt es immer zu Neuaushandlungen von Momenten beziehungsweise Elementen, wobei diese Neuaushandlungen nicht in jedem Fall solche von Sinnlichkeit sind.[27]

Diese Überlegungen machen deutlich, was auf der Basis von Hegels und Goodmans Erläuterungen von Kunst nicht funktioniert: die spezifische Konfiguration eines Kunstwerks zu erfassen, durch die die sinnlich-materialen und anderen Momente in ihrer Relevanz erst verständlich werden. Diese Konfiguration wird nur verständlich, wenn man einem Kunstwerk nicht eine in sich feststehende Gestalt zuschreibt. Ein Kunstwerk muss vielmehr als ein selbstbezüglich konstituiertes dynamisches Gefüge verstanden werden, innerhalb dessen diese seine Momente in spezifischer Weise ausgehandelt werden.

5. Interpretative Aktivitäten in der Auseinandersetzung mit Kunstwerken

Das soweit charakterisierte dynamische Gefüge eines Kunstwerks besteht aber nicht einfach für sich. Zu dieser Dynamik gehören auch die Praktiken, die Rezipierende in Auseinandersetzung mit Kunstwerken entwickeln. Die Konfigurationen von Kunstwerken sind genau auf diese Praktiken hin angelegt. Sie realisieren kraft ihrer selbstbezüglichen Konstitution eine *Herausforderung* für Rezipierende, die allerdings falsch verstanden wäre, würde man sie als Abkapselung anderem gegenüber verstehen. Eine Herausforderung ist immer auf etwas anderes bezogen, so auch im Falle der Kunst: Sie realisiert eine Herausforderung in Bezug auf Praktiken von Rezipierenden. Soll diese Herausforderung wirksam werden,

27 In dieser Weise kann man auch Jacques Rancière vorwerfen, dass er die Akzente in der Bestimmung von Kunst (bei ihm zu fassen als Kunst, die dem ästhetischen Regime von Kunst unterliegt) falsch setzt. Es gilt, den Aushandlungscharakter und nicht den Sinnlichkeitscharakter von Kunst zu betonen. Vgl. Jacques Rancière, *Die Aufteilung des Sinnlichen. Die Politik der Kunst und ihre Paradoxien*, Berlin 2006, S. 25-34.

müssen Rezipierende auf das Kunstwerk eingehen und sich mit der selbstbezüglich konstituierten Dynamik des Kunstwerks auseinandersetzen. Der Selbstbezug des Kunstwerks ist in diesem Sinn als Moment einer Interaktion, als Moment eines wechselseitigen Konstitutionsverhältnisses zu begreifen. Das Kunstwerk fordert einen Nachvollzug und ist in seiner Dynamik konstitutiv an diesen Nachvollzug gebunden. Es fordert Praktiken, mit denen Rezipierende die Strukturen im Kunstwerk artikulieren.

Die durch Kunstwerke realisierte Herausforderung hat, so gesehen, einen primär praktischen Charakter: Eine Rezipientin verfolgt mit ihren Blicken Zusammenhänge eines Bildes. Dabei kommt es zu spezifischen Verlaufsformen der Blicke,[28] die an den im Kunstwerk selbstbezüglich etablierten Beziehungen orientiert sind. Die Rezipientin entwickelt Aktivitäten, die sich von diesen Beziehungen leiten lassen. Insofern kann man sagen, dass Kunstwerke ein spezifisches Verhalten fordern. Mit einem weiteren der zentralen Begriffe aus Adornos *Ästhetischer Theorie* kann man dieses Verhalten als »mimetisch« charakterisieren.[29] Mimetisch ist ein Verhalten, das sich anderem anverwandelt. Ein solchermaßen mimetisches Verhalten wäre allerdings falsch verstanden, würde man es als primär passives Verhalten begreifen (wie Adorno dies zuweilen suggeriert).[30] Rezipierende müssen aktiv werden, um sich leiten zu lassen, so dass ästhetische Praktiken immer zwei Seiten haben: Einerseits reflektieren sie, dass vom Kunstwerk eine Dynamik ausgeht, der Rezipierende folgen, andererseits handelt es sich bei ihnen um immer wieder neue Aktivitäten und damit auch je eigene Ansätze und Einsätze seitens Rezipierender. Gadamer spricht davon, dass die Rezipientin eine Mitspielerin sein muss: Sie muss die Bälle,

28 Vgl. dazu auch die Untersuchungen von Raphael Rosenberg, etwa: »Dem Auge auf der Spur. Blickbewegungen beim Betrachten von Gemälden – historisch und empirisch«, in: *Jahrbuch der Heidelberger Akademie der Wissenschaften für 2010* (2011), S. 76-89.

29 Vgl. hierzu Adorno, *Ästhetische Theorie*, z. B. S. 168-179.

30 Bei Adorno findet sich allerdings auch die klare Einsicht, dass Rezipierende aktiv werden müssen. So heißt es in seinen Ästhetik-Vorlesungen sehr prägnant: »Es käme weniger darauf an, was einem das Kunstwerk ›gibt‹, als darauf, was man dem Kunstwerk gebe, das heißt: ob man in einer bestimmten Art von aktiver Passivität, oder von angestrengtem Sich-Überlassen an die Sache, ihr das gibt, was sie von sich aus eigentlich erwartet.« (Theodor W. Adorno, *Ästhetik (1958/59)*, Frankfurt/M. 2009, S. 190.)

die das Kunstwerk ihr zuspielt, aufgreifen und immer wieder zurückspielen.[31]

Rezipierende sind genauso wie Produzierende in der Auseinandersetzung mit Kunstwerken immer auch dadurch produktiv, dass sie eigene Aktivitäten entwickeln. Bleiben sie regungslos, kann die Konfiguration des Kunstwerks keine Wirkung entfalten. Dies wird besonders an Kunstwerken deutlich, mit deren Konfiguration Rezipierende nicht vertraut sind. Gehen wir zum Beispiel von einer Malerei aus, die für eine Betrachterin neu ist. In einem solchen Fall muss sie ihre visuellen Aktivitäten weiterentwickeln. Sofern sie nicht in ihrem Sehen aktiv wird, kann sie dem Gemälde nicht folgen. Dabei ist die Aktivität immer damit verbunden, dass die Rezipientin eigene Impulse in die Auseinandersetzung mit dem Kunstwerk einbringt, zum Beispiel indem sie einen spezifischen Ansatzpunkt wählt oder in besonderer Weise gegenläufige Momente innerhalb der Konstellationen des Kunstwerks oder auch im Vergleich zu etablierten Auseinandersetzungen mit einem Kunstwerk verfolgt. Die eigenen Impulse haben auch deshalb eine besondere Relevanz, weil die Rezipierende sich mittels ihrer im Rahmen einer Geschichte von Rezeptionen verhält.

Wenn ich den Bezug der Dynamik eines Kunstwerks auf Praktiken von Rezipierenden mit dem Begriff der Herausforderung erläutere, impliziert dies, dass die Konstitution von Kunstwerken unlösbar mit diesen Praktiken verbunden ist. Nur dadurch, dass sie von Rezipierenden aufgegriffen wird, kann die Konfiguration eines Werks sich als herausfordernd erweisen. Mit ihren Aktivitäten sind Rezipierende an der Dynamik beteiligt, die von einem Kunstwerk ausgeht. Diese Dynamik ist nicht – wie ich im vorangegangenen Abschnitt in gewisser Weise suggeriert habe – allein vom Kunstwerk her zu begreifen. Vielmehr umfasst sie auch immer die Auseinandersetzungen mit Kunstwerken. In diesen werden immer weiter die Konstellationen eines Kunstwerks bestimmt, treten Momente neu hervor oder in den Hintergrund und so weiter. Die Auseinandersetzungen mit einem Kunstwerk stehen dabei immer auch im Kontext von Auseinandersetzungen, die mit anderen Kunstwerken verbunden sind. Letztlich ist die Dynamik eines Kunstwerks so

31 Vgl. Hans-Georg Gadamer, »Die Aktualität des Schönen«, in: *Gesammelte Werke*, Band 8, Tübingen 1999, S. 94-142, hier: S. 117.

durch den Zusammenhang realisiert, der zwischen dem Kunstwerk und den Aktivitäten Rezipierender besteht. Erst auf dieser Basis können wir verständlich machen, was wir oben bereits als verständlich vorausgesetzt haben: dass Eigenschaften in einem Kunstwerk selbst ausgehandelt werden, dass es aus sich heraus eine Dynamik entfaltet.

Auch das dynamische Geschehen, das von Kunstwerken ausgeht, hat damit gewissermaßen zwei Seiten: einerseits die selbstbezügliche Konstitution des Kunstwerks, andererseits die Aktivitäten, die Rezipierende in Auseinandersetzung mit dem Kunstwerk ausführen. Keine dieser beiden Seiten kann unabhängig von der anderen verstanden werden. Die selbstbezügliche Konstitution ist auf die Aktivitäten hin angelegt, die Rezipierende entfalten, und diese Aktivitäten wiederum auf die selbstbezügliche Konstitution. Kunstwerke sind somit genuin mit den Aktivitäten verbunden, die sie hervorrufen. Die Dynamik der Kunstwerke ist Teil einer umfassenden Dynamik, in der Kunstwerke und die unterschiedlichen Auseinandersetzungen, die sie provozieren, aneinander gebunden sind. Dieses umfassende Geschehen darf wiederum nicht als ein in sich geschlossener Zirkel gedacht werden. Zu ihm gehören, wie bereits gesagt, immer auch andere menschliche Praktiken.

Erst mit diesen Überlegungen kommen wir zu einem Verständnis der Quasisubjektivität von Kunstwerken, das nicht mysteriös ist. Kunstwerke legen sich als selbstbezüglich konstituierte Gegenstände nicht einfach selbst an, sondern sind in ihrer Konstitution im Rahmen einer komplexen Praxis zu begreifen. Ihre Selbstbezugnahmen sind Teil der Dynamik, in der Produzierende und Rezipierende in ihrer Auseinandersetzung mit Kunstwerken stehen. Kunstwerke sind also keine subjektiven Gegenstände, die von sich aus Selbstbezugnahmen hervorbringen. Eine solch dunkle Redeweise, mit der wir oben geliebäugelt haben, können wir getrost verabschieden. Es ist ein wesentliches Moment der dynamischen Praxis der Kunst, dass diejenigen, die Kunstwerke produzieren oder rezipieren, nicht einfach die Gegenstände bestimmen, sondern sie so gestalten beziehungsweise so mit ihnen umgehen, dass diese Gegenstände ein selbstbezügliches Moment entfalten. In Produktion und Rezeption wird eine Praxis mit diesen Gegenständen etabliert, in der ihr herausforderndes Moment zum Tragen kommt. Dieses wiederum ist dadurch konstituiert, dass die Gegenstände durch vielfältige selbstbezügliche Operationen eine interne Dynamik realisieren. Letztere setzt wiederum innerhalb der Praxis insgesamt eine Dynamik frei, in der Produzierende und Rezipierende mit Kunstwerken interagieren. Wer ein Kunstwerk in irgendeiner Weise zum Subjekt erklärt, verabschiedet den gegenstandsorientierten Ansatz in der Ästhetik nicht konsequent, da er weiterhin mit dem Gedanken liebäugelt, Kunstwerke seien aus sich heraus zu fassen. Kunstwerke sind Gegenstände, die erst im Rahmen der Dynamik, in der sie stehen, zu begreifen sind. Es gibt sie nicht unabhängig von der mit ihnen entwickelten Praxis der Reflexion.

Nachdem uns der für Kunst charakteristische dynamische Zusammenhang somit in Grundzügen vor Augen steht, können wir die von Rezipierenden entfalteten Aktivitäten noch etwas genauer beleuchten. Ich bezeichne sie als *interpretative Aktivitäten*, da sie zu einem ›praktischen‹ Verständnis der Konfiguration eines Werks führen.[32] Im Falle neuer Farb- und Materialverwendungen in Gemälden offenbaren zum Beispiel die Wahrnehmungsaktivitäten ihren interpretativen Aspekt. Rezipierende müssen sich hier auf spezifische Farblichkeiten und Malweisen einstellen, so dass sie nicht einfach Farben und Farbauftragskonstellationen sehen, von denen sie affiziert werden, sondern vielmehr eigene Aktivitäten des Sehens entfalten müssen, die sich auf die spezifischen Farblichkeiten und Malweisen einstellen. Solche Aktivitäten sind mit Kreativität verbunden – mit experimentellen Umgangsweisen, mit neuen Ansatzpunkten und dergleichen. In diesem Sinn sind rezeptive Aktivitäten als interpretative Praktiken zu begreifen.

Als eine interpretative Aktivität in der Auseinandersetzung mit Kunstwerken begreife ich eine Praxis, die eine Konfiguration von Elementen in einem Kunstwerk dadurch nachvollzieht, dass sie diese Konfiguration artikuliert. Ich charakterisiere die Auseinandersetzung mit einem Kunstwerk deswegen als eine Artikulation, weil es in einer solchen Auseinandersetzung darum geht, eigene Aktivitäten an den Zusammenhängen in dem Kunstwerk zu orien-

32 An anderer Stelle habe ich von »verstehenden Auseinandersetzungen mit Kunstwerken« gesprochen (vgl. Georg W. Bertram: »Was die Kunst der Philosophie zu denken gibt«, in: *Allgemeine Zeitschrift für Philosophie* 34 [2009], S. 79-97, hier: S. 86-89). Ich bin in der weiteren Ausarbeitung entsprechender Erläuterungen zu der Auffassung gekommen, dass hier ein allgemeiner Begriff der Interpretation richtig ist, und spreche aus diesem Grund nun von interpretativen Aktivitäten.

tieren. Die Rede von interpretativen Aktivitäten ist allerdings noch zu pauschal. Es gilt, genauer zu überlegen, mit welchen Praktiken Rezipierende Konstellationen von Kunstwerken artikulieren. Zwei Fragen stehen diesbezüglich im Vordergrund. Erstens: Um welche Aktivitäten geht es beziehungsweise welche Aktivitäten lassen sich als interpretative Aktivitäten begreifen? Zweitens: Wie verhalten sich die Aktivitäten zu den Konstellationen in einem Kunstwerk beziehungsweise sind die Aktivitäten als subjektive Reaktionen auf diese Konstellation zu begreifen?

Die erste Frage gehe ich dadurch an, dass ich vier Typen rezeptiver Aktivitäten schematisch unterscheide: leibliche, perzeptive, emotionale und symbolische.[33] Mit all solchen Aktivitäten artikulieren Rezipierende die Konstellationen von Kunstwerken. Jeweils handelt es sich um Praktiken, die Rezipierende angesichts der Herausforderung durch Kunstwerke entwickeln. Da es den Rahmen dieses Buches sprengen würde, die genannten Typen von Praktiken umfassender zu analysieren, ist es hier allein mein Ziel, die funktionale Verwandtschaft dieser Praktiken verständlich zu machen, die in der ästhetischen Diskussion häufig übersehen wird. Als Interpretation von Kunstwerken gilt zumeist primär ihre sprachliche Artikulation und diese wird als distanzierte kognitive Auseinandersetzung mit einem Kunstwerk begriffen. Eine solche Einschätzung ist zwar verbreitet, aber in doppelter Weise problematisch: Erstens ist eine sprachliche Interpretation eines Kunstwerks nicht als eine distanzierte kognitive Auseinandersetzung zu begreifen. Eine Interpretation kann nämlich nur gelingen, wenn eine Rezipientin sich mit ihren sprachlichen Artikulationen auf die Konfiguration des Kunstwerks einlässt, wenn sie dieser Konfiguration trotz aller Eigenständigkeit der Aktivitäten und Perspektiven auch folgt. Zweitens ist eine entsprechende sprachliche Artikulation nur ein Typ

33 Diese Typologie ist nicht auf Vollständigkeit angelegt. Sie soll nur unterschiedliche wichtige Aktivitäten versammeln. Es mag sinnvoll sein, diese unter anderem durch Aktivitäten der Einbildungskraft zu ergänzen: Solche Aktivitäten kommen möglicherweise beim Lesen von Literatur ins Spiel (vgl. z. B. Wolfgang Iser, »Akte des Fingierens oder Was ist das Fiktive im fiktionalen Text«, in: Dieter Henrich und Wolfgang Iser [Hg.], *Funktionen des Fiktiven*, München 1983, S. 121-151). Es kann aber auch sinnvoll sein, interpretative Aktivitäten insgesamt als Aktivitäten der Einbildungskraft zu begreifen und so den praktischen Charakter von Einbildungskraft weiter zu klären (vgl. hierzu die Überlegungen zur Einbildungskraft in Kapitel 2, Abschnitt 3). Ich lasse dies hier offen.

von Praktiken, die in dieser Weise ein Kunstwerk artikulieren. Um einen vollen Begriff dieser Praktiken zu gewinnen, müssen sprachliche Interpretationen im Zusammenhang mit anderen Praktiken betrachtet werden.

(1) Üblicherweise übergangen werden in der Erläuterung von Interpretationen leibliche Aktivitäten. Dennoch spielen diese in der Auseinandersetzung mit vielen Kunstwerken eine zentrale Rolle. Leibliche Aktivitäten sind nicht kunstferne Grundlagen der Auseinandersetzung mit Kunst, sondern Elemente einer solchen Auseinandersetzung. Typischerweise zum Tragen kommen sie bei der Rezeption von Musik, aber auch von Plastiken und Werken der Architektur. Die interpretative Auseinandersetzung mit einem Musikstück geschieht vielfach durch einfaches rhythmisches Bewegen der Finger oder der Hände, durch Wippen des Oberkörpers oder durch Tippen mit den Füßen. Eine andere verbreitete Form ist der Tanz, der genauso wie die zuvor genannten Praktiken rhythmische Konstellationen der Musik, aber auch Verhältnisse von Harmonien zueinander oder Verläufe von Melodien artikuliert. Die Auseinandersetzung mit Skulpturen oder Werken der Architektur bringt ähnliche Formen der Bewegung hervor: Rezipierende tanzen zwar hier nicht, gehen aber doch mehr oder weniger rhythmisch artikulierend um Objekte herum oder durch Gebäude hindurch. Jeweils werden die Bewegungen der Rezipienten von den Konstellationen der Werke so orientiert, dass die Bewegungen die Werke artikulieren.

(2) Anders als leibliche Aktivitäten werden Perzeptionen in der Explikation der Auseinandersetzung mit Kunstwerken immer berücksichtigt. Allerdings wird oftmals der aktive Charakter von Wahrnehmungen[34] nicht angemessen zur Geltung gebracht; sie werden, ob implizit oder explizit, zumeist als passive Zustände gedacht, was ihnen aber nicht gerecht wird. Gerade in der Auseinandersetzung mit Kunstwerken zeigen Wahrnehmungen ein besonders aktives Moment. Sie werden entwickelt und geschult. Wahrnehmungsaktivitäten sind bei der Auseinandersetzung mit allen Künsten im Spiel und sie sind für die Künste charakteristisch. Sowohl in der Auseinandersetzung mit Musik als auch in der Auseinandersetzung mit Architektur müssen Formen des Hörens praktiziert werden, in

34 Vgl. hierzu die Überlegungen von Alva Noë, *Action in Perception*, Cambridge, Mass. 2004.

der Auseinandersetzung mit Skulpturen etwa Formen des Sehens, aber auch des tastenden Spürens (auch ohne ein Kunstwerk direkt zu berühren). Kunstwerke fordern das Sehen, Spüren und Hören heraus. Sie fordern Wahrnehmungsaktivitäten, mit denen Rezipierende den Konfigurationen der jeweiligen Werke folgen.

(3) Eine weitere Form von Aktivitäten ist in jüngerer Zeit zunehmend Gegenstand theoretischer Erkundung geworden. Rezipierende sind in der Auseinandersetzung mit Kunstwerken immer wieder auch in ihren emotionalen Aktivitäten gefordert, und dies insbesondere bei narrativen Kunstwerken.[35] Wer einen Roman liest oder einen Film sieht, muss sich emotional involvieren, um zu verstehen, womit sie oder er sich auseinandersetzt. Dies wird besonders deutlich, wenn Rezipierende mit etwas anderem beschäftigt sind. Wen anderweitige Geschehnisse in Beschlag nehmen, kann dadurch daran gehindert sein, sich auf das Kunstwerk einzulassen. Sie oder er entfaltet dann nicht die für das Verständnis des Kunstwerks erforderlichen Aktivitäten emotionaler Natur. Rezipierende verstehen das Kunstwerk dadurch, dass sie ihm als einer Konfiguration folgen, die durch solche Aktivitäten artikuliert werden muss. Sie empfinden zum Beispiel mit einer Protagonistin, empören sich über das Verhalten einer anderen Figur, geraten in Sorge oder erstarren vor Angst. Solche emotionalen Reaktionen müssen als eigenständige Aktivitäten Rezipierender begriffen werden und stellen damit eine spezifische Form der Interpretation von Kunstwerken dar.

(4) Als Interpretationen werden, wie bereits gesagt, üblicherweise symbolische, insbesondere sprachliche Aktivitäten gewürdigt, wobei der artikulative Aspekt dieser Aktivitäten in Bezug auf die Kunstwerke übergangen zu werden droht. Rezipierende folgen Kunstwerken vielfach durch sprachliche Artikulationen oder sie folgen ihnen, im Falle von Musik, durch Mitsingen oder andere Formen der stimmlichen Artikulation. Solche symbolischen Aktivitäten werden oftmals im Kontrast zu Wahrnehmungen begriffen. Dies aber ist irreführend, denn auch die sprachliche Interpretation ist ein Moment der Auseinandersetzung mit einem Kunstwerk. Wir entwickeln in der Auseinandersetzung mit einem Kunstwerk

35 Emotionale Aktivitäten kommen auch beim Hören von Musik ins Spiel; vgl. z. B. Susanne K. Langer, *Philosophie auf neuem Wege. Das Symbol im Denken, im Ritus und in der Kunst*, Frankfurt/M. 1984, Kapitel 8.

sprachliche Äußerungen und ein (möglicherweise komplexes) Vokabular, mittels deren wir die Zusammenhänge in einem Kunstwerk artikulieren. Entsprechende Äußerungen und Vokabulare sind – wie gerade ein Blick auf die Künstewissenschaften (die Filmwissenschaft, die Literaturwissenschaften, die Kunstgeschichte etc.) deutlich macht, in denen sprachliche Artikulationen von Kunstwerken in einer sehr komplexen Weise kultiviert und diszipliniert werden – sehr spezifisch für unterschiedliche Künste, Epochen, Künstler und Werke. Für viele der wichtigen Prädikate, mit denen wir Kunstwerke sprachlich artikulieren, ist es dabei charakteristisch, dass sie ausschließlich auf einzelne Aspekte von Kunstwerken bezogen sind.[36] Genau in diesem Sinn sind sie als Elemente sprachlich-interpretativer Auseinandersetzungen mit Kunstwerken zu begreifen.

Die sprachliche Artikulation der Konstellationen im Kunstwerk ist, wie ich deutlich machen will, nur als *eine* interpretative Aktivität *unter anderen* zu verstehen. Wir bekommen all diese Aktivitäten nur mit einem Begriff der artikulierenden interpretativen Aktivität theoretisch in den Griff, indem wir zum Beispiel sprachliche Artikulationen als einen Typ von interpretativen Aktivitäten insgesamt begreifen und damit einseitige Verständnisse der von Kunstwerken provozierten Aktivitäten überwinden. Solche einseitigen Verständnisse sind in der Ästhetik weit verbreitet. Sie liegen überall dort vor, wo man Kunstwerke primär als besondere Gegenstände sinnlicher Wahrnehmung[37] oder sprachlicher Interpretation[38] begreift. Aber auch die leiblichen Aktivitäten können einseitig in den Vordergrund gerückt werden. So hat zum Beispiel Matthias Vogel den – in unserem Kontext erhellenden und anschlussfähigen – Vorschlag

36 Vgl. hierzu Frank Sibley, »Ästhetische Begriffe«, in: Rüdiger Bittner und Peter Pfaff (Hg.), *Das ästhetische Urteil*, Köln 1977, S. 87-110.

37 Der in der Gegenwartsdiskussion am weitesten ausgearbeitete Ansatz, sinnliche Wahrnehmungen als primäre interpretative Aktivitäten zu begreifen, findet sich in: Martin Seel, *Ästhetik des Erscheinens*, München 2000.

38 Ein entsprechender Ansatz lässt sich Arthur Danto zuschreiben, zumindest wenn man sich auf Aussagen wie die bereits in Kapitel 1 zitierte stützt: »Diese Überlegungen zeigen gerade, daß ein innerer Zusammenhang besteht zwischen dem Status eines Kunstwerks und der Sprache, mit der Kunstwerke als solche identifiziert werden, insofern nichts ein Kunstwerk ist ohne eine Interpretation, die es als solches konstituiert.« (Arthur C. Danto, *Die Verklärung des Gewöhnlichen. Eine Philosophie der Kunst*, Frankfurt/M. 1993, S. 208.)

gemacht, die Aktivitäten in der Auseinandersetzung mit Kunstwerken insgesamt mit dem Begriff des Nachvollzugs zu fassen.[39] Am Beispiel der Musik, an dem dieser Vorschlag entwickelt ist, besagt dies: Primär in der Auseinandersetzung mit einem Kunstwerk sind Aktivitäten des Nachspielens, Nachsingens und des leiblichen Nachvollzugs. Auch wenn dieser Vorschlag den aktiven Charakter der Interaktion mit Kunstwerken zu Recht betont, bleibt er doch zu eng. Erstens übergeht er andere Formen von Aktivitäten als genuine Artikulationen von Kunstwerken und zweitens trägt er dem eigenständigen Charakter interpretativer Aktivitäten zu wenig Rechnung. Vogel geht davon aus, dass die Artikulation immer in der Form von Reproduktion vonstattengeht. Das Mitspielen in der Praxis mit Kunstwerken kann sich aber auch durch Aktivitäten ereignen, die ein Kunstwerk in anderer Art und Weise artikulieren, als dass sie es reproduzieren. In ihren unterschiedlichen interpretativen Aktivitäten setzen Rezipierende immer wieder eigenständig an. Diese Eigenständigkeit und die Vielfalt[40] sind wesentlich für interpretative Aktivitäten.

Kunstwerke lassen sich unterschiedlich und unterschiedlich intensiv artikulieren. Eine komplexe kontrapunktische Musik kann mittels einfacher leiblicher Aktivitäten artikuliert werden, lässt sich aber auch durch Aktivitäten des Hörens und der symbolischen Artikulation (zum Beispiel der sprachlichen Interpretation kontrapunktischer Zusammenhänge) erschließen. Die Vielfalt interpretativer Aktivitäten erklärt auch, dass es sehr unterschiedliche Auseinandersetzungen mit Kunstwerken geben kann. Kinder gehen, das ist trivialerweise wahr, mit Kunstwerken anders um als Erwachsene. Aber auch eine Musikexpertin, die über sehr verfeinerte

39 Vgl. bes. Matthias Vogel, »Nachvollzug und die Erfahrung musikalischen Sinns«, in: Alexander Becker und Matthias Vogel (Hg.), *Musikalischer Sinn. Beiträge zu einer Philosophie der Musik*, Frankfurt/M. 2007, S. 314-368; vgl. auch Matthias Vogel, *Medien der Vernunft. Eine Theorie des Geistes und der Rationalität auf Grundlage einer Theorie der Medien*, Frankfurt/M. 2001, S. 212-226.

40 Dabei kann auch Wittgenstein mit seinen Überlegungen zum Verstehen von Musik Pate stehen, der immer wieder auf die Vielfalt interpretativer Aktivitäten zu sprechen kommt. So zum Beispiel in folgender Notiz: »Das Verstehen und die Erklärung einer musikalischen Phrase. – Die einfachste Erklärung ist manchmal eine Geste; eine andere wäre etwa ein Tanzschritt, oder Worte, die einen Tanz beschreiben. – [...].« (Ludwig Wittgenstein, »Vermischte Bemerkungen«, in: *Werkausgabe*, Band 8, Frankfurt/M. 1984, S. 548.)

Aktivitäten in der Auseinandersetzung mit Musikstücken verfügt, kann über sich feststellen, dass sie Gemälde nur mittels recht grober Aktivitäten zu erschließen vermag. Zweifelsohne lassen sich manche Herausforderungen von Kunstwerken nur erschließen, wenn Rezipierende ihnen mit verfeinerten Aktivitäten begegnen. Dies heißt aber nicht, dass man nur mittels solcher Aktivitäten den Konstellationen in einem Kunstwerk folgen kann. Jede Form der Artikulation vermag dies.

6. Interpretative Aktivitäten und die Objektivität der Kunst

Wir haben damit einen ersten Begriff der Unterschiedlichkeit von Aktivitäten in der Auseinandersetzung mit Kunstwerken gewonnen. Auch wenn dieser Begriff mit den zurückliegenden Ausführungen noch lange nicht erschöpft ist, ist er doch so weit konturiert, dass wir nun die zweite der oben genannten Fragen angehen können: Wie verhalten sich die Aktivitäten zu den in Kunstwerken realisierten Konstellationen? Ich habe bislang immer wieder gesagt, dass die Kunstwerke die Aktivitäten leiten, und ihnen aus diesem Grund einen mimetischen Charakter zugeschrieben. Mit Adorno kann ich auch davon sprechen, dass es in der Auseinandersetzung mit einem Kunstwerk zu einer Erfahrung von einem »Vorrang des Objekts«[41] kommt. Der Vorrang besteht darin, dass das Objekt aus sich heraus Konfigurationen vorgibt, von denen Praktiken geleitet werden. Wir haben aber in der Zwischenzeit gesehen, dass damit nicht alle Dynamik vom Objekt ausgeht. Es bedarf vielmehr interpretativer Aktivitäten, die im Zusammenspiel mit den selbstbezüglichen Bestimmungen von Kunstwerken die Dynamik mit entfalten. Insofern ist die Rede von einem Vorrang des Objekts irreführend. Sie darf nicht so verstanden werden, dass ein Objekt sich als solches Subjekten gegenüber durchsetzt, sondern ist so zu verstehen, dass sie eine Dynamik bezeichnet, die auch an Praktiken gebunden ist. Letztere gewinnen ihre Eigenarten nicht aufgrund eigener Routinen und Entscheidungen des Subjekts, sondern aus der Auseinandersetzung mit selbstbezüglich konstituierten Objek-

41 Adorno, *Ästhetische Theorie*, z. B. S. 166.

ten heraus. Die selbstbezügliche Verfasstheit von Kunstwerken ist in diesem Sinn dynamischer Natur.

So weit habe ich noch einmal die bereits gewonnenen Bestimmungen rekapituliert. Diese Erläuterung des Zusammenhangs von Konstellationen des Kunstwerks und interpretativen Aktivitäten kann ich nun unter Rekurs auf Überlegungen John McDowells schärfen, in denen er die Objektivität ästhetischer Werteigenschaften verteidigt.[42] Solche ästhetischen Werteigenschaften sind zum Beispiel der Spannungsreichtum, die Ausgewogenheit, die Offenheit oder der fragmentarische Charakter eines Kunstwerks. McDowells Vorhaben lässt sich in unseren Kontext übertragen, wenn wir sagen, dass die selbstbezügliche Konstitution der Beziehungen in Kunstwerken die Grundlage ihrer ästhetischen Werteigenschaften ist: Inwiefern sind interpretative Aktivitäten an Beziehungen in Kunstwerken als an Zusammenhängen, die von den Aktivitäten der Rezipierenden unabhängig sind, orientiert? McDowell argumentiert in Bezug auf diese Frage gegen Positionen, die ästhetische Werteigenschaften als subjektive Projektionen begreifen, und verteidigt so die These, dass diese Eigenschaften in den Werken gefunden werden.

Mit seinen Überlegungen zielt McDowell im Kern darauf, ein naheliegendes Vorurteil zu erschüttern: dass objektiv nur das ist, was die Naturwissenschaften als natürlich begreifen. Aus McDowells Sicht ist es aber wichtig, zu überlegen, welche Voraussetzungen mit einem solchen Verständnis von Objektivität verbunden sind. Zentral, so seine Analyse, ist die Voraussetzung, es gebe einen transparenten Zugang zur Beschaffenheit der Welt.[43] Wer einen transparenten Zugang zur Welt behauptet, muss die Transparenz von möglichen Eintrübungen unterscheiden. Einem getrübten Blick wird nicht die Beschaffenheit der Welt als solche zugänglich, sondern diese Beschaffenheit aus einer bestimmten Perspektive. Wenn man zu einem transparenten Zugang zur Beschaffenheit der Welt gelangen will, muss man also jede eigentümliche Perspektive, die die Transparenz trübt, abziehen. Diejenigen Aspekte des Zugangs zur Welt müssen herausgearbeitet werden, die den Blick

42 Vgl. zum Folgenden insgesamt John McDowell, »Ästhetische Werte, Objektivität und das Gefüge der Welt«, in: *Wert und Wirklichkeit*, Frankfurt/M. 2002, S. 179-203.

43 Vgl. ebd., S. 190.

auf die Beschaffenheit der Welt, wie sie an sich ist, trüben. Worin bestehen solche Aspekte? Sie gehören zur Perspektive derjenigen, die sich erkennend mit der Welt auseinandersetzen, kurz gesagt: zu einer subjektiven Perspektive. Nun stellt sich die Frage, was eine solche subjektive Perspektive ist. Und genau auf diese Frage haben, so McDowell, diejenigen Positionen, die Objektivität an die Natur im Sinne der Naturwissenschaften binden, keine verständliche Antwort mehr. Sie müssen sagen, dass eine subjektive Perspektive subjektiv und objektiv zugleich ist. Einerseits ist sie ohne Zweifel subjektiv: Sie gehört nicht zur Beschaffenheit der Welt, wie sie an sich ist. Andererseits muss sie aber auch als objektiv begriffen werden, da sie sich ja von der Beschaffenheit der Welt, wie sie an sich ist, unterscheiden lässt. Wenn die Operation, einen verstellenden Blick auf die Beschaffenheiten der Welt von einem unverstellten Blick zu unterscheiden, tatsächlich einen unverstellten Blick begründen soll, muss dieser Unterschied objektiver Natur sein.

McDowell argumentiert in dieser Weise für die These, dass die Unterscheidung zwischen einer getrübten und einer ungetrübten Perspektive auf die Beschaffenheit der Welt, wie sie an sich ist, nicht konsistent getroffen werden kann. Die Versuche, diese Unterscheidung zu treffen, zeigen, dass das Subjektive nicht als vom Objektiven abgegrenzt verstanden werden kann. Das Subjektive muss, so folgert McDowell, entsprechend so verstanden werden, dass es mit dem Objektiven konstitutiv verbunden ist. Dasjenige, was uns mit einer subjektiven Färbung in der Welt begegnet, gehört demnach mit zur Beschaffenheit der Welt. Dem damit erreichten korrigierten Verständnis von Objektivität zufolge gehört zur Welt Objektives in einem viel weiteren Sinn, als die von McDowell kritisierten Positionen uns glauben machen wollen. Vieles, was im Rahmen eines naturwissenschaftlichen Weltbilds als subjektiv davon ausgeschlossen wird, gehört, so McDowell, zum Gefüge der Welt. Er schließt aus diesen Überlegungen, dass wir in verständlicher Weise sagen können, ästhetische Werteigenschaften würden direkt wahrgenommen (was nicht heißt, dass nicht vielfach Übung und Kenntnisse erforderlich sind, um solche Wahrnehmungen zu machen). Und er vertritt die These, dass ästhetische Werteigenschaften aus diesem Grund als Bestandteile im Gefüge der Welt zu begreifen sind.

McDowell korrigiert damit in einer Art und Weise, die wir als hermeneutisch charakterisieren können, unser Verständnis der

Welt. Zur Welt gehören – so McDowell in der Tradition Hegels, Heideggers und Gadamers – auch Gegenstände und Eigenschaften, die einen subjektiven Charakter haben. In Bezug auf Kunstwerke, mit denen Rezipierende sich auseinandersetzen, heißt dies: Kunstwerke konfrontieren Rezipierende mit Zusammenhängen, die zur Beschaffenheit der Welt gehören und in diesem Sinn unabhängig von ihnen Bestand haben. Rezipierende entdecken diese Zusammenhänge in der Auseinandersetzung mit Kunstwerken – sie erfinden sie nicht.

Eine solche Verteidigung der Objektivität ästhetischer Werteigenschaften weist aus der Perspektive der bislang entwickelten Explikation von Kunst zwar in die richtige Richtung, reicht aber noch nicht aus. McDowell betont zu Recht, dass wir objektiv mit ästhetischen Werteigenschaften – also mit Momenten der Konfigurationen von Kunstwerken, die diese für uns wertvoll machen – konfrontiert sind. Interpretative Aktivitäten können wir nur dadurch entwickeln, dass uns Strukturen herausfordern. Wenn sie uns keinen Widerstand bieten, gibt es auch nichts, woran sich unsere leiblichen Bewegungen oder unsere Wahrnehmungen entwickeln können. Dieses richtige Moment wird aber von McDowell zu einseitig gefasst, da er ästhetische Erfahrungen zu passivisch beziehungsweise zu rezeptiv versteht. Sie sind aber, wie wir gesehen haben, konstitutiv an vielfältige Aktivitäten gebunden, die Rezipierende in der Auseinandersetzung mit Kunstwerken entfalten. Die Werteigenschaften von Kunstwerken müssen demnach interpretativ erschlossen werden.

Nun kann man einwenden, dass McDowell zwar möglicherweise das rezeptive Moment ästhetischer Erfahrungen betont, dass er aber durchaus die Verbindung der rezeptiv an Kunstwerken gemachten Entdeckungen mit Aktivitäten der Rezipierenden zugesteht, also die Relevanz von Aktivitäten nicht leugnet.[44] Das ist richtig, ändert aber nichts daran, dass in seiner Konzeption entsprechende Aktivitäten einen zu einseitig rezeptiven Charakter zugesprochen bekommen. McDowell suggeriert, dass mögliche rezeptive Aktivitäten durch die in einem Kunstwerk realisierten

44 Man kann an diesem Punkt darauf verweisen, dass McDowell mit Kant immer wieder das Zusammenspiel von Verstandesaktivitäten und rezeptiver Sinnlichkeit betont. Vgl. hierzu insgesamt John McDowell, *Geist und Welt*, Frankfurt/M. 2001.

Werteigenschaften festgelegt werden. Wir haben nun aber gesehen, dass eine solche Suggestion irreführend ist, da sie dem herausfordernden Charakter von Kunstwerken als dynamischen Gegenständen nicht Rechnung trägt. Wenn wir die Relevanz von Aktivitäten in der Auseinandersetzung mit Kunstwerken betonen, dann müssen wir zugleich betonen, dass diese Aktivitäten nicht einfach durch Kunstwerke festgelegt sind. Kunstwerke geben den Aktivitäten nicht einfach Strukturen vor, die in den Aktivitäten reproduziert werden. Zu ihnen gehört vielmehr eine eigene Produktivität Rezipierender, die mit Kreativität, Marotten und anderem zusammenhängt. Erst durch diese eigene Produktivität gewinnt die Konfiguration eines Kunstwerks in den Aktivitäten von Rezipierenden einen Widerpart, der wesentlich für das Zustandekommen der Dynamik ist, zu der, wie ich mit Gadamer gesagt habe, das Mitspielen der Rezipierenden gehört. Die Herausforderung, die das Kunstwerk für Rezipierende bedeutet, kann sich so in immer wieder neuen und neu ansetzenden Aktivitäten seitens Rezipierender niederschlagen. Erst mit diesen Aktivitäten kommt die Dynamik, in der ein Kunstwerk steht, in Gang. Die Konfiguration eines Kunstwerks verlangt eine immer neue Bestimmung und ist so in ihrer Dynamik angewiesen auf die artikulierenden Aktivitäten von Rezipierenden.

Für McDowell sind Werteigenschaften in ihrer Objektivität immer bereits als solche bestimmt. Diese Festlegung ist problematisch, denn sie nimmt uns jeden Spielraum, der Dynamik von Kunst Rechnung zu tragen, zu der es gehört, dass die Werteigenschaften von Kunstwerken auf einen Horizont von Unbestimmtheit bezogen sind. Die Bestimmtheit der Werteigenschaften ist immer auf Unbestimmtheit bezogen, was sich in der Auseinandersetzung mit Kunstwerken darin niederschlägt, dass diese Bestimmtheit immer wieder neu ausgehandelt wird. Genau dies erläutert McDowell nicht in angemessener Weise. Die Objektivität ästhetischer Werteigenschaften muss also anders verstanden werden, als McDowell es vorschlägt. Sie besteht nicht in einer gegebenen Bestimmtheit, mit der Rezipierende konfrontiert wären, sondern darin, dass die Werteigenschaften von Kunstwerken immer wieder Neubestimmungen evozieren. Diese Werteigenschaften von Kunstwerken sind in dem Sinne objektiv, dass von ihnen ein dynamisches Geschehen ausgeht. Die Objektivität von Kunstwerken liegt in dem stets neuen und nicht zu kontrollierenden Anstoß, den Praktiken in der Auseinandersetzung mit einem Kunstwerk durch dieses erhalten. Sie wird missverstanden, wenn man sie an einen direkten Zugang durch Wahrnehmungen bindet.[45]

An diesem Punkt können wir noch einmal auf Goodmans Erläuterungen zurückkommen, indem wir sagen: Ein Kunstwerk zeigt nicht einfach etwas Feststehendes an. Es ist nicht wie ein Seismogramm, auf dem jedes noch so kleine Moment des Kurvenverlaufs immer noch genauer geklärt werden kann.[46] Ein skalenloses Seismogramm ist ein statischer Gegenstand, der zwar beliebig genau abgelesen werden kann, aber dabei nicht Teil eines dynamischen Geschehens ist. Ein Kunstwerk hingegen ist ein Gefüge, das sich in selbstbezüglicher Weise konstituiert. Aus dieser Konstitution heraus entfaltet es eine Dynamik, in der es auf stete Weiterentwicklungen angelegt ist. Diese Weiterentwicklungen finden in den Artikulationen statt, die diejenigen hervorbringen, die sich mit dem Kunstwerk auseinandersetzen. So ist ein Kunstwerk konstitutiv mit den Auseinandersetzungen verbunden, die es provoziert. Das hat zur Folge, dass diese Auseinandersetzungen sich ihrerseits auch immer weiterentwickeln und grundsätzlich an kein Ende kommen.

Die Unbegrenztheit der Auseinandersetzung mit einem Kunstwerk hat damit eine entscheidende Dimension: Ein Kunstwerk entwickelt sich durch die an ihm entwickelten interpretativen Aktivitäten weiter. Und es verändert sich durch diese Aktivitäten. So setzen wir uns heute mit einem Gemälde von Velásquez oder mit einem Musikstück von Monteverdi aus einer Tradition interpretativer Aktivitäten heraus auseinander. Vielfältige interpretative Aktivitäten haben sich an diesen Werken niedergeschlagen. Dies bedeutet, dass neue interpretative Aktivitäten ein Werk nur in Auseinandersetzung mit denjenigen Aktivitäten artikulieren können, die das Werk bereits artikulieren. Das Werk ist konstitutiv mit der Geschichte der ihm geltenden Artikulationen verbunden. Gadamer hat für diese Zusammenhänge den Begriff der *Wirkungsgeschichte*

45 Vgl. hierzu und weitergehend unten, S. 204.

46 Goodman erläutert die syntaktische Dichte immer wieder so, dass er auf analoge Anzeigegeräte wie skalenlose Thermometer verweist. Vgl. Goodman, *Sprachen der Kunst*, S. 212-214.

eingeführt.[47] Ein Kunstwerk ist, so macht er damit klar, nicht ein sich stets gleich bleibender selbstbezüglich konstituierter Gegenstand. Es handelt sich um einen Gegenstand, zu dessen Dynamik die ihn artikulierenden Aktivitäten als historisch ausgebildete und sich historisch entwickelnde Aktivitäten gehören.

Diese Zugehörigkeit interpretativer Aktivitäten zur Dynamik der Beziehungen und Elemente im Kunstwerk lässt sich wiederum gut am Paradigma der Improvisation begreifen. Bei einer Improvisation werden, so habe ich im letzten Abschnitt gesagt, Elemente von den Improvisierenden immer wieder aufgegriffen und weiterentwickelt. So kommt es zu wechselseitigen Bezugnahmen, in denen sich die selbstbezügliche Konfiguration der Improvisation fortschreibt. Diesen Gedanken können wir auch für die Rezeption anderer Kunstwerke fruchtbar machen: Die interpretativen Aktivitäten, die Rezipierende in Auseinandersetzung mit einem Kunstwerk entwickeln, haben einen gewissermaßen improvisatorischen Charakter. Sie führen die Beziehungen des Kunstwerks fort. Spätere Rezeptionen gleichen somit späteren Einsätzen in einer Improvisation, indem sie den selbstbezüglichen Komplex, der von dem Kunstwerk seinen Ausgang nimmt, weiterentwickeln. In einer Improvisation ist es für einen Musiker schon nach sehr kurzer Zeit nicht möglich, so zu spielen, als sei noch nichts geschehen. Dies gilt auch für eine interpretative Aktivität. Auch sie steht in einem Zusammenhang interpretativer Auseinandersetzungen – mit Hegel, Gadamer und anderen gesagt: in einem historsch-kulturellen Zusammenhang.

Den wirkungsgeschichtlichen Zusammenhang, in dem Kunstwerke rezipiert werden, kann man gut anhand musikalischer Interpretationspraktiken erläutern. So ist zum Beispiel die Musik des Barock im 19. Jahrhundert durch romantische Interpretationspraktiken geprägt worden. Thematische Linien wurden in großen Bögen und in entsprechender dynamischer Ausgestaltung aufgeführt. Solche Interpretationspraktiken haben die Barockmusik verändert. Romantische Interpretationspraktiken sind in der zweiten Hälfte des 20. Jahrhunderts durch sogenannte historische Interpretationspraktiken kritisiert worden. Dabei wurden zum Beispiel neue klangliche und dynamische Gestaltungsweisen etabliert. Wiederum wur-

47 Vgl. Gadamer, *Wahrheit und Methode*, S. 305-312.

de dadurch die Barockmusik verändert. Aktuelle Interpretationen müssen sich zu diesen Gestaltungsweisen verhalten. Sie können weder ungebrochen an eine romantische Interpretationspraxis noch ungebrochen an eine historische Interpretationspraxis anschließen. In dieser Weise exemplifizieren musikalische Interpretationspraktiken wirkungsgeschichtliche Zusammenhänge. Sie zeigen die Veränderung von Kunstwerken durch interpretative Aktivitäten. Und sie zeigen, dass Kunstwerke nur mittels etablierter interpretativer Aktivitäten zugänglich sind.

Was sich hier an musikalischen Interpretationspraktiken zeigt, gilt auch für perzeptive, leibliche und symbolische Aktivitäten in der Auseinandersetzung mit Kunstwerken. Auch sie stehen in historisch-kulturellen Zusammenhängen von Aktivitäten, die von einem Kunstwerk ausgehen. Gadamer erläutert das wirkungsgeschichtliche Moment dieser Dynamik in Bezug auf die von ihm betrachteten Verständnisse, die ein Gegenstand im Laufe dieser Dynamik gewinnt: Immer geben bereits gewonnene Verständnisse demnach vor, »was sich uns als fragwürdig und als Gegenstand der Erforschung zeigt«.[48] Diesen Begriff können wir verallgemeinern, indem wir sagen: Immer geben bereits entwickelte Aktivitäten vor, was an Kunstwerken oder an ästhetischen Geschehnissen als artikulationswürdig und als Gegenstand der Erkundung gilt. Die Konstellation in einem Kunstwerk ist immer bereits durch Artikulationen vermittelt, die nicht nur in Bezug auf Wahrnehmungen, sondern auch in Bezug auf andere Aktivitäten die nachfolgenden Auseinandersetzungen mit diesem Kunstwerk prägen.

Die Auseinandersetzungen zeigen so ein genuin plurales Moment. Rezipierende stehen niemals nur in einzelnen Auseinandersetzungen mit einem Kunstwerk. Immer haben wir es mit einer Rezeption unter vielen und einem Kunstwerk unter vielen zu tun. Rezipierende knüpfen dabei nicht nur aneinander an, sondern setzen sich auch kritisch mit Rezeptionen auseinander. Wie das Beispiel der musikalischen Interpretationspraxis deutlich macht, gibt es im Zusammenspiel von Rezeptionen immer wieder auch Konflikte. Solche Konflikte werden uns im nächsten Kapitel noch ausführlicher beschäftigen. Sie machen die genuine Pluralität von Rezeptionen begreiflich. Kunstwerke entwickeln sich immer in einem

48 Ebd., S. 305 f.

pluralen Geschehen fort. Interpretative Aktivitäten sind in diesem Sinn als Fortsetzung der Dynamik von Kunstwerken zu verstehen, die als diese Fortsetzung zu den Kunstwerken gehören.[49] Diese Dynamik gehört zum Gefüge der Welt.

Allerdings können wir diese Zugehörigkeit auf Basis dessen, was ich bislang entwickelt habe, noch nicht richtig verstehen. Wir müssen die Schwächen eines Ansatzes à la McDowell noch weiter herausarbeiten, als ich es bislang getan habe. Ästhetische Werteigenschaften sind nicht einfach als solche Teil der gegenständlichen Welt, mit der wir uns auseinandersetzen, sondern Teil eines dynamischen Zusammenhangs, in dem sie mit interpretativen Aktivitäten stehen. Die wirkungsgeschichtliche Struktur dieses Zusammenhangs allein macht nicht verständlich, inwiefern ästhetische Werteigenschaften zum Gefüge der Welt gehören. Sie legt vielmehr nahe, Interpretationen seien ein bloß intersubjektives Geschehen. Dass sie dies nicht sind, sondern mit dem, was sie erschließen, zum Gefüge der Welt gehören, müssen wir erst noch verstehen. Dazu ist ein weiterer Schritt vonnöten, den ich im nächsten Abschnitt gehen will.

7. Kunst als reflexive Praxis, erster Teil

Bevor wir diesen abschließenden Schritt in der Erläuterung der Spezifik ästhetischer Reflexivität gehen, will ich noch einmal daran erinnern, warum wir ihn gehen: Die Bestimmung von Kunst verfällt allzu leicht einem Paradigma, das ich als Autonomie-Paradigma bezeichnet habe, wobei dieses Paradigma vielfach mit einer im weitesten Sinn gegenstandsorientierten Spezifizierung von Kunst verbunden ist. Eine solche Spezifizierung aber droht, wie ich im ersten Kapitel ausgeführt habe, in einer zu einseitigen Weise den

49 Albrecht Wellmer hat in verwandter Weise Adorno zugeschrieben, die »doppelte Prozessualität des Kunstwerks und seiner Erfahrung« verständlich gemacht zu haben (vgl. Wellmer, *Versuch über Musik und Sprache*, S. 127). Auch wenn Wellmers Erläuterungen dieser doppelten Prozessualität sehr erhellend sind, bleibt bei ihnen doch problematisch, dass Wellmer die Aktivitäten von Rezipierenden immer wieder in Begriffen ästhetischer Erfahrung zu fassen sucht. Ich werde im nächsten Kapitel argumentieren, dass ein Begriff ästhetischer Erfahrung überhaupt erst auf Basis dieser Aktivitäten gewonnen werden kann.

Unterschied zwischen Kunst und sonstiger menschlicher Praxis zu betonen. Sie kämpft damit, die Relevanz der Kunst verständlich zu machen. Eine gelingende alternative Erläuterung müsste also imstande sein, genau dies zu leisten: Sie muss die Relevanz der Kunst im Rahmen der menschlichen Praxis verständlich machen. Wir müssen uns also fragen – gewissermaßen als Test unserer Konzeption –, ob der Zusammenhang zwischen der selbstbezüglichen Konstitution von Kunstwerken einerseits und interpretativen Aktivitäten andererseits nicht so gefasst ist, dass dieser Zusammenhang sich von dem außerästhetischen Sonst absondert.[50] Um es zuzuspitzen: Müssen wir diesen Zusammenhang nicht als eine Kunstwelt verstehen, die mit der sonstigen Welt nicht weiter verbunden ist?

Wenn diese Frage sich noch stellt, ist dies ein Symptom dafür, dass die Erläuterung der Auseinandersetzung mit einem Kunstwerk mit den zurückliegenden Überlegungen noch nicht abgeschlossen ist. Nach den bisher zusammengetragenen Erläuterungen besteht die Auseinandersetzung mit Kunstwerken in einer Vielzahl von Aktivitäten, in denen Rezipierende die Konfigurationen der Kunstwerke artikulieren. Sie sitzen in einem Konzert und entwickeln Aktivitäten des Hörens, sie gehen intensiv durch eine Architektur oder diskutieren nach einem Film lange über dessen Bedeutung – die interpretativen Aktivitäten in Auseinandersetzung mit einem Kunstwerk sind vielfältig und fallen je unterschiedlich aus. Sie sind dynamisch und insofern ein Moment der Entwicklung des Kunstwerks. Damit aber ist die Spezifik interpretativer Aktivitäten noch nicht angemessen dargelegt. Zu diesen Aktivitäten kommt es nicht nur in der Auseinandersetzung mit Kunstwerken. Dies zu sagen, wäre ein Missverständnis – ein Missverständnis, das uns das Autonomie-Paradigma nahelegt.

Wir können dieses Missverständnis beseitigen, indem wir die Aktivitäten, die in Auseinandersetzung mit einem Kunstwerk zustande kommen, als das begreifen, was sie sind: als leibliche Ak-

50 Wir können diese Frage auch mit dem in der Kunstphilosophie und Kunsttheorie immer wieder gebrauchten Begriff des Formalismus artikulieren: Ist der Zusammenhang zwischen Kunstwerken als selbstbezüglich konstituierten Gegenständen und interpretativen Aktivitäten nicht als formalistisch zu verstehen? Handelt es sich nicht gerade deswegen um einen Formalismus, weil Rezipierende sich in ihren Artikulationen allein mit den je spezifischen Konstellationen von Kunstwerken auseinandersetzen?

tivitäten, Wahrnehmungsaktivitäten, emotionale Aktivitäten und symbolische Aktivitäten, die allesamt innerhalb der menschlichen Lebensform weit verbreitet sind. Sie bestimmen den Umgang mit Gegenständen, die Begegnung mit anderen Menschen und den Bezug auf uns selbst. Nun ist es selbstverständlich so (das haben wir immer wieder betont), dass diese Aktivitäten in Auseinandersetzung mit einem Kunstwerk in besonderer Weise entwickelt werden. Das heißt aber nicht, dass mit der Kunst ganz neue Typen von Aktivitäten in die Welt kommen. Es kommt nur eine neue Entwicklung weitverbreiteter Typen von Aktivitäten in die Welt. Auseinandersetzungen mit Kunstwerken hängen mit Typen von Aktivitäten zusammen, die wir auch ansonsten in der Welt ausführen. Diesen Zusammenhang müssen wir verstehen.

Ich will ihn zunächst an zwei Beispielen erläutern (und verweise zudem auch auf die Beispiele, die ich in der Einleitung gegeben habe): Ein Gemälde wird von einer Rezipientin dadurch verstanden, dass sie eine Weise der Farbwahrnehmung entwickelt, die dem Bild in seiner herausfordernden Spezifik gerecht wird. In diesem Sinn artikuliert sie mittels ihrer optischen Wahrnehmungsaktivitäten Konstellationen des Bildes. Diese Weise der Farbwahrnehmung hat aber auch eine Relevanz für ihre Farbwahrnehmungen in der sonstigen Welt. Sie kann ihre anderen Farbwahrnehmungen irritieren, erweitern oder in anderer Weise herausfordern. Dadurch kann sich ihr alltägliches Wahrnehmen von Farben verändern. Wenn die Rezipientin in der Auseinandersetzung mit dem Bild etwas Neues zu sehen lernt, kann sie mit ihren neuen visuellen Fähigkeiten auch in der Welt Neues erschließen. Sie kann so zum Beispiel in der Auseinandersetzung mit dem Gemälde lernen, Farben mehr von ihrer undurchsichtigen Materialität her zu sehen (oder wie auch immer wir eine entsprechende Wahrnehmungsveränderung charakterisieren würden). Entscheidend ist hierbei, dass die in der Auseinandersetzung mit dem Kunstwerk entwickelten Wahrnehmungsaktivitäten in einem solchen Fall eine Weiterentwicklung der Wahrnehmungsaktivitäten in der sonstigen Welt fordern können. Wahrnehmungsaktivitäten aber lassen sich nicht, wie Goodman mit seinem Begriff der Exemplifikation möglicherweise nahelegt, einfach übertragen, da ein Gemälde ein spezifischer Wahrnehmungsgegenstand ist. In seinem Fall wird ein in besonderer Materialität realisierter Farbauftrag auf einer Leinwand gesehen.

In der sonstigen Welt ist es zum Beispiel die Farbe von Baumrinden, die Lackfarbe von Tischen oder der Farbaufdruck auf einer Zahnpastatube. Auf diese Wahrnehmungsgegenstände passen die Wahrnehmungsaktivitäten, die in Auseinandersetzung mit einem Gemälde entwickelt werden, nicht als solche. Sie können aber Veränderungen bei sonstigen Wahrnehmungsaktivitäten fordern und damit ein Geschehen der Neuaushandlung von Wahrnehmungsaktivitäten anstoßen.

Ein zweites Beispiel: Ein Film regt uns zum Beispiel dazu an, über das Scheitern der menschlichen Existenz nachzudenken. Wir reden also nach dem Film etwa über Schwermut, über die Ohnmacht, über entsprechende Gesten und über den einen Moment, in dem doch etwas gelingt. All solches Reden artikuliert ein filmisches Narrativ und die spezifische Affektdramaturgie, die ein Film entwickelt. Dennoch hat dieses Reden auch für unseren sonstigen Sprachgebrauch und für die sprachliche Artikulation sonstiger menschlicher Praktiken und ihrer Zusammenhänge Bedeutung. Die Begriffe, die der Film uns abverlangt, werden in der Interpretation des Films weiterentwickelt. Entsprechende Weiterentwicklungen haben Konsequenzen für ihren sonstigen Gebrauch. So kann die auf den Film bezogene sprachlich-interpretative Aktivität auch im sonstigen Begriffsgebrauch eine neue Akzentuierung fordern oder uns im Extremfall nahelegen, neue Wörter zu bilden, wie dies in Rezensionen gelungener Kunst immer wieder zu beobachten ist. Und wiederum können sich diese Wörter auch zur Artikulation anderer Sachverhalte und Ereignisse in der Welt als angemessen erweisen.

Worin also besteht der Zusammenhang zwischen interpretativen Aktivitäten in der Auseinandersetzung mit Kunstwerken und anderen Praktiken in der Welt? Er lässt sich als der einer besonderen Prägung begreifen: Andere Praktiken in der Welt werden durch die auf Kunstwerke bezogenen interpretativen Aktivitäten geprägt. Diese Prägung geht von Aktivitäten aus, die in einer dynamischen Auseinandersetzung mit einem Objekt zustande kommen und diese Objekte in spezifischer Weise artikulieren. Dabei stehen diese Artikulationen nicht einfach für sich, sondern leisten eine Prägung anderer Praktiken. Um es in einem Vokabular zu sagen, das ich im zweiten Kapitel eingeführt habe: Die dynamischen Auseinandersetzungen mit selbstbezüglich konstituierten Objekten entfalten durch ihren Bezug auf andere Praktiken in der Welt ihren *imaginativen* Charakter.[51] In der Auseinandersetzung mit Kunstwerken kommt es zu einer Neuformation von Praktiken, wobei diese Neuformation eine Unbestimmtheit von Zukunft impliziert. Sie stößt eine Neuaushandlung anderer Praktiken an. Wenn wir Kunst als eine Praxis der Einbildungskraft verstehen wollen, müssen wir in diesem Sinn den Anstoß verständlich machen, den die Auseinandersetzung mit Kunstwerken menschlichen Praktiken gibt. Er realisiert sich durch Prägungen, die in eine offene Zukunft hinein erfolgen.

So lässt sich der Zusammenhang, nach dem wir fragen, durch zwei Thesen umreißen: Erstens evozieren Kunstwerke und ästhetische Geschehnisse interpretative Aktivitäten, die die jeweiligen Konstellationen artikulieren und ihnen dabei artikulierend folgen. Diese Aktivitäten fallen für jedes Kunstwerk spezifisch aus. Zweitens aber haben diese Aktivitäten gerade aufgrund ihrer Spezifik das (imaginative) Potential, eine Neuaushandlung anderer Praktiken anzustoßen. Die Spezifik der Aktivitäten, die ein Kunstwerk beziehungsweise ästhetisches Geschehen evoziert, ist die Grundlage einer besonderen Möglichkeit von Neuprägungen unserer Praxis. Gegenstände oder Geschehnisse stoßen aus ihrer selbstbezüglichen Konstitution heraus diese Neuprägungen an. Wir können damit eine erste allgemeine Erläuterung geben: In dem dynamischen Geschehen, das von Kunstwerken ausgeht, werden Bestimmungen menschlicher Praktiken neu ausgehandelt.

Mit den beiden genannten Thesen stellen wir einen Zusammenhang zwischen der Spezifik der Kunst und ihrem Wert im Rahmen der menschlichen Praxis her. Entsprechend können wir jetzt einen Versuch unternehmen, die Spezifik-These und die Wert-These so zu formulieren, dass ihr konstitutiver Zusammenhang deutlich wird:

> (*Spezifik-These*) Kunstwerke evozieren bei Rezipierenden aufgrund ihrer selbstbezüglichen Konstitution unterschiedliche Aktivitäten, mittels deren sie die herausfordernden Konfigurationen von Elementen dieser Kunstwerke artikulieren.

51 Auch Martin Seel behauptet in seiner Ästhetik einen grundlegenden Zusammenhang von Kunst und Imagination; vgl. Martin Seel, *Eine Ästhetik der Natur*, Frankfurt/M. 1991, S. 237-240; Seel, *Ästhetik des Erscheinens*, S. 118-145.

(*Wert-These*) Herausfordernd sind Konfigurationen von Elementen in Kunstwerken dadurch, dass sie eine Neuaushandlung anderer Aktivitäten in der Welt anstoßen. In der Auseinandersetzung mit Kunst kommt es so zu einer Neubestimmung von Aktivitäten im Rahmen menschlicher Praktiken, wobei diese Neubestimmung auch in einer Bestätigung bereits etablierter Aktivitäten resultieren kann.

Die Spezifik der Kunst lässt sich, so habe ich gezeigt, nur unter Rekurs auf den Zusammenhang zwischen der selbstbezüglichen Konstitution von Kunstwerken und interpretativen Aktivitäten verstehen. Dieser Zusammenhang ist aber nicht in sich geschlossen, sondern er ist verbunden mit sonstigen Aktivitäten innerhalb der menschlichen Praxis. Die Spezifik der Kunst ist damit grundsätzlich auf den Wert der Kunst bezogen. Dieser Bezug gilt aber auch umgekehrt. Der Wert der Kunst lässt sich nicht unabhängig von ihrer Spezifik begreifen. Kunst ist eine Praxis, mittels deren Menschen sich in ihren Aktivitäten prägen. Im Rahmen dieser Praxis werden Aktivitäten immer wieder neu ausgehandelt. Genau dieser Wert ästhetischer Praktiken lässt sich aber nicht begreifen, wenn man Kunst als eine bloße Erweiterung der sonstigen Praxis begreift. Kunst steht vielmehr in einem wesentlichen Zusammenhang mit der sonstigen Praxis. Aus diesem Zusammenhang heraus ist die Auseinandersetzung mit Kunstwerken wertvoll. Oder mit Bezug auf den vorangegangenen Abschnitt dieses Kapitels gesagt: Die ästhetischen Werteigenschaften von Kunstwerken gehören dadurch zum Gefüge der Welt, dass sie Neuaushandlungen menschlicher Praktiken anstoßen. Sie gehören dadurch zum Gefüge der Welt, dass sie die Auseinandersetzung mit der Welt herausfordern. Kunst reflektiert in praktischer Weise menschliche Praktiken in ihrer Bindung an die Welt.

Mit diesen Überlegungen knüpfen wir an den im zweiten Kapitel entwickelten Begriff von Kunst als einer reflexiven Praxis an. Dabei hat sich gezeigt, dass es Kant und Hegel an einem hinreichend praktischen Verständnis von Reflexion fehlt. Einem solchen praktischen Verständnis zufolge, so habe ich dargelegt, beruht Reflexion auf Praktiken, welche prägend in andere Praktiken eingreifen. Diese Prägung ist mit einer zeitlichen Dynamik verbunden, die von der Vergangenheit über die Gegenwart in die Zukunft reicht. Genau in dieser Weise haben wir den Zusammenhang zwischen interpretativen Aktivitäten in der Auseinandersetzung mit Kunstwerken und anderen Praktiken in der Welt nun gefasst. Die interpretativen Aktivitäten sind Praktiken, die prägend in eigene Praktiken eingreifen. Interpretative Aktivitäten sind genau in diesem Sinn Elemente einer Neuaushandlung sonstiger Aktivitäten in der Welt, so dass verständlich wird, inwiefern Kunst eine praktische Reflexion leistet.

Die Artikulationen, die Rezipierende in Auseinandersetzung mit Kunstwerken entfalten, sind damit als praktische Artikulationen zweiter Stufe zu begreifen: als praktische Artikulationen, die sich auf sonstige Praktiken in der Welt beziehen und sie gegebenenfalls prägen. Anders gesagt: Sie sind als Artikulationen zu begreifen, die eine Neubestimmung oder Bestätigung (als ein Modus der Neubestimmung) anderer Artikulationen leisten. Die interpretativen Aktivitäten lassen sich aus diesem Grund nicht hinreichend erläutern, wenn man sie allein aus ihrem Bezug auf Kunstwerke heraus versteht. Eine hinreichende Erläuterung ist erst dann verfügbar, wenn man die sonstige menschliche Praxis mit in den Blick nimmt. Erst damit werden interpretative Aktivitäten als Praktiken zweiter Stufe erkennbar – als Praktiken, die einen reflexiven Charakter haben.

Kunst erweist sich damit als eine spezifische reflexive Praxis, denn auf der einen Seite handelt es sich um eine *praktische* Weise der Reflexion: Es werden Aktivitäten entwickelt, die einen prägenden Charakter haben – all die Aktivitäten, die ich mit dem Begriff der interpretativen Aktivitäten in Auseinandersetzung mit Kunstwerken umrissen habe. Die ästhetische Praxis umfasst zudem – wie jede reflexive Praxis – nicht nur die reflektierenden Aktivitäten, sondern auch die reflektierten Aktivitäten. Auf der anderen Seite ist es charakteristisch für die ästhetische Reflexion, dass sie von *eigentümlich konstituierten Gegenständen* ausgeht, nämlich selbstbezüglich konstituierten – oder anders gesagt: dynamischen – Gegenständen. Diese konfrontieren Rezipierende mit ihren je besonders ausgeprägten Konfigurationen, so dass sie in ihren artikulierenden Praktiken von diesen Konfigurationen herausgefordert werden. Beide Bestimmungen zusammennehmend, können wir sagen: Kunst ist eine *Praxis der Reflexion aus einer dynamischen Interaktion mit selbstbezüglich konstituierten Gegenständen heraus.* Wenn man sie in dieser Weise erläutert, wird verständlich, inwiefern Kunstwerke Gegenstände sind, die eigentümliche Konfigurationen ausbilden und in einen dynamischen Zusammenhang mit Praktiken eingebunden sind.

So können wir auch erklären, inwiefern es in der Kunst in besonderer Weise um die Herstellung von Gegenständen und Geschehnissen geht, so dass die Produktion von Kunstwerken in Institutionen wie Kunstakademien und Konservatorien in besonderer Weise kultiviert wird. Sowohl die Herstellungspraxis insgesamt als auch entsprechende Institutionen unterliegen dabei, wie nach Hegel unter anderem Adorno und Danto betont haben, historisch-kulturellen Entwicklungen.[52] Diese historisch-kulturelle Bindung von Kunst können wir nun als Aspekt jener praktischen Reflexion verstehen, die Kunst leistet. Dabei lassen sich grundsätzlich zwei Orientierungen einer solchen Reflexion in historischen-kulturellen Kontexten unterscheiden: Kunst kann zum einen so entwickelt und verstanden werden, dass in ihr immer neue und andere reflexive Anstöße gesucht werden. Zum anderen kann sie aber auch (wie wir dies unter anderem an der Position Hegels bereits gesehen haben) so praktiziert werden, dass die von ihr ausgehenden Anstöße in einer menschlichen Praxis einen bestätigenden und traditionserhaltenden Charakter haben. Kunst kann – so lassen sich diese beiden Orientierungen noch einmal anders unterscheiden – mit einer strukturell elitären beziehungsweise avantgardistischen oder mit einer popkulturellen beziehungsweise traditionalistischen Ausrichtung betrieben werden. In beiden Fällen allerdings werden Kunstwerke als Gegenstände hergestellt, die spezifische interpretative Aktivitäten fordern. Es sind die reflexiven Wirkungen dieser interpretativen Aktivitäten, die im Rahmen einer menschlichen Praxis gesucht werden. Diese Suche bedingt die Herstellung besonderer Gegenstände.

8. Eine allgemeine Ästhetik?

An diesem Punkt der Überlegungen kann ich einen Schritt gehen, den der Untertitel dieses Buches – *Eine Ästhetik* – verspricht, den ich aber bislang noch nicht eingelöst habe. Die bisherigen Überle-

52 Adorno spricht hier von einem »Bewegungsgesetz« der Kunst (*Ästhetische Theorie*, S. 12).

gungen erwecken womöglich den Eindruck, als habe ich übertrieben, weil das, was ich bislang ausgeführt habe, richtiger mit »Eine Kunstästhetik« zu überschreiben wäre. Und es ist zweifelsohne richtig, dass es mir an erster Stelle um eine Kunstästhetik geht. Dennoch wird jetzt absehbar, inwiefern meine Überlegungen über eine Kunstästhetik im engeren Sinn hinausgehen. Sie machen ja verständlich, dass in die dynamische Praxis der Auseinandersetzung mit Kunstwerken auch andere Gegenstände einbezogen werden können als diejenigen, die mit dem Anspruch hergestellt wurden, Kunstwerke zu sein. Sofern eine solche Praxis entwickelt ist, können wir auch die herausfordernden Potentiale anderer Gegenstände, zum Beispiel von Landschaften oder von rituellen Artefakten, entdecken. Zu einer solchen Entdeckung kommt es dann, wenn solche Gegenstände interpretative Aktivitäten evozieren, die ihren Strukturen folgen und sich damit im Sinne einer praktischen Reflexion als fruchtbar erweisen. Die Anstöße, die von den Gegenständen jeweils ausgehen, können dabei sehr unterschiedlich sein. Ich habe immer wieder hervorgehoben, dass diese Unterschiedlichkeit für ästhetische Praktiken wesentlich ist. So ist es auch plausibel zu sagen, dass Naturgegenstände, beispielsweise Wüstenlandschaften, andere Anstöße geben als Kunstwerke, beispielsweise naturalistische Romane des 19. Jahrhunderts. Dennoch können beide Gegenstände ästhetische Praktiken provozieren.

Dabei kommt Kunstwerken insofern ein Primat zu, als diese auf Dynamiken hin selbstbezüglich konstituiert sind. Eine Kontur oder Schattengebung wird in einem Gemälde an anderer Stelle wieder aufgegriffen oder kontrastiv weitergeführt. Naturgegenstände oder rituelle Gegenstände können nicht als in dieser Weise selbstbezüglich konstituiert verstanden werden. Die von ihnen gebotenen Konfigurationen lassen sich aber in Analogie zu Kunstwerken zum Gegenstand interpretativer Aktivitäten machen. Dabei werden auch diese Gegenstände als aus sich heraus bestimmte Gegenstände entdeckt. Die Naturlandschaft bietet zum Beispiel einen Zusammenhang, in dem unterschiedliche Momente in komplexer Weise interagieren. Sie konfrontiert so diejenigen, die sich mit ihr auseinandersetzen, mit einer Konfiguration und wird in einer entsprechenden Auseinandersetzung als ein Gegenstand entdeckt, der aus sich heraus bestimmt ist. Oder anders gesagt: Die Naturlandschaft wird als ein Gegenstand entdeckt, der das Potential hat, interpretative Aktivitäten anzuleiten. Analoges gilt für rituelle Gegenstände oder sonstige kulturelle Artefakte, die gleichfalls als Gegenstände aufgespürt werden können, welche aus sich heraus das Potential zur Entfaltung einer Dynamik in der Interaktion mit Rezipierenden zeigen und so zu Gegenständen einer unbegrenzten Erkundung werden.

In Bezug auf das Verhältnis zwischen Kunstwerken und anderen Gegenständen ästhetischer Praktiken (Naturgegenständen, rituellen Gegenständen etc.) lassen sich also zwei Thesen miteinander vereinbaren: Erstens können auch Gegenstände, die nicht als Kunstwerke produziert worden sind, im vollen Sinne Gegenstände ästhetischer Praktiken sein. Auch in ihrem Fall stellt das ästhetische Potential keine subjektive Projektion dar, sondern ist in dem Gegenstand als ein Bestandteil der Welt gegeben. Es handelt sich nicht um Gegenstände, mit denen wir im Modus des Als-ob umgehen. Naturgegenstände, rituelle Artefakte etc. können im vollen Sinn als Gegenstände begriffen werden, die eine ästhetischen Auseinandersetzung lohnen können. Zweitens aber muss die spezifische Verfasstheit ästhetischer Praktiken unter Rekurs auf Kunstwerke erläutert werden. Hier nämlich lässt sich eine besondere Konstitution aufweisen, die das dynamische Zusammenspiel mit interpretativen Aktivitäten provoziert und an der diese Aktivitäten sich abarbeiten. Kunstwerken wird damit eine Konstitution zugeschrieben, die in der Erläuterung ästhetischer Praktiken eine primäre Rolle spielt. Daraus lässt sich aber nicht auf eine spezielle ästhetische Wertigkeit schließen, der zufolge Kunstwerke als ästhetische Gegenstände einen größeren Wert besäßen oder wichtigeren Rang innehätten. Wie die Überlegungen des nächsten Kapitels zeigen werden, ist ein solcher Wert oder Rang immer umstritten. Der einzige Primat, der Kunstwerken zukommt, ist ein explanatorischer. Sofern man unter Rekurs auf Kunstwerke den Zusammenhang zwischen ihrer spezifischen Verfasstheit und interpretativen Aktivitäten erläutert hat, kann man diesen Zusammenhang auch für andere Gegenstände ästhetischer Praktiken geltend machen.

Mit der Erläuterung von Kunst als einer spezifischen Form praktischer Reflexion haben wir einen ersten Zwischenstand in unseren Überlegungen zur Praxisform der Kunst erreicht. Wir verstehen nun besser die Defizite von Positionen, die dem Autonomie-Paradigma unterliegen. Diese Positionen erläutern die Auseinandersetzung mit Kunstwerken und ästhetischen Geschehnissen so, dass der reflexive Charakter dieser Auseinandersetzung nicht angemessen oder überhaupt nicht in den Blick kommt. Dies liegt, wie im zweiten Kapitel herausgearbeitet, auch daran, dass immer wieder mit einem einseitig theoretischen Verständnis von Reflexion operiert wird. Gibt man dieses Verständnis auf und begreift Reflexion als praktisch realisiert, kann man die spezifischen Aktivitäten, die Kunstwerke von uns fordern, in einem größeren Bild betrachten. In diesem zeigen sie sich als mit anderen menschlichen Praktiken im Sinne einer besonderen Form praktischer Reflexion verbunden. Die Spezifik von Kunst als praktischer Reflexion liegt darin begründet, dass sie von Gegenständen ausgeht, die um dieser Reflexion willen hergestellt oder als diese Reflexion lohnend entdeckt werden.

Mit dem soweit gewonnenen Verständnis von Kunst lässt sich, wie angedeutet, zugleich ein Schritt in Richtung einer allgemeinen Ästhetik gehen. Auch dieser Schritt wird vielfach durch das Autonomie-Paradigma blockiert. Wie wir gesehen haben, lässt dieses Paradigma es oftmals so erscheinen, als sei das Ästhetische entweder an einen Primat un- beziehungsweise überbestimmter Sinnlichkeit oder an historisch-kulturelle Formationen gebunden. Es entsteht der (vielbeschworene) Eindruck, man habe sich in Fragen der Ästhetik zwischen Kant und Hegel zu entscheiden. Dieser Eindruck aber trügt: Von Kant und Hegel her lässt sich kein Entweder-oder zwischen einem bloß auf Kultur und einem bloß auf ein unbestimmtes sinnliches Spiel fixierten Kunstverständnis ableiten. Hingegen legen beide nahe, die spezifische Form von Reflexion aufzuklären, die das Ästhetische leistet. Ist eine solche Aufklärung gewonnen, zeigt sich, dass Kunst, Kultur und Natur im Ästhetischen in einen Zusammenhang gebracht werden können. Sie hängen in einer Praxis zusammen, in deren Rahmen Gegenständen das Potential zukommt, dynamische Interaktionen dadurch anzustoßen, dass sie Aktivitäten von Rezipierenden evozieren. Das Potential der Gegenstände hängt mit einer Dynamik zusammen, die sich in einem irreduziblen Zusammenhang mit ihnen konstituiert. Als solche Gegenstände kommen dabei grundsätzlich auch Naturgegenstände und kulturelle Artefakte in Betracht. Entscheidend ist also nicht die Alternative von unbestimmter Sinnlichkeit und bestimmter kultureller Bedeutung. Entscheidend ist es vielmehr, die Relevanz aufzuklären, die der besagten Dynamik im Rahmen anderer menschlicher Praktiken zukommt.

Die Überwindung der Verkürzungen des Autonomie-Paradigmas setzt also voraus, dass man Kunst als eine Praxisform im Rahmen der menschlichen Lebensform begreift. Darum handelt es sich bei ihr in dem Sinn, dass zu der Praxisform der Kunst auch all die alltäglichen Aktivitäten gehören, deren Neuaushandlung durch die Auseinandersetzungen mit Kunstwerken angestoßen wird. Mit Kunst sind Aktivitäten verbunden, die eine solche Aushandlung leisten. Die Spezifik dieser Aktivitäten im Rahmen der Interpretation von Kunstwerken ist zugleich ihr Wert: Es handelt sich um Aktivitäten der Neuaushandlung menschlicher Praxis. Genau dies wird von den kunstphilosophischen Positionen verkannt, die ästhetische Praktiken in einen Gegensatz zu alltäglichen Praktiken bringen. Dagegen gilt es, Kunst im Besonderen und das Ästhetische im Allgemeinen als eine Praxisform im Rahmen der menschlichen Lebensform zu begreifen. Einem solchen Begriff haben wir jetzt erste Konturen verliehen.

Kapitel 4
Kunst als Praxis der Freiheit

Die Überlegungen des letzten Kapitels haben uns gelehrt, dass Kunst eine Praxis ist, deren Spezifik in einer Praxisform besteht. Der Wert dieser Praxisform besteht darin, dass in ihr unterschiedliche Praktiken neu ausgehandelt werden. Die Spezifik der Kunst liegt also nicht in der eigentümlichen Ausstattung von Kunstwerken, sondern darin, dass sie Praktiken anstoßen, durch die andere Praktiken neu ausgehandelt werden. Kunst ist so als eine Reflexion zu begreifen, die ihren Ausgang in der Auseinandersetzung mit dynamischen Gegenständen nimmt. In Kunst provozieren Gegenstände unterschiedliche Aktivitäten, mittels deren Menschen ihre Aktivitäten im außerästhetischen Sonst (neu) zu bestimmen suchen. Kunst ist insofern eine Praxis, mit deren Hilfe Menschen sich selbst bestimmen, wobei die Selbstbestimmung hier in besonderer Weise an Gegenstände gebunden ist, die für Menschen wegen ihres spezifischen Potentials, eine Aushandlung von Praktiken anzustoßen, wertvoll sind.

Nun ist es eine Sache, zu sagen, dass Kunst als eine von selbstbezüglich konstituierten Gegenständen ausgehende Praxis der Reflexion zu begreifen ist. Etwas anderes hingegen ist es, sie als eine Praxis der Freiheit begreiflich zu machen, also als eine, die selbstbestimmt ist. Eine Praxis, die von Gegenständen ausgeht, scheint doch eher fremdbestimmt zu sein. Angesichts der bislang erarbeiteten Konzeption von Kunst stellt sich daher die Frage, ob sie es erlaubt, Kunst als eine selbstbestimmte Praxis begreiflich zu machen. Müssen wir nicht vielmehr sagen, dass Kunstwerke Menschen in ihren Praktiken festlegen? Der von mir angeführte »Vorrang des Objekts« (Adorno) von Kunstwerken könnte genau in dieser Weise zu verstehen sein: Kunstwerke bestimmen Rezipierende in je unterschiedlicher Weise in ihren Praktiken. Sie legen die Rezipierenden fest, tragen also nicht zu deren Freiheit, sondern gerade zu ihrer Unfreiheit bei. Ich habe Kant und Hegel im zweiten Kapitel unter anderem die These zugeschrieben, dass Kunst einen Beitrag zur Verwirklichung menschlicher Freiheit leiste. Wie aber können wir das nach den Überlegungen im letzten Kapitel verstehen?

Um diese Frage zu beantworten, möchte ich bei der These ansetzen, dass sich im Zusammenspiel der Konstellationen in Kunstwerken mit interpretativen Aktivitäten eine Dynamik ergibt. Wir können fragen, ob diese Dynamik vielleicht doch als ein blindes Geschehen zu begreifen ist, das sich in zielloser Weise entfaltet. Anders gefragt: Was erlaubt es uns zu sagen, dass Kunst nicht einfach so zu Veränderungen führt? Um verständlich zu machen, dass Kunst in selbstbestimmter Weise Veränderungen anstößt, ist es erforderlich, bloße Veränderungen von solchen zu unterscheiden, die aus einer reflexiven Praxis heraus zustande kommen. Veränderungen des zweiten Typs müssen als Veränderungen aus Freiheit plausibel werden.

Wenn wir die Frage, wie Kunst als eine Praxis der Freiheit zu verstehen ist, in dieser Weise artikulieren, wird sogleich deutlich, dass es nicht weiterhilft, einfach den interpretativen Praktiken als solchen Freiheit zuzuschreiben. Ich habe betont, dass interpretative Praktiken gegenüber Kunstwerken nicht bloß passiv sind. Interpretative Praktiken gehen aus eigener Aktivität hervor und verfolgen immer wieder eigene Ansätze. Aber diese Aktivitäten und ihre entsprechenden Impulse lassen sich nicht als Grundlage der durch Kunst hergestellten Freiheit begreifen, und zwar aus mindestens zwei Gründen. Erstens wird auf diese Weise Freiheit vorausgesetzt und nicht erklärt. Rezipierenden wird schlicht die Fähigkeit zugeschrieben, sich gegenüber einem Kunstwerk interpretativ frei zu verhalten. Worin diese Freiheit begründet liegt, bleibt jedoch unklar. Zweitens – und damit zusammenhängend – ist die mögliche Freiheit interpretativer Praktiken gegenüber den Kunstwerken so verstanden eine bloße Willkürfreiheit. Sie ist genauso blind wie das passive Verfolgen der Konstellationen unterschiedlicher Kunstwerke. Es hilft also nichts, bei der Frage nach der ästhetischen Freiheit auf die Selbstbestimmtheit interpretativer Praktiken zu rekurrieren. Auch wenn für die Dynamik, die sich im Zusammenspiel von Kunstwerken und interpretativen Aktivitäten ergibt, diese Selbstbestimmtheit entscheidend ist, kann sie doch nicht erklären, inwiefern Kunst eine Praxis der Freiheit ist.

Um die durch Kunst angestoßenen Veränderungen als Veränderungen aus Freiheit verständlich zu machen, bietet es sich an, ein verbreitetes Motiv der ästhetischen Theoriebildung, auf das wir bereits im ersten Kapitel gestoßen sind, in neuer Weise zu interpretieren. Es geht unter anderem auf Nietzsche zurück und besagt, dass das Ästhetische beziehungsweise die Kunst in spezifischer Weise unbestimmt ist. Kunst gilt demnach als eine Praxis, die die grundlegende Unbestimmtheit der menschlichen Existenz – ein grundlegendes »Nichtkönnen« – zum Ausdruck bringt. Wenn man in dieser Weise ansetzt, begibt man sich allerdings, so habe ich bereits im ersten Kapitel argumentiert, in einen Widerspruch zu vielen Momenten der Praxis mit Kunst, die wir knapp mit dem Begriff der Bestimmtheit umreißen können: Kunstwerke bestehen aus *bestimmten* Materialien, haben *bestimmte* Themen, vertreten *bestimmte* ästhetische Standpunkte und vieles andere mehr. Ein Verständnis von Kunst als Ausdruck einer grundlegenden *Unbestimmtheit* lässt sich damit schwer in Einklang bringen. Dies liegt, so meine Diagnose, darin begründet, dass die Unbestimmtheit in einer Weise vergegenständlicht wird, die problematisch ist. Einer solchen Vergegenständlichung zufolge gibt es Praktiken der Bestimmtheit und Praktiken der Unbestimmtheit. Praktiken der Bestimmtheit sind all jene zahllosen Praktiken, die wir tagein, tagaus verrichten. Praktiken der Unbestimmtheit sind hingegen diejenigen Praktiken, mittels deren wir über den Alltag hinausgehen: ästhetische Praktiken zum Beispiel (Meditationspraktiken sind ein anderes Beispiel). Diese Praktiken werden so verstanden, dass sie mit ihrer Unbestimmtheit einer grundlegenden Unbestimmtheit Rechnung tragen – was für alltägliche Praktiken nicht gilt.

Diese Gegenüberstellung von Bestimmtheit und Unbestimmtheit ist aber nicht nur in Bezug auf ein Verständnis von Kunst problematisch: Sie ist es insbesondere auch – wie ich ebenfalls bereits im ersten Kapitel argumentiert habe – in Bezug auf das Verständnis der menschlichen Praxis insgesamt, deren Grundlage, so der zentrale Gedanke, die Unbestimmtheit sei, auf der die Bestimmtheit der menschlichen Existenz aufruhe. Mit einer solchen Gegenüberstellung beziehungsweise einem solchen Zwei-Stufen-Modell fasst man die Begründungslosigkeit der menschlichen Praxis jedoch nicht angemessen. Man suggeriert nämlich, diese Begründungslosigkeit müsse ihrerseits begründet werden. Diese Suggestion lässt sich aber vermeiden, wenn man die Bestimmtheit der menschlichen Praxis als unbegründet begreift. Sie ist als solche mit Unbestimmtheit verbunden.[1] Zu Ende des

1 Dies haben unter anderem Heidegger und Wittgenstein verständlich gemacht.

ersten Kapitels und im dritten Abschnitt des zweiten Kapitels habe ich bereits skizziert, wie diese Verbindung verstanden werden kann. Menschliche Praktiken stehen, so habe ich dort dargelegt, immer vor einem offenen Horizont. Sie sind stets Gegenstand von Revisionen und Neuaushandlungen und können aus diesem Grund ihre Bestimmtheit nicht aus sich heraus garantieren. Die Bestimmtheit ergibt sich vielmehr nur vor der Offenheit von Zukunft. Unbestimmtheit ist damit nichts, was die Bestimmtheit menschlicher Praxis unterminiert. Sie ist vielmehr als ein schlechthin produktives Moment in Bezug auf die menschliche Praxis zu begreifen.

Ich will noch einmal an den Zusammenhang erinnern, in dem eine Neuinterpretation des Motivs der Unbestimmtheit in der Kunst steht. Er lässt sich mit der einfachen These umreißen, dass Kunst eine von Grund auf *unabgesicherte Praxis* ist. In Kunstwerken werden vielfältige Bestimmtheiten realisiert, die durchweg der Möglichkeit des Scheiterns ausgesetzt sind. Die Unabgesichertheit ist nicht eine Grundlage von Kunst – sie wird vielmehr in der Kunst und im Rahmen ihrer Bestimmtheiten realisiert. Was das heißt, wird verständlich, wenn man Kunst als eine Praxis erkennt, die an ihrem eigenen Gelingen orientiert ist, ohne dieses Gelingen garantieren zu können. Kunst ringt immer um ihr Gelingen als Kunst und ist dadurch unentrinnbar mit der Möglichkeit des Scheiterns konfrontiert. In dieser Weise hat jede Bestimmtheit in der Kunst ein unbestimmtes Moment.

Diese Unabgesichertheit der Kunst ist wesentlich für ihren Beitrag zur menschlichen Freiheit. Das Ringen der Kunst um ihr Gelingen ist damit verknüpft, dass Produzierende und Rezipierende in immer neuer Weise um den Beitrag der Kunst zur menschlichen Praxis streiten – oder neutraler gesagt: dass sie diesen Beitrag immer wieder in neuer Weise ausloten. Kunst löst also nicht einfach Veränderungen der menschlichen Praxis aus, sondern beinhaltet stets und wesentlich Diskussionen und Reflexionen in Bezug auf entsprechende Veränderungen. Aus diesem Grund realisiert Kunst Veränderungen aus Freiheit – Veränderungen, die nicht einfach eintreten. Die praktische Reflexion, als die wir Kunst begriffen haben, macht diejenigen, die sich mit Kunst auseinandersetzen, nicht unfrei. Sie ist vielmehr als eine selbstbestimmte Praxis zu verstehen,

Vgl. Martin Heidegger, *Sein und Zeit*, Tübingen [16]1986; Ludwig Wittgenstein, *Über Gewißheit*, in: *Werkausgabe*, Band 8, Frankfurt/M. 1984.

deren wesentlicher Aspekt dennoch darin liegt, dass die von selbstbezüglich konstituierten Gegenständen ausgehenden Anstöße als solche gerade nicht absehbar sind, dass also diejenigen, die sich mit Kunst auseinandersetzen, diese Anstöße nicht beherrschen. Daraus folgt aber nicht, dass sie diesen Anstößen blind folgen. Vielmehr wird um diese Anstöße und damit um das Gelingen von Kunst eine komplexe Auseinandersetzung geführt.

Ich möchte in diesem abschließenden Kapitel Kunst in diesem Sinn als eine offene und unabgesicherte Praxis verständlich machen. Damit will ich weiter klären, in welcher Weise Kunst einen Beitrag zur menschlichen Selbstbestimmung und damit zur Freiheit leistet. Um Kunst als eine offene Praxis zu begreifen, gehe ich in den folgenden Überlegungen von der Pluralität der Kunst aus. Ich lege dar, dass diese Pluralität nicht ohne einen Zusammenhang zu begreifen ist, der Kunstwerke und Künste verbindet. Dieser Zusammenhang besteht in Konfigurationsprinzipien – ich spreche im Folgenden von *generischen Konstellationen* –, auf denen Kunstwerke basieren. Miteinander verbunden sind die Kunstwerke und die Künste aber nicht nur auf Seiten der Konstitution von Kunstwerken, sondern auch auf Seiten der Erfahrungen, die Rezipierende in der Auseinandersetzung mit Kunstwerken machen. So komme ich im zweiten Schritt auf Praktiken der Auseinandersetzung mit Kunstwerken zurück und lege dar, dass diese Praktiken ästhetische Erfahrungen erklären und als Momente einer unabgesicherten Praxis verständlich machen. Mit diesen Praktiken kommt es zu Erfahrungen, die zu machen wertvoll ist, ohne dass diese Erfahrungen sich durch kalkulierende und kalkulierte Operationen herbeiführen lassen.

Damit aber ist, so werde ich im dritten Schritt deutlich machen, erst die Basis gelegt, um Kunst als eine Praxis der Freiheit zu begreifen. Um dahin zu gelangen, muss des Weiteren verständlich gemacht werden, inwiefern die Idee der Selbstbestimmung in der Praxis der Kunst realisiert ist. Kunstwerke sind nicht nur durch Konstellationen miteinander verbunden, sondern wirken auch dadurch zusammen, dass sie um richtige Bestimmungen der menschlichen Praxis streiten. Von einem Streit spreche ich dabei deshalb, weil Kunstwerke jeweils mit dem Anspruch verbunden sind, in möglichst gelungener Weise Bestimmungen der menschlichen Praxis herauszufordern. Diesen Anspruch entwickeln sie immer auch in Abgrenzung von anderen Kunstwerken. Jedem Kunstwerk geht es, anders gesagt, darum, in einer paradigmatischen Weise zu realisieren, was Kunst ist. Der Streit ist also nicht so zu verstehen, dass Kunstwerke sich direkt gegen die von anderen Kunstwerken realisierten Herausforderungen richten. Der Streit geht vielmehr um den Anspruch, Kunst zu sein, und ist so damit vereinbar, dass Kunstwerke sich in vielfältiger Weise ergänzen. Aus ihm heraus entwickeln sie ihren kritischen Beitrag zur menschlichen Praxis.

Wenn man Kunst in dieser Weise als eine kritische Praxis fasst, wird deutlich, dass es noch eines vierten Schrittes bedarf, der die kritischen Aktivitäten Rezipierender ins Spiel bringt. Der Status von Kunstwerken wird von Rezipierenden kritisch sondiert. Ein solches kritisches Sondieren – Urteilen über das Gelingen von Kunstwerken – ist ein wesentliches Element der Praxisform der Kunst, das allerdings erst begreiflich wird, wenn man den Zusammenhang zwischen interpretativen Aktivitäten in der Auseinandersetzung mit Kunstwerken und anderen Praktiken herstellt. Erst vor diesem Hintergrund können wir verstehen, dass Rezipierende den Gegenständen zwar einerseits interpretierend folgen, sie aber andererseits auch dahingehend kritisch beurteilen, inwiefern die von ihnen für Praktiken gebotenen Impulse herausfordernd sind. Die kritische Beurteilung macht verständlich, inwiefern Kunst als eine Praxis der Selbstbestimmung zu begreifen ist, nämlich als eine Praxis, deren Herausforderungen stets ihrerseits reflektiert werden.

Zudem wird – und dies ist der fünfte und letzte Schritt – verständlich, dass der Begriff der Kunst nicht allein aus der Perspektive der Theorie ins Spiel kommt, sondern untrennbar mit der Praxis der Kunst verbunden ist. Rezipierende greifen den Anspruch von Kunst, wie er von Kunstwerken verfolgt wird, auf und nehmen durchweg zu ihm Stellung. Dieser Anspruch wird in Kunstwerken immer exemplarisch realisiert. In ihrer sehr unterschiedlichen Bestimmtheit, ihren unterschiedlichen Materialien und unterschiedlichen Sujets verfolgen Kunstwerke dennoch immer auch die Idee von Kunst, die in ästhetischen Urteilen mit dem Begriff der Kunst gefasst wird. Dieser Begriff artikuliert den Anspruch der Kunst. Er funktioniert nicht primär deskriptiv oder klassifikatorisch, sondern normativ-evaluativ.

Kunst ist eine Praxis der Freiheit gerade aufgrund der vielfältigen Bestimmtheiten, die Kunstwerke realisieren. In der Kunst hängen diese Bestimmtheiten mit Unbestimmtheit, mit Offenheit und mit Unabgesichertheit zusammen. Kunst überschreitet also nicht grundsätzlich die Bestimmtheit alltäglicher Praxis und bleibt auch nicht bei Unbestimmtheit stehen. Sie trägt vielmehr in vielfältiger Weise zur menschlichen Praxis bei – gerade weil dieser Beitrag wesentlich unabgesichert ist.

1. Generische Konstellationen: Die Pluralität der Kunstwerke und der Künste

Kunstwerke sind selbstbezüglich konstituierte Gegenstände. Wie aber kommen solche Gegenstände zustande? Was ist die Basis dafür, dass ein Kunstwerk als selbstbezüglich verfasster Gegenstand realisiert wird? Auch wenn wir im vorangegangenen Kapitel geklärt haben, wie die selbstbezügliche Verfasstheit von Kunstwerken zu begreifen ist, haben wir noch nichts dazu gesagt, wie Kunstwerke als entsprechend zu begreifende Gegenstände zustande kommen. Einer Antwort auf diese Frage kommen wir dadurch näher, dass wir Kunstwerke als hergestellte Gegenstände verstehen. Worin besteht, so können wir ganz im Geiste Dantos fragen, der Unterschied zwischen einem einfach hergestellten Gegenstand und einem Kunstwerk? Dem ersten Augenschein nach lässt diese Frage sich folgendermaßen beantworten: Kunstwerke stehen in besonderen Praxiszusammenhängen, in denen in spezifischer Weise Bilder hergestellt werden, Texte geschrieben werden, das Spiel von Musikinstrumenten geschult wird, und vieles andere mehr. Die Konstitution von Kunstwerken setzt diese Praktiken voraus, wobei Letztere in komplexer Weise an Traditionen gebunden sind. In den Praxiszusammenhängen, von denen die Rede ist, hängt ein Kunstwerk immer mit anderen Kunstwerken zusammen. Die Art und Weise, wie Kunstwerke als selbstbezügliche Gegenstände hergestellt sind, wird von Kunstwerk zu Kunstwerk weitergegeben.

Dies lenkt unseren Blick auf den Begriff der Künste. Es liegt nahe, einzelne Künste als Praxiszusammenhänge zu begreifen, in denen Kunstwerke konstituiert sind. So könnten wir sagen, dass etwa in der Literatur ein Medium und bestimmte Verfahrensweisen angelegt sind. Innerhalb dieses Mediums und dieser Verfahrensweisen bewegen sich, so können wir weiter ausführen, einzelne Kunstwerke.[2] Sie entwickeln die in einer Kunst angelegten Möglichkeiten in je eigenartiger Weise weiter. Wir könnten so anstelle eines einzigen, großen Praxiszusammenhangs der Kunst insgesamt unterschiedliche Praxiszusammenhänge einzelner Künste setzen und müssten dann weiter ausbuchstabieren, inwiefern einzelne Künste wie die Skulptur oder der Film ein Medium und Verfahrensweisen besitzen. Auch wenn dieser Ansatz auf den ersten Blick reizvoll sein mag (nicht zuletzt zur Rechtfertigung einzelner Künstewissenschaften), stellt er uns doch sofort vor Probleme, wenn wir die Dynamik des Entstehens und Vergehens von Künsten bedenken. Die Künste sind ja kein ein für alle Mal fertiger Bestand (und die Künstewissenschaften sind es auch nicht). Die Filmkunst oder die Installationskunst zum Beispiel sind erst jüngeren Datums. Wie entstehen sie? Wie kommen Medien und Verfahrensweisen zustande, die eine Konstitution entsprechender Kunstwerke ermöglichen? Inwiefern handelt es sich um Medien und Verfahrensweisen einer Kunst *als Kunst* und nicht einer ganz und gar anderen Praxisform? Es scheint schwierig zu sein, Antworten auf diese Fragen zu finden, wenn man von einzelnen Künsten ausgeht. Wir müssen daher den Zusammenhang begreifen, der zwischen den einzelnen Künsten besteht und der ihre je spezifische Ausprägung und Entwicklung, also auch ihr Entstehen und Vergehen, erlaubt. Das heißt, wir müssen fragen, wie sich die Pluralität der Künste in ihrem Zusammenhang denken lässt. Diese Frage bringt mich, zum wiederholten Male, zu Hegel zurück.

Hegel kann unter den Ästhetikern der Tradition als derjenige gelten, der sich als Erster der Pluralität der Künste in vollem Maße gestellt hat. Er nimmt sich der Aufgabe an, die Vielzahl der Künste in einem System zusammenzufügen. Hegels System der Künste ist damit ein wichtiger Anhaltspunkt für ein Verständnis der Pluralität von Kunst, und zwar in einem doppelten Sinn: Einerseits können wir uns ansehen, inwiefern Hegel Möglichkeiten bereitstellt, die Pluralität der Künste zu begreifen. Da ihm das aber nicht in zufriedenstellender Weise gelingt, können wir andererseits sozusagen *ex negativo* von ihm lernen, wie es gelingen könnte.

Hegel beginnt mit einem Zug, den wir im dritten Kapitel bereits diskutiert haben: Er geht davon aus, dass Kunstwerke in

2 Vgl. zu instruktiven Bestimmungen in Bezug auf Medien und Verfahrensweisen der Künste Martin Seel, *Ästhetik des Erscheinens*, München 2000, S. 173-179.

besonderer Weise sinnlich-material gestaltet sind. So stellt er sich die Frage, ob man die Künste entlang der Sinne einteilen könne. Diese Frage wird von Hegel plausiblerweise verneint.[3] Wenn man sich nur an den Sinnen orientiert, etabliert man eine Ordnung, die nichts mit dem spezifischen Wert von Kunst zu tun hat. Diese Ordnung bleibt der Kunst vollkommen äußerlich. Sie macht nicht verständlich, warum Kunst sinnlich-material gestaltet ist, was aber verstanden sein muss, um eine Ordnung zu etablieren. Die sinnlich-materiale Gestaltung ist die Präsentationsform der Kunst, in der sie die für historisch-kulturelle Lebensformen wesentlichen Orientierungen thematisiert. In Hegels Vokabular: Das sinnliche Scheinen ist in der Kunst ein Scheinen der Idee. Kunst präsentiert Geistiges in sinnlich-anschaulicher Weise. Auf dieser Basis kann man ihm zufolge nun eine Ordnung in die Vielheit der Künste bringen, indem man nach dem Verhältnis fragt, in dem sich die sinnlich-materiale Präsentation und das thematisierte Geistige in einer jeweiligen Kunst befinden.

Daraus ergibt sich ein Spannungsfeld, das sich zwischen zwei Polen aufspannt.[4] An dem einen Pol überwiegt die sinnlich-materiale Präsentation die Thematisierung von etwas Geistigem, am anderen stellt sich das Verhältnis genau umgekehrt dar. Hegel vertritt nun die These, dass die Künste sich in diesem Spannungsfeld ordnen lassen. In Künsten ist demnach das Verhältnis, von dem her sich das Spannungsfeld aufreißt, in je unterschiedlicher Weise gestaltet. Dabei ist aus Hegels Sicht das Material einer Kunst entscheidend. Materialien wie Holz und Stein (die in Architektur und Skulptur verwendet werden) sind für sich genommen nicht geistig geformt. Ihre geistige Formung in einem Kunstwerk kann also Geistiges in einem ganz und gar sinnlich-anschaulichen Material zur Erscheinung kommen lassen. Dies ist besonders in der Skulptur

3 Vgl. Georg Wilhelm Friedrich Hegel, *Vorlesungen über die Ästhetik I-III*, in: *Werke*, hg. von Eva Moldenhauer und Karl Markus Michel, Frankfurt/M. 1986, Bände 13-15, hier: Band 14, S. 256f.

4 In Hegels Text liest dieses Spannungsfeld sich folgendermaßen: »Die Kunst hat keinen anderen Behuf, als das Wahre, wie es im Geiste ist, seiner Totalität nach mit der Objektivität und dem Sinnlichen versöhnt vor die sinnliche Anschauung zu bringen. Insofern dies nun auf dieser Stufe im Elemente der äußerlichen Realität der Kunstgebilde geschehen soll, so fällt hier die Totalität, welche das Absolute seiner Wahrheit nach ist, in ihre unterschiedenen Momente auseinander.« (Ebd., S. 257.)

der Fall, die Hegel aus diesem Grund immer wieder hervorhebt. Andere Materialien sind bereits als solche geistig geformt, so zum Beispiel das tonale System der Musik und die natürlichen Sprachen als Grundlage von Literatur. Künste, die mit solchen Materialien arbeiten, können nicht das gleiche Maß an sinnlich-anschaulicher Darbietung realisieren wie die Künste, die mit ›geistlosen‹ Materialien arbeiten.

Ist das ein plausibles Vorgehen, um die Pluralität der Künste zu fassen? Ein erster Einwand könnte lauten: Hegel kennt überhaupt nur fünf Künste, die er in dem von ihm aufgerissenen Spannungsfeld verortet. Er ignoriert andere Künste, teils aufgrund ästhetischer Vorurteile (wie den Tanz oder die Landschaftsgestaltung), teils weil er sie schlicht nicht kennen konnte (wie den Film oder die Installation). Dieser Einwand aber ist schnell entkräftet: Das von Hegel aufgerissene Spannungsfeld ist nicht auf ›seine‹ fünf Künste beschränkt, sondern kann beliebig erweitert werden. In dem von Hegel entworfenen Spannungsfeld finden auch Künste wie der Film oder der Tanz ihren Platz, sofern sie sich als Ausgestaltungen des Verhältnisses von sinnlich-materialer Darbietung und Thematisierung von etwas Geistigem begreifen lassen. Und dies ist offensichtlich der Fall.

Ein weiterer Einwand ist jedoch nicht so leicht aus der Welt zu schaffen. Hegel erläutert das System der Künste so, dass in ihm immer das genannte Verhältnis von sinnlich-materialer Darbietung und Thematisierung von etwas Geistigem realisiert wird, das – trotz aller historischen Dynamik der Entwicklung von Künsten, die auch und gerade Hegel betont – für alle Künste feststeht. Dies aber ist unplausibel. Wie wir im vorangegangenen Kapitel gesehen haben, bestimmen Kunstwerke aus sich heraus, was in ihnen Relevanz besitzt. Aus diesem Grund lässt sich nicht pauschal sagen, dass Kunstwerke immer ein Verhältnis von sinnlich-materialer Darbietung und Thematisierung von etwas Geistigem realisieren. Hegel aber muss dies behaupten, um bei seiner These vom immer gleichen Spannungsfeld bleiben zu können. Das führt ihn beispielsweise zu der schwer nachvollziehbaren Behauptung, auch die Literatur sei immer von sinnlicher Materialität geprägt. Hegels Systematik erzwingt Behauptungen wie diese (auch wenn er behauptet, Literatur sei die geistigste unter den Künsten, da ihre sinnliche Materialität durch und durch geistig geformt ist).

Wie können wir die unplausiblen Festlegungen Hegels vermeiden? Nun, ich glaube dadurch, dass wir nicht zwei feste Pole eines Spannungsfeldes setzen. Die Zusammenhänge zwischen den Künsten müssen vielmehr so verstanden werden, dass sie aus den Künsten und ihrer möglichen Veränderung und Erweiterung heraus entstehen. Es bedarf also einer anderen Erläuterung für diese Zusammenhänge, die wir gewinnen, indem wir auf die Frage zurückkommen, wie die spezifische Verfasstheit von Kunstwerken zu begreifen ist. Im dritten Kapitel hatte ich festgehalten: Kunstwerke legen ihre Konstellationen in je eigener Weise an. Das ist richtig, greift aber noch zu kurz. Ein Kunstwerk etabliert die Momente, die es konfiguriert, nicht einfach aus sich heraus, sondern es benötigt dazu eine Grundlage, die sich für das Etablieren von Konfigurationen eignet. Diese Grundlage kann man, wie wir gesehen haben, einer einzelnen Kunst zuschreiben, oder, wie Hegel, als eine bestimmte Ausgestaltung des Verhältnisses zwischen sinnlich-materialer Darbietung und geistiger Thematisierung begreifen, was aber jeweils unerwünschte Konsequenzen nach sich zieht. Mein Vorschlag lautet daher wie folgt: Ein Kunstwerk greift auf Konstellationen zurück, die es aktualisiert. Seine Grundlage ist weder das Material einer einzelnen Kunst noch eine bestimmte Polarität, in der alle Künste stehen. In den Konstellationen, von denen ich spreche, können sehr unterschiedliche Momente Relevanz gewinnen (Sinnliches, Geistiges, Körperliches, Intersubjektives etc.). Sie werden in Kunstwerken unterschiedlich aktualisiert. Und für diese Aktualisierungen fungieren die Konstellationen als eine Grundlage, die das Etablieren von Konfigurationen ermöglicht.

Mit Blick auf Werke, deren Konfigurationen sich in Begriffen von Beziehungen und Elementen erläutern lassen, wie ich das im dritten Kapitel ausgeführt habe, können wir diese These durch das folgende Argument stützen: Beziehungen in einem Kunstwerk bestimmen die Elemente dieses Werks, so dass diese nicht unabhängig von den Beziehungen als bestimmt gedacht werden können. Zugleich basieren die Beziehungen allerdings auf diesen Elementen. Beziehungen und Elemente bilden somit eine Konstellation, die sich nicht auf einzelne ihrer Bestandteile stützen kann. Aus diesem Grund lässt sie sich auch nicht aus sich heraus etablieren, da dann einzelne Bestandteile als Ausgangspunkt für die Ausbildung der Konstellation zu begreifen wären. Es bleibt aber eine andere

Option: Eine solche Konstellation stützt sich auf Vorbilder, genauer: auf Musterkonstellationen, die in anderen Kunstwerken vorliegen und dort bereits Aktualisierungen durchlaufen haben. In ihnen sind immer bereits Zusammenhänge von Beziehungen und Elementen realisiert. Die Konstellationen in einem einzelnen Kunstwerk sind zwar aus diesem heraus bestimmt – das Kunstwerk ist selbstbezüglich konstituiert. Aber diese Konstellationen finden in dem Kunstwerk nichts, worauf sie sich stützen können; auch wenn sie durch unterschiedliche Momente Bestimmtheit gewinnen, die in dem Werk relevant sind, sind sie doch nicht aus diesen Momenten heraus begründet. Das Zustandekommen der Konstellationen kann aber erklärt werden, wenn man sagt, dass sie Muster solcher Konstellationen in anderen Kunstwerken aufgreifen.[5]

Von solchen Mustern kann man sprechen, ohne von einem Material zu sprechen, das man einer einzelnen Kunst zuschreibt oder das man in einem Spannungsfeld verortet. Wir müssen über sie nicht mehr sagen als das, was wir bereits gesagt haben: Sie bestehen in Realisierungen von Zusammenhängen zwischen Beziehungen und Elementen oder Zusammenhängen, bei denen wir nicht von Beziehungen und Elementen sprechen, sondern die wir anders erläutern. Solche Muster sind zum Beispiel der Rhythmus, die Serialität und die Narration. In Kunstwerken werden rhythmische, serielle oder narrative Konstellationen angelegt. Der Hintergrund dieser Konstellationen sind die bereits etablierten Muster dieser Konstellationen, wie sie in Vorgängerkunstwerken realisiert sind. Dabei sind die Muster meist nicht so allgemein, wie es in meinen Formulierungen klingen mag. Es sind rhythmische, serielle oder narrative Muster, die in einem Kunstwerk angelegt beziehungsweise genauer: reaktualisiert werden. Eine Prosa hat einen sprachlichen Rhythmus und realisiert ein narratives Muster. In einer anderen Prosa findet sich ein anderer sprachlicher Rhythmus und ein anderes narratives Muster. Solche spezifischen Ausprägungen verbin-

5 Dieser Begriff des Musters funktioniert anders als derjenige Nelson Goodmans, den ich in Kapitel 3 diskutiert habe (vgl. dort Abschnitt 2). Muster von Konstellationen in anderen Kunstwerken tragen als solche keine Bedeutung, sondern sind Vorlagen zur Herstellung von Elemente-Beziehungen-Konfigurationen, die ihrerseits Bedeutung realisieren. Zudem – und noch wichtiger – sind diese Muster niemals nur in einem Kunstwerk realisiert, sondern bilden sich in einem Zusammenspiel mehrerer Kunstwerke aus.

den sich miteinander zu spezifischen Mustern, die ich als *generische Konstellationen* bezeichne:[6]

> (*Generische Konstellation*) Eine generische Konstellation ist ein Muster für das Etablieren von Konstellationen von Elementen und Beziehungen beziehungsweise von anderen Momenten. Sie entsteht durch vielfältige Reaktualisierungen entsprechender Konstellationen.[7]

Generisch sind diese Konstellationen erstens, weil sie in unbegrenzter Weise reaktualisiert werden können. Sie realisieren, so gesehen, etwas Allgemeines. Sie sind aber auch insofern generisch, weil sie potentiell produktiv sind: Sie ermöglichen je neue Konfigurationen in Kunstwerken. Das Allgemeine einer Konstellation lässt sich nur durch spezifische Realisierungen fortführen. Eine generische Konstellation ist so keine Form, die einen gesicherten Bestand abgibt, sondern steht immer wieder zur Disposition. Eine generische Konstellation des Rhythmus liefert zum Beispiel die Basis für ein Musikstück, um Beziehungen zwischen Elementen zu etablieren. Eine generische Konstellation der Narration hingegen ist die Basis für Beziehungen zwischen sprachlichen Elementen in einer Erzählung. Mit jeder neuen Rhythmik und mit jeder neuen Erzählung verändert sich die jeweilige generische Konstellation. Und mit jedem Kunstwerk steht in Frage, ob eine Konstellation überhaupt fortgeführt wird. In diesem Sinn sind generische Konstellationen die Grundlage einzelner Kunstwerke, also der in ihnen ausgebildeten Konfigurationen.

6 In dem Forschungszusammenhang, dem dieser Text wesentliche Impulse verdankt, sprechen wir, auf Anregung Gertrud Kochs, von »generischen Formen«. Ich schließe mich diesem Begriff hier an, spreche allerdings nicht von Formen, da der Begriff der Form den dynamischen Zusammenhang von Elementen und Beziehungen in einem Kunstwerk nicht gut fasst und außerdem mit der Unterscheidung von Form und Inhalt beziehungsweise von Form und Material belastet ist. Ein Rhythmus aber zum Beispiel ist immer schon material und, wenn man so sprechen will, inhaltlich realisiert. Er umschließt formale sowie materiale und inhaltliche Momente gleichermaßen. Aus diesen Gründen spreche ich von Konstellationen.

7 Ich verzichte hier und im Folgenden darauf, den Begriff der generischen Konstellation in seiner Extension weiter zu bestimmen, sondern nenne nur einige Beispiele für generische Konstellationen, die ich für besonders einschlägig halte.

Zusammenhänge, wie sie in ästhetischen Gegenständen und Ereignissen (Improvisationen etc.) etabliert werden, gründen auf generischen Konstellationen. Kunstwerke eignen sie sich an und formen so in selbstbezüglicher Art und Weise die Konfigurationen, die sie selbstbezüglich anlegen. Wenn man Kunstwerke in dieser Art und Weise von generischen Konstellationen her begreift, können wir zwei Folgerungen ziehen:[8] Erstens folgt daraus, dass Kunstwerke von Grund auf plural sind. Es kann nicht nur ein einziges Kunstwerk geben. Ein Kunstwerk kann seine Konfigurationen nur etablieren, indem es generische Konstellationen aufgreift, die sich wiederum ihrerseits nur formieren können, wenn sie vielfältig reaktualisiert werden. Generische Konstellationen verbinden konstitutiv unterschiedliche Kunstwerke miteinander und überschreiten daher grundsätzlich jedes einzelne Kunstwerk. Zudem lassen sie unbegrenzt viele Reaktualisierungen in Kunstwerken zu. Kunstwerke stützen sich damit immer auf andere Kunstwerke und so fort, so dass es entweder viele Kunstwerke gibt oder keines.

Die zweite Folgerung ist von mindestens ebensolcher Relevanz: Wenn eine generische Konstellation immer unbegrenzt viele Kunstwerke miteinander verbindet, dann lässt sie sich nicht an eine einzelne Kunst binden. Eine generische Konstellation des Rhythmus kann nicht nur in musikalischen Kunstwerken, sondern auch in anderen, etwa tänzerischen oder bildnerischen Kunstwerken realisiert werden. Rhythmus ist eine Weise des Herstellens von Elemente-Beziehungen-Konstellationen, die nicht auf musikalische Zusammenhänge fixiert ist. Sie kann sich auch in Bewegungen oder in Farbkonstellationen fortsetzen. Eine generische Konstellation wie der Rhythmus kann so immer in neuer Weise reaktualisiert werden. Rhythmus verknüpft Werke von Musik, Tanz, Malerei und noch anderer Künste miteinander. Er bildet eine Grundlage für Werke dieser unterschiedlichen Künste.

Nun kann man einwenden, dass die Konstellation doch auch so ausgebildet werden kann, dass es nur zu einer Kunst, zum Beispiel zur Musik, kommt. Dieser Einwand arbeitet jedoch mit der Prämisse, dass wir von einer oder mehreren Konstellationen aus eine einzelne Kunst identifizieren können. Es handelt sich um die

8 Damit komme ich auf Überlegungen des ersten Kapitels zurück. Vgl. hierzu auch Georg W. Bertram, *Kunst. Eine philosophische Einführung*, Stuttgart 2005, Kapitel 2.

Prämisse, die wir bereits mit dem Begriff des Materials umrissen haben. Eine generische Konstellation ist aber nicht das Material einer Kunst, sondern die Basis dafür, dass unbegrenzt viele und unterschiedliche Kunstwerke entstehen. Aus diesem Grund geht die Differenzierung der Künste von generischen Konstellationen aus. Rhythmus ist die Grundlage der Differenzierung (und auch der Zusammenhänge) von Musik, Tanz und Malerei. Die generische Konstellation kann somit nicht auf eine Kunst eingeschränkt werden. Sofern Kunstwerke auf generischen Konstellationen beruhen, kann es also nicht nur eine Kunst geben. Die Pluralität von Kunstwerken und Künsten ist ein wesentliches Moment von Kunst.

Generische Konstellationen erklären damit sowohl die Herausbildung einzelner Künste als auch die Bewegung der künstlerischen Moderne, die Adorno mit dem Begriff der »Verfransung«[9] der Künste umrissen hat. Generische Konstellationen können in der Praxis der Kunst stabilisiert werden, und zwar so, dass dadurch Praxiszusammenhänge begreiflich werden, die wir als einzelne Künste bezeichnen: Tafelbildmalerei, auskomponierte abendländische Musik und so fort. Entsprechende Stabilisierungen sind aber niemals absolut, da Künste auf Basis generischer Konstellationen nicht fein säuberlich und dauerhaft voneinander abgegrenzt werden können. Da generische Konstellationen sich immer auch jenseits lokal stabilisierter Praxiszusammenhänge fortführen lassen, gehen sie somit zugleich über einzelne Künste hinaus. Die Zusammenführung der Künste, wie im Konzept des Gesamtkunstwerks, und die unterschiedlichen Auflösungsbewegungen der modernen Kunst sind aus diesem Grund gleichermaßen von generischen Konstellationen getragen. Diese werden dabei so fortgeführt, dass sie zu einer Verbindung von Künsten führen oder zu Werken, mit denen die Grenzen von Künsten insgesamt überschritten werden. Jeweils ist dies eine Frage der Reaktualisierung generischer Konstellationen. Mit jeder solchen Reaktualisierung kann sich so etwas wie eine Ordnung der Künste verschieben – auch dahingehend, dass sich diese Ordnung auflöst.

Mit dem Begriff der generischen Konstellation ist – dies ist ein erstes entscheidendes Zwischenergebnis – ein umfassender offener

9 Vgl. Theodor W. Adorno, »Die Kunst und die Künste«, in: *Gesammelte Schriften*, Band 10/1, Frankfurt/M. 1977, S. 432-454; vgl. auch »Über einige Relationen zwischen Musik und Malerei«, in: ebd., Band 16, Frankfurt/M. 1978, S. 628-642.

Zusammenhang zwischen Kunstwerken bezeichnet. Kunstwerke sind keine Gegenstände, die einfach isoliert und aus sich heraus in einer für Rezipierende unabsehbaren Weise bestimmt sind. Sie stehen mit ihrer herausfordernden Konfiguration immer in einem Zusammenhang mit anderen Kunstwerken, der quer zu einzelnen Künsten verläuft, also nicht auf die Bestimmtheit einer einzelnen Kunst zurückzuführen, sondern genuin mit der Unbestimmtheit der Weiterentwicklung von Kunstwerken und Künsten verknüpft ist. Konstellationen wie Rhythmus, farbliche Kontrastierung oder auch Fiktionalisierung sind gewissermaßen Keimzellen für ganz verschiedene Kunstwerke. Dabei sind die meisten Kunstwerke so zu verstehen, dass in ihnen mehrere solcher Konstellationen zusammenkommen. Eine narrative Konstellation kann mit einer rhythmischen Anlage, aber auch mit Momenten farblicher Kontrastierung verbunden sein. Generische Konstellationen reißen damit insgesamt einen Raum auf, in dem unbestimmt vielfältige Reaktualiserungen möglich sind. Die von ihnen gestifteten Verbindungen zwischen Kunstwerken eröffnen den einen pluralen Raum selbstbezüglich konstituierter Gegenstände.

So weit, so gut. Nun müssen wir aber klären, wie genau die *Aneignung* von generischen Konstellationen in einem Kunstwerk vor sich geht. Ein diesbezüglich durchaus verbreitetes Motiv von Kunstphilosophien und Kunsttheorien besagt, dass man hier von einer *Deformierung* zu sprechen hat. Kunstwerke verformen demnach Strukturen, auf die sie zurückgreifen, in einer charakteristischen Art und Weise. Mit einem Ausdruck, den Maurice Merleau-Ponty von André Malraux aufgreift, kann man sagen: Kunstwerke entwickeln jeweils eine »kohärente Deformierung« solcher Strukturen und gewinnen dadurch die für sie charakteristische, selbstbezüglich konstituierte eigene Sprachlichkeit.[10] In dieser Weise lässt sich die Aneignung von generischen Konstellationen in Kunstwerken aber nicht erläutern, da von einer kohärenten Deformation nur dort die Rede sein kann, wo zuvor feste Strukturen etabliert worden sind. Genau das aber ist bei generischen Konstellationen nicht der Fall. Zwar sind generische Konstellationen immer bereits

10 Vgl. Maurice Merleau-Ponty, »Das indirekte Sprechen und die Stimmen des Schweigens«, in: *Das Auge und der Geist. Philosophische Essays*, Hamburg 2003, S. 111-175, hier: S. 132 f. und S. 166 f.

in unterschiedlichen Gegenständen etabliert, stellen aber als solche offene Möglichkeiten der Weiterentwicklung bereit. Dies macht ihren produktiven Charakter aus. Da jeder Gegenstand die generischen Konstellationen, die er aufgreift, in einer spezifischen Art und Weise ausgestaltet, kann man eine generische Konstellation nicht als eine Struktur begreifen, die sich verformen ließe. Vielmehr wird eine solche Konstellation in einem Kunstwerk jeweils in einzigartiger Weise ausgestaltet. Es entwickelt die generischen Konstellationen, die es aufgreift, weiter. Aus diesem Grund spreche ich von der *Reaktualisierung* von generischen Konstellationen, die diese wiederum vorantreibt.

Jetzt können wir besser verstehen, warum Hegels Systematik problematisch ist, und damit das bisher Erreichte noch einmal anders beleuchten. Ich hatte Hegel für die These kritisiert, dass Künste immer ein Verhältnis von sinnlich-materialer Darbietung und geistiger Thematisierung realisieren, und gesagt, dass Künste sich nicht allgemein als auf ein Verhältnis dieser Art festgelegt begreifen lassen, sondern dass sie die für sie prägenden Verhältnisse aus sich heraus bestimmen. Nun wissen wir, dass es vor allem darauf ankommt, diese prägenden Verhältnisse nicht als abgeschlossene zu begreifen. Das Problem von Hegels Explikation der Pluralität der Künste ist, so gesehen, dass er diese Pluralität als die eines abgezirkelten Bereichs begreift. Künste lassen sich aber nicht gesichert verorten, sondern entwickeln sich grundsätzlich vor einem Horizont von Unbestimmtheit. Deshalb kann es keinen Rahmen geben, in dem sie stabil verankert wären. Mit dem Begriff der generischen Konstellation ist der Gedanke verbunden, dass Momente in Kunstwerken immer wieder neu im Zusammenhang miteinander ausgehandelt werden.[11]

Ein Beispiel hierfür sind Reimstrukturen in der Lyrik. Hier werden unterschiedliche Elemente aus Beziehungen heraus festgelegt, so dass sich als Elemente Reimschemata ergeben. Die Spannung zwischen den Beziehungen und den Elementen wird in jedem neuen Gedicht spezifisch interpretiert. Charakteristisch für diese Spannung ist, dass sie nicht durch eine einzelne Kunst beziehungsweise

11 Dies begreife ich auch als eine Reformulierung von Heideggers These, im Kunstwerk werde ein »Streit zwischen Erde und Welt« bestritten (vgl. Martin Heidegger, »Der Ursprung des Kunstwerkes«, in: *Holzwege*, Frankfurt/M. [7]1994, S. 34 f.).

ein künstlerisches Medium festgeschrieben wird. Sie ist vielmehr von den jeweiligen Reaktualisierungen in den einzelnen Kunstwerken her zu begreifen. Die Spannung, die in einer generischen Konstellation zwischen Elementen und Beziehungen herrscht, ist in dieser Weise immer spezifisch ausgeprägt. Sie lässt sich nicht in einer allgemeinen Weise für je bestimmte generische Konstellationen geltend machen. Das Konzept der generischen Konstellationen führt uns daher nicht zu einem System der Künste, sondern zu einem Verständnis vielfältiger Konstellationen, die in unterschiedlichen Kunstwerken und Künsten immer neu reaktualisiert werden. Der offene Zusammenhang der Kunstwerke und der Künste, der eine wesentliche Grundlage ästhetischer Selbstbestimmung ist, lässt sich somit wie folgt artikulieren:

> (*Zusammenhang der Kunstwerke und der Künste*) Kunstwerke und Künste hängen dadurch zusammen, dass sie in ihrer selbstbezüglichen Konstitution generische Konstellationen reaktualisieren. Generische Konstellationen können unbegrenzt in unterschiedlichen Kunstwerken und Künsten reaktualisiert werden.

Der Begriff der generischen Konstellation erlaubt es, eine Verbindung zu den Überlegungen des dritten Kapitels herzustellen. Dort habe ich dargelegt, dass die selbstbezügliche Verfasstheit eines Kunstwerks unterschiedlichen interpretativen Aktivitäten korrespondiert, mit der die in einem Kunstwerk angelegten Konstellationen artikuliert werden. Diese interpretativen Aktivitäten können wir nun mit generischen Konstellationen verknüpfen. Eine rhythmische Konstellation kann zum Beispiel mittels Bewegungs- und Wahrnehmungsaktivitäten artikuliert werden, eine fiktionalisierende Konstellation mittels unterschiedlicher emotionaler Aktivitäten, Vorstellungsaktivitäten und symbolischer Aktivitäten. Solche Entsprechungen sind erhellend, da sie für uns verständlich machen, inwiefern interpretative Aktivitäten einerseits an ein jeweiliges Kunstwerk gebunden sind und andererseits doch mit vielen Kunstwerken zusammenhängen. Aufgrund ihrer Verbindung mit generischen Konstellationen lassen sich Aktivitäten an unterschiedlichen Kunstwerken schulen. Rezipierende lernen, sich zur Musik zu bewegen, Bilder zu sehen und literarische Texte angemessen sprachlich zu artikulieren. Interpretative Aktivitäten werden anhand generischer Konstellationen ausgebildet und geschult. Auf diese Weise können sich Rezipierende in Auseinandersetzung mit Kunst entwickeln, sie können ihre Fähigkeiten verfeinern und Spezialisierungen lernen. Da wiederum die generischen Konstellationen in einzelnen Kunstwerken in je spezifischer Weise reaktualisiert werden, sind die generell entwickelten Fähigkeiten artikulierender Aktivitäten keine Garantie dafür, dass ein neues Kunstwerk artikuliert zu werden vermag. Die Artikulationen müssen sich vielmehr an den Reaktualisierungen der generischen Konstellationen in dem Kunstwerk orientieren.

Die Pluralität generischer Konstellationen hat also ihr Pendant in der Pluralität interpretativer Aktivitäten und hängt systematisch mit diesen Aktivitäten zusammen. Wie im letzten Kapitel ausgeführt, bestimmt der mit generischen Konstellationen verbundene Konstitutionsprozess ein Kunstwerk nicht restlos aus sich heraus, sondern ist mit interpretativen Praktiken konstitutiv verbunden, in denen er sich weiterentwickelt. Kunst ist in diesem Sinn ein dynamisches Geschehen, das durch ein Zusammenspiel von Gegenständen und Praktiken Anstöße liefert. Die Anstöße der Kunst gehen also nicht alleine von Gegenständen aus, sondern basieren auf einer Praxisform, die eine Dynamik von Gegenständen und Praktiken realisiert. Aus diesem Grund lässt sich die Praxis der Kunst nicht auf paradigmatische Objekte rückverfolgen, wie zum Beispiel Jerrold Levinson vorgeschlagen hat.[12] Wenn man die Kunst – auch in ihren Ursprüngen – begreifen will, reicht es nicht, auf ausgezeichnete Kunstwerke zu rekurrieren, sondern es gilt, eine Praxisform in den zu Blick bekommen, in der Objekte und interpretative Praktiken in dynamischer Weise zusammenspielen. In diese Praxisform muss eingeführt werden, wer sich mit Kunst auseinandersetzen will.

Hier ist wiederum der Ausdruck Albrecht Wellmers aufschlussreich, den ich schon im dritten Kapitel für den umfassenden dynamischen Zusammenhang eingeführt habe: »Reflexionsspiel«.[13] Er erlaubt es, das Zusammenspiel von in Kunstwerken reaktualisier-

12 Vgl. Jerrold Levinson, »Refining Art Historically«, in: *The Journal of Aesthetics and Art Criticism* 47 (1989), S. 21-33.

13 Albrecht Wellmer, *Versuch über Musik und Sprache*, München 2009, S. 146 u. a.

ten Konstellationen und interpretativen Aktivitäten zu fassen, und zwar wie folgt: Die Konstellationen und die Aktivitäten spiegeln sich wechselseitig und entwickeln sich aneinander fort. Das Reflexionsspiel allerdings hat nicht nur zwei Pole, nämlich Konstellationen und interpretative Aktivitäten, sondern mit den interpretativen Aktivitäten kommen auch ihre Pendants in alltäglichen Praktiken ins Spiel. Wahrnehmungsaktivitäten, die in Auseinandersetzung mit Kunstwerken oder ästhetischen Geschehnissen entwickelt werden, beziehen sich auf Wahrnehmungsaktivitäten alltäglicher Praktiken. Das Reflexionsspiel kennt also eine gewissermaßen gedoppelte Reflexion: Das Reflexionsverhältnis, in dem Verfahrensweisen und Aktivitäten zueinander stehen, verdoppelt sich in Bezug auf die Aktivitäten in alltäglichen Praktiken. Oder anders gesagt: Das Reflexionsspiel ist autonom *und* heteronom: autonom, sofern es einen dynamischen Zusammenhang zwischen Kunstwerken und interpretativen Aktivitäten umfasst, und heteronom, sofern dieser Zusammenhang immer auch auf alltägliche Praktiken bezogen ist. Die Künste und ihre generischen Konstellationen sind damit wesentlich an die praktische Reflexion (hier gebrauche ich den Begriff wieder im Sinne der im zweiten Kapitel eingeführten Terminologie) gebunden, die Kunst im Rahmen der menschlichen Praxis leistet. Sie lassen sich also nicht begreifen, wenn man sie isoliert im Rahmen der künstlerischen Praxis betrachtet. Die Stellung der Kunst in der menschlichen Praxis ist wesentlich, um zu einem Verständnis der Konstellationen in Kunstwerken und Künsten zu gelangen. Diese Konstellationen sind ein Moment in dem umfassenden Reflexionsspiel, das die Kunst im Rahmen der menschlichen Praxis initiiert.

2. Ästhetische Erfahrung

Der Zusammenhang von Kunstwerken und Künsten, der mit dem Begriff der generischen Konstellationen begreiflich wird, kann allerdings aus sich heraus nicht erklären, warum Rezipierende sich von Kunstwerken in interpretative Aktivitäten verwickeln lassen. Zwar erlaubt der Begriff der generischen Konstellationen, zu verstehen, inwiefern ein jeweiliges Kunstwerk in seiner selbstbezüglichen Konstitution mit anderen Kunstwerken in komplexer Weise verbunden ist; und auch dass Aktivitäten von Rezipierenden trotz des je idiosynkratischen Charakters von Kunstwerken eine Entwicklung und Schulung zulassen, ergibt nun Sinn. Klar ist jedoch noch nicht, inwiefern die Auseinandersetzung mit diesen Konstellationen für Rezipierende wertvoll ist. Genau dies aber müssen wir erläutern, wenn wir sagen wollen, dass es sich bei diesen Praktiken um solche der Selbstbestimmung handelt. Wir stehen vor der Aufgabe, zu begreifen, inwiefern es für Rezipierende auch aus ihrer subjektiven Perspektive heraus produktiv ist, sich mit entsprechenden Konstellationen auseinanderzusetzen.

An diesem Punkt ist besonders in jüngerer Zeit immer wieder der Begriff der ästhetischen Erfahrung in den Ring geworfen worden. Ästhetische Erfahrungen seien als besondere Erfahrungen der Grund dafür, dass die Auseinandersetzung mit Kunstwerken für Rezipierende wertvoll ist. Im Anschluss an Kant sind diese besonderen Erfahrungen immer wieder als Erfahrungen von Unbestimmtheit begriffen worden. Nun scheint es, als hätten wir mit dem bislang Gesagten genau dies bestritten. Die Basis dieser Erfahrungen, so haben wir gesagt, sind interpretative Aktivitäten. Und wir haben nun verstanden, dass diese Aktivitäten sich wiederum an sehr unterschiedlichen generischen Konstellationen orientieren, die in Kunstwerken ausgeprägt sind. Rhythmus, Farbkontrast, narrativer Zusammenhang und Fiktionalisierung: all solche unterschiedlichen Konstellationen werden in Kunstwerken reaktualisiert. Diese Unterschiede schlagen sich auch in interpretativen Aktivitäten nieder. Die Konstellationen im Kunstwerk und die ihnen korrespondierenden interpretativen Aktivitäten sind so als je unterschiedlich bestimmt zu begreifen. Damit sieht es so aus, als seien ästhetische Erfahrungen als bestimmte Erfahrungen zu verstehen und nicht als solche der Unbestimmtheit.

Dieser Eindruck trügt aber. Er hängt nämlich mit einer Voraussetzung zusammen, die wir aufgeben müssen. Sie lautet: Eine ästhetische Erfahrung muss eine Erfahrung von etwas Besonderem sein. Wenn man ästhetische Erfahrung in ihrer Spezifik begreifen will, muss man – so haben viele Positionen vorausgesetzt – nach diesem Besonderen fragen, auch und gerade dann, wenn man zu der Einsicht kommt, dass es das ganz und gar Unbestimmte ist. Man kann dann zum Beispiel mit Martin Seel sagen, dass es sich um die

Erfahrung eines Erscheinens handelt[14] – oder mit Christoph Menke, dass hier ein spezifisches Gutes erfahren wird.[15] Jeweils wird die Erfahrung über das, wovon sie handelt beziehungsweise worauf sie sich bezieht, spezifiziert. Genau dieser Weg steht uns aber nicht mehr offen, da die unterschiedlichen Reaktualisierungen von generischen Konstellationen, die ästhetisch erfahren werden, keinen einheitlichen Bezugspunkt haben.

Das aber muss nicht heißen, dass wir ästhetische Erfahrungen als durch und durch bestimmt zu begreifen haben. Es kann auch heißen, dass die besagte Voraussetzung nicht zu halten ist. Und genau das ist der Fall. Die Spezifik ästhetischer Erfahrung liegt nicht in einem gemeinsamen Bezugspunkt, sondern in der Gemeinsamkeit all jener Aktivitäten, die Rezipierende in der Auseinandersetzung mit Kunstwerken ausführen. Auch wenn diese Aktivitäten von den Konstellationen der Kunstwerke geleitet werden, handelt es sich doch, wie ich immer wieder betont habe, um Aktivitäten der rezipierenden Subjekte. Wenn diese nun in ihren Aktivitäten geleitet sind, dann heißt dies: Sie machen die Erfahrung einer Unselbständigkeit. Genauer gesagt handelt es sich um eine Erfahrung der *Unselbständigkeit in der Selbständigkeit.* In ihren Aktivitäten sind erfahrende Subjekte selbständig. Wenn die Aktivitäten aber vom Gegenstand geleitet werden, resultiert eine Erfahrung der Unselbständigkeit in der Selbständigkeit.[16]

Die Unselbständigkeit, von der hier die Rede ist, wird oftmals und irreführenderweise als Ziellosigkeit verstanden.[17] Wer ästhe-

14 Vgl. Martin Seel, *Ästhetik des Erscheinens*, München 2000 (die Position von Martin Seel erschöpft sich allerdings bei weitem nicht in dieser Grundbestimmung).

15 Vgl. hierzu Kapitel 1, Abschnitt 1.

16 Martin Seel hat eine entsprechende Verschränkung von Aktivität und Passivität in vielen Arbeiten verfolgt (vgl. bes. Martin Seel, »Sich bestimmen lassen. Ein revidierter Begriff von Selbstbestimmung«, in: *Sich bestimmen lassen*, Frankfurt/M. 2002, S. 279-298). In jüngeren Arbeiten macht er sie auch für ein Verständnis von Kunst fruchtbar; vgl. die prägnante Passage in Martin Seel, *Die Künste des Kinos*, Frankfurt/M. 2013, S. 236-239.

17 Dem Gedanken der Ziellosigkeit verwandt ist der heute oft gebrauchte Begriff der ästhetischen Immersion (vgl. Werner Wolf [Hg.], *Immersion and Distance. Aesthetic Illusion in Literature and Other Media*, Amsterdam 2013). Auch für die Erläuterungen, die mit diesem Begriff entwickelt werden, ist es charakteristisch, dass die Relevanz von Aktivitäten für ästhetische Erfahrungen nicht ausreichend betont wird.

tisch erfährt, ist wesentlich an der Konstellation eines Gegenstands oder Ereignisses orientiert. In diesem Sinn kann man davon sprechen, dass die Erfahrung von einem Gegenstand her gemacht wird. Aufgrund ihrer Unselbständigkeit ist der Verlauf der Erfahrung für diejenigen, die sie machen, nicht absehbar. Der Fortgang der Aktivitäten ist wesentlich an der Konfiguration des Objekts orientiert, wodurch der Eindruck von Ziellosigkeit entsteht. Genau betrachtet herrscht aber keine Ziellosigkeit vor. Richtig ist vielmehr, dass aufgrund der Unselbständigkeit der Aktivität deren Ziele nicht allein aus ihr heraus bestimmt sind, sondern, wenn man so sprechen will, auch von dem Objekt gesetzt werden. Damit entsteht für eine Rezipientin – trotz eigener Aktivität – immer wieder der Eindruck, sie folge einer unbestimmten Bewegung. Aber dieser Eindruck steht ja oftmals nicht allein, denn vielfach wird die Rezipientin zugleich den Eindruck haben, dass sie sich und dem Gegenstand Fragen stellt, dass sie Aspekte versteht und dass sie das Kunstwerk beurteilt. Beide Eindrücke müssen im Zusammenhang erläutert werden, und genau dies wird möglich, wenn man den Eindruck einer unbestimmten Bewegung durch die Unselbständigkeit der Aktivitäten erläutert, die eine Rezipientin vollführt. Dann kann man nämlich sagen, dass es zugleich bestimmte Aktivitäten sind, die in dieser Unselbständigkeit vollführt werden.

Diese Unselbständigkeit begründet die spezifische Erfahrung, die Rezipierende in der Auseinandersetzung mit Kunstwerken machen und die diese Auseinandersetzung für sie herausfordernd sein lässt. Aufgrund dieser Unselbständigkeit haben die Aktivitäten eine aus ihrer Perspektive unbestimmte Richtung. Dies gilt generell, also unabhängig davon, welche Bestimmtheit diese Aktivitäten realisieren. Wenn man die Unbestimmtheit ästhetischer Erfahrung in dieser Weise erläutert, wird verständlich, dass die Vielfalt interpretativer Aktivitäten ihr nicht widerstreitet. Sie lässt sich vielmehr als eine Dimension verstehen, die unterschiedliche Aktivitäten miteinander verbindet und deren Unselbständigkeit zum Ausdruck bringt. Ästhetische Erfahrung kann und muss somit nicht auf Basis der Bestimmtheit von Aktivitäten oder ihrer je unterschiedlichen Bezugspunkte gefasst werden.

Diesem spezifischen Charakter ästhetischer Erfahrung lässt sich noch mehr Kontur verleihen, wenn man den Erfahrungsbegriff Hegels und Gadamers heranzieht. Gadamer hat unter Berufung auf

Hegel behauptet, dass Erfahrungen immer ein negatives Moment haben.[18] Paradigmatisch sind demnach die Erfahrungen, die man macht, und nicht die, die man hat. Wenn man Erfahrungen macht, werden Verständnisse revidiert beziehungsweise transformiert. Aus einer Negation von Verständnissen gehen neue Verständnisse hervor. Erfahrungen kann aus diesem Grund nur derjenige machen, der seine Verständnisse aufs Spiel setzt, nicht hingegen, wer sich der Welt gegenüber in seinen Verständnissen abschottet. Letzterer bleibt bei den immergleichen Ansichten stehen. Dies kann man durchaus als eine passive, eine unbewegliche Haltung verstehen. Erfahrungen zu machen setzt voraus, dass man aktiv wird und seine Verständnisse aufs Spiel setzt.

Genau dies gilt auch für ästhetische Erfahrungen, die ja stets mit eigener Aktivität verbunden sind. Mit den Aktivitäten, die sie in Auseinandersetzung mit Kunstwerken entwickeln, setzen Rezipierende jeweils einige ihrer Praktiken aufs Spiel. Genau dies hält der Begriff »Unselbständigkeit in der Selbständigkeit« fest. Rezipierende folgen mit ihren Aktivitäten den Konstellationen des Kunstwerks und lassen sich dabei von diesen Konstellationen leiten, womit die fraglichen Aktivitäten in einer für die Rezipierenden ganz und gar unabsehbaren Weise herausgefordert werden.

In der Kunstphilosophie ist ästhetische Erfahrung entsprechend spätestens seit Schopenhauer immer wieder als eine Erfahrung des Selbstverlusts erläutert worden.[19] Demnach löst sich das Subjekt in Auseinandersetzung mit Kunst in seinen Strukturen auf. Diese Erläuterung aber fasst nicht angemessen, inwiefern Rezipierende in ihrer Auseinandersetzung mit Kunst einige ihrer Praktiken und damit auch sich selbst aufs Spiel setzen. Das Aufs-Spiel-Setzen führt nicht zu einem Selbstverlust – ein solcher läge nur dann vor, wenn das, was aufs Spiel gesetzt werden könnte, aufhörte zu existieren, also gar nicht mehr aufs Spiel gesetzt werden könnte. Wer ästhetische Erfahrungen als eine des Selbstverlusts zu denken sucht, kann

18 Vgl. zum Folgenden Hans-Georg Gadamer, *Wahrheit und Methode*, Tübingen [6]1990, S. 359-363.

19 Vgl. zu dem Gedanken, ästhetische Erfahrung als eine Erfahrung des Selbstverlusts zu erläutern, Arthur Schopenhauer, *Die Welt als Wille und Vorstellung*, Frankfurt/M. 1986, bes. Kapitel 39; Friedrich Nietzsche, *Die Geburt der Tragödie aus dem Geiste der Musik*, in: *Kritische Studienausgabe in 15 Bänden*, hg. von Giorgio Colli und Mazzino Montinari, Band 1, München u. a. 1988, S. 9-156.

also nicht verständlich machen, dass Rezipierende in ihrer Auseinandersetzung mit Kunstwerken aktiv werden müssen. Mit ihren Aktivitäten in der Auseinandersetzung mit Kunstwerken setzen Rezipierende sich also in anderer Weise aufs Spiel: Sie lassen sich in ihren Aktivitäten verändern – gehen also die Möglichkeit ein, als die Subjekte verändert zu werden, die sie sind.

Diese Erläuterungen richten sich gegen eine immer wiederkehrende Versuchung, die darin besteht, ästhetische Erfahrungen zum Paradigma von Erfahrung überhaupt zu erklären, und die auch und gerade anhand der Erläuterungen Gadamers nachzuvollziehen ist. Auch wenn Gadamer den Erfahrungsbegriff in einer hilfreichen Weise konturiert, fasst er diesen Begriff doch zu einheitlich und tendiert damit dazu, ästhetische Erfahrungen zu einem Modellfall von Erfahrungen überhaupt zu machen.[20] Der Erfahrungsbegriff wird insgesamt an ästhetische Momente gebunden, so dass eine Tendenz entsteht, zu behaupten, dass echte Erfahrungen ästhetisch sind. Analoge Erläuterungen finden sich bei Dewey[21] und in anderer Form bei Adorno.[22] Auch die im ersten Kapitel diskutierte Position von Christoph Menke lässt sich so verstehen. All diese Positionen teilen trotz ihrer erheblichen Unterschiede den Gedanken, dass die ästhetische Erfahrung das Modell dafür abgibt, was es heißt, tatsächlich eine Erfahrung zu machen (im emphatischen Sinn von »machen«).

Ich glaube aber, anhand der bisherigen Erläuterungen zeigen zu können, wie man diesem Gedanken widerstehen kann. Man muss begreifen, inwiefern die Aktivitäten in ästhetischen Erfahrungen anders ausfallen als bei anderen Erfahrungen, so dass der Erfahrungsbegriff nicht generell an ästhetische Momente gebunden werden kann. Dabei hilft uns der Begriff der Unselbständigkeit. Aktivitäten der Unselbständigkeit in der Selbständigkeit sind kein

20 So heißt es bei Gadamer unter anderem programmatisch: »Wir sehen in der Erfahrung der Kunst eine echte Erfahrung am Werke, die den, der sie macht, nicht unverändert läßt […].« (Gadamer, *Wahrheit und Methode*, S. 106.)

21 Vgl. John Dewey, *Kunst als Erfahrung*, Frankfurt/M. 1985, Kapitel 3.

22 Adorno schreibt entsprechend über die ästhetische Erfahrung: »Diese Erfahrung ist konträr zur Schwächung des Ichs, welche die Kulturindustrie betreibt.« (Theodor W. Adorno, *Ästhetische Theorie*, Frankfurt/M. 1970, S. 364.) Ich kann im Sinne Adornos ergänzen: Sie arbeitet der Verkümmerung beziehungsweise dem Verlust von Erfahrung entgegen, die mit der Schwächung des Ichs durch die Kulturindustrie verbunden sind.

Modellfall sonstiger Erfahrungen, bei denen wir Aktivitäten so vollziehen, dass die Selbständigkeit sich von der Unselbständigkeit unterscheidet. Dies lässt sich erläutern, wenn wir die Erfahrungen betrachten, die wir im Zusammenhang mit Handlungen machen. Handlungen sind Aktivitäten, die wesentlich mit der Selbständigkeit derjenigen, die handeln, verbunden sind. Wer auf dem Eis ausrutscht, handelt in diesem Sinn genau nicht. Sie oder er ist bei einem solchen Ausrutschen unselbständig. Im Zuge einer Handlung hingegen sind Subjekte selbständig. Nicht übersehen werden darf dabei, dass auch für Handlungen viele Momente von Unselbständigkeit wesentlich sind. Diese Momente aber sind nicht so in die Selbständigkeit eingelassen, wie dies bei interpretativen Aktivitäten in der Kunst der Fall ist. Im Falle von Handlungen spielen Unselbständigkeit und Selbständigkeit zusammen, im Falle ästhetischer Erfahrungen ist die Selbständigkeit als solche unselbständig. Aus diesem Grund taugen sie nicht als Paradigma sonstiger Erfahrungen. So bestätigt sich hier, dass Kunst trotz ihres Zusammenhangs mit der sonstigen menschlichen Praxis spezifisch ist. Diese Spezifik ist tatsächlich mit einem charakteristischen Moment von Unbestimmtheit verbunden – mit einem Moment von Unbestimmtheit allerdings, das nicht der Inhalt spezifischer Erfahrungen, sondern der Modus der diese Erfahrungen ermöglichenden Aktivitäten ist. Damit können wir die Unbestimmtheit als wesentliches Charakteristikum der interpretativen Aktivitäten in Auseinandersetzung mit Kunstwerken und als Erläuterung ästhetischer Erfahrungen folgendermaßen fassen:

> (*Ästhetische Erfahrungen als Erfahrungen einer Unselbständigkeit in der Selbständigkeit*) Ästhetische Erfahrungen sind Erfahrungen, die man aus eigenen Aktivitäten heraus macht, wobei die Aktivitäten an Zusammenhänge gebunden sind, denen sie in einer unselbständigen Weise folgen. Es handelt sich um Erfahrungen einer Unselbständigkeit in der selbständigen Aktivität.

Mit diesem Begriff der Spezifik der Kunst gerüstet, können wir auch ein weitverbreitetes Motiv ästhetischer Theorien neu einschätzen, demzufolge ästhetische Erfahrungen kontemplativ sind. Wie bei so vielen Motiven hat auch in diesem Fall Kant die Weichen der Diskussion gestellt. Das von ihm behauptete freie Spiel der Erkenntnisvermögen[23] ist ein kontemplatives Spiel, dessen kontemplativen Charakter wir deutlich machen können, indem wir sagen: Ein Gegenstand oder eine Darbietung wird in unbegrenzter Weise begrifflich erkundet. Im Zuge dieser Erkundung wird kein Begriff festgelegt. Begriffe werden nur spielerisch herangezogen. Eine solche Erläuterung lässt sich nun aus dem idealistischen Ansatz Kants herauslösen. Sie lässt sich ganz praktisch verstehen. Wer ästhetische Erfahrungen macht, schweift demnach über unbestimmt viele Details eines Gegenstands. Er nimmt den Gegenstand, wie Martin Seel sagt, »in der augenblicklichen Fülle seiner Erscheinungen«[24] wahr. Eine unbestimmte Vielzahl von Aspekten des Gegenstands werden in einer Bewegung durchgegangen, die nicht auf ein Ziel aus ist, sondern die sich als diese Bewegung, um es noch einmal mit Kant zu sagen, »selbst stärkt und reproduziert«.[25] In diesem Sinn sind ästhetische Erfahrungen kontemplative Erfahrungen.

Nun ist eine solche Erläuterung schon immer mit einem Problem konfrontiert, auf das wir bereits mehrfach in unterschiedlicher Gestalt gestoßen sind, und zwar: begreiflich zu machen, wie ästhetische Erfahrungen als bestimmt begriffen werden können. Inwiefern können wir in einer Musik einen Trost in der transzendentalen Obdachlosigkeit hören oder in einem Film die Tiefe dessen, was Menschen Menschen bedeuten können, vorgeführt bekommen? Wer ästhetische Erfahrungen als kontemplativ begreift, hat Probleme, solche Momente der Bestimmtheit (von Inhalt oder Bedeutung) plausibel zu machen. Wie können ästhetische Erfahrungen bestimmt sein, wenn sie von Grund auf unbestimmt sind? Wer von der Kontemplation ausgeht, kann hier nur eine Ergänzung eines Begriffs ästhetischer Erfahrungen vornehmen, der auf diese Momente von sich aus nicht vorbereitet ist, so dass sie ihm äußerlich bleiben.[26]

23 Vgl. dazu Kapitel 2, Abschnitt 1.

24 Vgl. Seel, *Ästhetik des Erscheinens*, S. 84.

25 Immanuel Kant, *Kritik der Urteilskraft*, in: *Werke*, hg. von Wilhelm Weischedel, Band 10, Frankfurt/M. 1974, B 37.

26 Auch für ein solches theoretisches Manöver lässt Kant sich als Vorbild begreifen. Sein Begriff der »ästhetischen Idee« (vgl. ebd., B 193) ergänzt den Begriff des Geschmacks in genau der Weise, dass die Unbestimmtheit der ästhetischen Erfahrung mit einem Moment von Bestimmtheit verbunden wird, von dem Kant sagt, dass es für Kunst charakteristisch ist.

Ästhetische Erfahrungen aber sind, so können wir nun erneut sagen, von Grund auf bestimmt – nur eben in anderer Weise als andere Erfahrungen. Auf dieser Basis können wir die Intuition besser erklären, die sich in dem Rekurs auf Kontemplation verbirgt: Ästhetisch sind Erfahrungen wie gesagt genau dann, wenn es sich um Erfahrungen der Unselbständigkeit in der Selbständigkeit handelt. Da sie wesentlich auf Aktivitäten (auf all den interpretativen Aktivitäten, die wir bereits gewürdigt haben) beruhen und da diese Aktivitäten immer bestimmt sind, sind auch ästhetische Erfahrungen grundsätzlich bestimmt. Ihre Spezifik liegt in der Unselbständigkeit begründet, die für interpretative Aktivitäten charakteristisch ist.

3. Die Modernität von Kunst und das Ringen um ästhetisches Gelingen

Mit dem Begriff der ästhetischen Erfahrung können wir begreifen, dass die unterschiedlichen Aktivitäten, die Rezipierende in Auseinandersetzung mit Kunstwerken verfolgen, einen Zusammenhang aufweisen. Die Erläuterungen, die ich diesem Begriff gegeben habe, machen zudem nochmals verständlich, was ich bereits im dritten Kapitel betont habe: dass nämlich die Selbständigkeit der Aktivitäten grundlegend für ästhetische Praktiken ist. Auch wenn ich nun die Erfahrungen Rezipierender in der Auseinandersetzung mit Kunstwerken so erläutert habe, dass sie konstitutiv mit dieser Selbständigkeit verbunden sind, ist damit noch nicht geklärt, inwiefern ästhetische Praktiken einen Beitrag zur Weiterentwicklung von Selbständigkeit leisten. Wenn wir ästhetische Erfahrungen insgesamt als Erfahrungen der Unselbständigkeit in der Selbständigkeit verstehen: Heißt das nicht, dass in der Kunst Selbständigkeit zwar vorausgesetzt, aber nicht ihrerseits befördert wird? Anders gefragt: Worum geht es uns in der Erfahrung einer Unselbständigkeit in der Selbständigkeit? Ich habe immer wieder betont, dass mit interpretativen Aktivitäten auch sonstige Aktivitäten in der Welt ins Spiel kommen. Oder noch einmal in Begriffen der Erfahrung gesagt: Ich habe betont, dass mit interpretativen Aktivitäten auch sonstige Praktiken in der Welt aufs Spiel gesetzt werden. Mit welchem Ziel aber kommen solche Aktivitäten ins Spiel?

Allgemein geantwortet: Aktivitäten der Unselbständigkeit in der Selbständigkeit zielen darauf, als wertvoll erfahren zu werden. Die Herstellung von Kunstwerken ist in diesem Sinn daran orientiert, dass diese für Aktivitäten von Rezipierenden wertvoll sind. Sicherlich gelingt es nicht allen Kunstwerken, dieses Ziel zu realisieren, doch sind alle an ihm orientiert. Kunstwerke ringen um ihr Gelingen als Gegenstände, die für eine Auseinandersetzung wertvoll sind. Kurz gesagt: Kunstwerke ringen um ihr ästhetisches Gelingen. Wie können wir ein solches Ringen als Basis für einen Beitrag der Kunst zur Realisierung von Freiheit begreifen? Ausgehend von dieser Frage können wir einen Versuch unternehmen, zu verstehen, inwiefern ästhetische Erfahrungen Selbständigkeit nicht nur voraussetzen, sondern ihrerseits auch zugleich herstellen.

Wenn man das Ringen der Kunstwerke um ästhetisches Gelingen als Basis zur Realisierung von Freiheit zu begreifen sucht, stößt man auf eine geradezu klassische Intuition, der zufolge Kunst eine Praxis ist, die nach immer weitergehender Modernität strebt. Das Ringen um ästhetisches Gelingen führt dazu, dass Kunst sich immer weiter entwickelt. Kunst ist, so kann man die Intuition, von der ich spreche, mit Adorno artikulieren, an der »Kategorie des Neuen« orientiert.[27] Sie trägt in sich die Tendenz zur Avantgarde. Eine entsprechend ansetzende Explikation des Ringens um ästhetisches Gelingen ist nicht nur eine weitverbreitete Intuition, sondern wird auch in impliziter oder expliziter Form von vielen Kunstphilosophien vertreten. Zwei Philosophien, die ich wiederholt als Orientierungspunkte herangezogen habe, sind in dieser Hinsicht paradigmatisch: die Adornos und die Dantos. Aus diesem Grund scheint es mir hilfreich, an diesem Punkt meiner Überlegungen die Verständnisse einer avantgardistischen Grundtendenz der Kunst zu diskutieren, die in diesen Philosophien vorgeschlagen werden. Diese Diskussion unternehme ich mit dem Ziel, deutlich zu machen, dass das Ringen um ästhetisches Gelingen nicht dadurch begriffen werden kann, dass man der Kunst eine avantgardistische Tendenz zuschreibt.

Adorno erläutert die Grundtendenz der Kunst als eine Tendenz zur Selbstauflösung. Kunst sei innerhalb gesellschaftlicher Zusammenhänge wesentlich um die Sicherung ihrer Autonomie bemüht,

27 Adorno, *Ästhetische Theorie*, S. 37.

da sie nur durch diese Autonomie den gesellschaftlichen Verhältnissen Widerstand leisten könne. Die Autonomie werde dabei durch die eigentümlichen Sprachen der Kunstwerke, durch deren Formgesetze realisiert. Sobald aber eine solche Sprache in einem gelungenen Kunstwerk gefunden ist, werde diese neue Sprache gesellschaftlich assimiliert. Die eigentümliche Sprache des Kunstwerks werde unter die in einer Gesellschaft vertrauten Sprachformen aufgenommen und könne aus diesem Grund keine irritierenden Wirkungen mehr entfalten. Der Kunst gehe also ihre Autonomie immer wieder verloren. Um dieser Konsequenz zu entgehen, muss Kunst sich, so Adorno, in ihrer autonomen Sprachlichkeit stets weiterentwickeln. Sie realisiert ein »Bewegungsgesetz«,[28] das sie zum immer wieder Neuen hintreibt. Genau darin liege die Orientierung der Kunst an der »Kategorie des Neuen« begründet.

Mit dem Eintritt in die Moderne aber, so erläutert Adorno weiter, werde die Realisierung dieses Bewegungsgesetzes zunehmend prekär. Für die Kunst werde es immer problematischer, sich noch einen autonomen Bereich zu sichern. Dies liegt für Adorno darin begründet, dass die Gesellschaft zunehmend alle autonomen Formationen von Kunst in sich aufnimmt, so dass der Kunst kein Bewegungsspielraum für die Entwicklung neuer Sprachen mehr bleibt. Unter dem Begriff der »Kulturindustrie« hat Adorno diese Entwicklung der Moderne bereits früh als kommunikative Assimilierung analysiert:[29] Die autonome Sprachlichkeit der Kunst werde gesellschaftlich kompatibel gemacht, so dass ihre Widerständigkeit gegenüber den gesellschaftlich etablierten Kommunikationszusammenhängen abgeschliffen werde. Kunst werde damit in ihrer Sprache insgesamt kommensurabel.

Auf diese Entwicklung reagiert die Kunst nun Adornos Erläuterungen zufolge mit ihrer Selbstauflösung. Adornos Begriff für diese Selbstauflösung lautet »Entkunstung der Kunst«.[30] In der Moderne entstehen zunehmend Werke, die für sich keine spezifische Sprachlichkeit mehr reklamieren, die also ihren Status als Kunst dementieren. Dazu gehören die Ikonen der Avantgardekunst wie

28 Ebd., S. 12, 35 u. a.

29 Vgl. Max Horkheimer und Theodor W. Adorno, »Kulturindustrie, Aufklärung als Massenbetrug«, in: *Dialektik der Aufklärung. Philosophische Fragmente*, Frankfurt/M. 1969, S. 128-176.

30 Adorno, *Ästhetische Theorie*, S. 32 u. a.

Duchamps Ready-mades und Warhols Pop Art. Die Entkunstung der Kunst realisiert sich aber auch in den aus Adornos Sicht technokratischen Tendenzen der seriellen Musik und in der sich selbst semantisch beschneidenden konkreten Poesie. Kunst suche sich in diesen Bewegungen als Kunst dadurch zu retten, dass sie nicht mehr auf sich als Kunst bestehe. Sie suche ihre Eigenständigkeit, paradox gesagt, dadurch zu wahren, dass sie genau diese Eigenständigkeit von sich aus aufgebe. Da es sich um eine aus dem Bewegungsgesetz der Kunst heraus selbständig geschehende Entwicklung handelt, kann Kunst sich in ihr selbst bewahren wollen. Diese Tendenz der Kunst zur verzweifelten Selbstbewahrung meint Adorno, wenn er sagt, es komme in der Moderne zu einer »Rebellion gegen den Schein«.[31] Der ästhetische Schein ist ein wesentliches Moment der Einheit, die Kunstwerke gewinnen, und damit ihrer Abgrenzung dem außerästhetischen Sonst gegenüber. Die moderne Rebellion gegen den Schein hat damit die Bedeutung, dass gerade keine solche Einheit (mehr) gesucht wird. Die Kunst gewinnt aus sich selbst heraus ein fragmentarisches Gesicht. Diese Konsequenz des Bewegungsgesetzes allerdings hat den Charakter einer Selbstaufgabe. Die Kunst verzichtet auf sich und damit auf das Potential des Widerstands, das sie innerhalb gesellschaftlicher Verhältnisse zu entwickeln gesucht hatte. Mit ihrer eigenen Entkunstung gibt die Kunst sich somit selbst zunehmend auf.

Diese Argumentation Adornos ruht allerdings auf fragwürdigen Prämissen. Entscheidend scheint mir dabei die Prämisse zu sein, dass Kunst innerhalb gesellschaftlicher Verhältnisse wesentlich an der Sicherung ihrer Autonomie orientiert sei. Adorno deutet damit die spezifische Sprachlichkeit von Kunstwerken im Sinne des von mir im ersten Kapitel analysierten Autonomie-Paradigmas. Für ihn ist Kunst nur dann im eigenen Sinn kommunikativ, wenn sie sich verschließt, also sich kommunikativ inkommensurabel macht. Es hat sich aber mittlerweile gezeigt, dass diese Erläuterung nicht plausibel ist. Auch wenn Kunst im eigenen Sinn kommunikativ ist (das heißt: auch wenn sie selbstbezüglich konstituiert ist), ist sie doch kommunikativ anschlussfähig. Um dies zu begreifen, müssen wir nur jenem Zusammenhang Aufmerksamkeit schenken, der zwischen der Reaktualisierung von generischen Konstellationen in

31 Ebd., S. 157.

Kunstwerken sowie interpretativen Aktivitäten in der Auseinandersetzung mit diesen Werken auf der einen Seite und Aktivitäten in der sonstigen Welt auf der anderen Seite besteht. Wenn man diesen Zusammenhang in den Blick nimmt, kann man Kunst als eine spezifische Praxis der Reflexion verständlich machen. Die Spezifik der Kunst kann also gefasst werden, ohne dass man sie als kommunikativ verschlossen (und damit im Sinne des Autonomie-Paradigmas) begreift. Wenn man aber diese zentrale Prämisse Adornos fallen lässt, dann kann man auch die Schlüsse nicht mehr ziehen, die er zieht. Kunst kann in ihrer historischen Entwicklung nicht mehr entlang eines Bewegungsgesetzes interpretiert werden, das auf die Sicherung der kommunikativen Verschlossenheit der Kunst zielt. Es bedarf einer anderen Erläuterung des Ringens um ästhetisches Gelingen.

Eine solche andere Erläuterung kann man bei Danto zu gewinnen suchen. Dieser hat unter Rekurs auf einen im weitesten Sinn hegelianischen Kunstbegriff vorgeschlagen, Kunst als mit ihrem eigenen Selbstverständnis befasst zu verstehen. Im ersten Kapitel bin ich bereits ausführlicher auf diese Erläuterung zu sprechen gekommen, so dass es hier reicht, ihre wesentlichen Züge noch einmal in Erinnerung zu rufen. Für Danto liegt ein zentrales Moment von Kunst darin, dass sie auf ein Verständnis von sich selbst als Kunst ausgerichtet ist. Dieses Moment wird ihm zufolge einerseits dadurch realisiert, dass Kunstwerke sich zu der eigenen Darbietung des von ihnen Dargebotenen verhalten. Andererseits leiten sie in diesem Selbstverständnis die Interpretationen Rezipierender. Auch für Danto ist in dieser Bestimmung eine Entwicklungstendenz der Kunst in Richtung Modernität angelegt, die darin besteht, dass Kunst in zunehmendem Maße selbstreflexiv wird, dass sich also die Orientierung der Kunst an ihrem Selbstverständnis als Kunst verselbständigt. In der Moderne geht es der Kunst demnach zunehmend um ein Selbstverständnis von sich als Kunst. Die Kunst endet, wie Danto sagt, mit dem »Anbruch ihrer eigenen Philosophie«.[32]

32 Arthur C. Danto, »Das Ende der Kunst«, in: *Die philosophische Entmündigung der Kunst*, München 1994, S. 109-145, hier: S. 137. Danto stützt diese These auch auf Hegel. Dies ist allerdings ein Missverständnis. Für Hegel ist das Ende der Kunst nicht damit verbunden, dass in der Kunst die Philosophie anbricht, sondern damit, dass aufgrund des Anbruchs von Philosophie jenseits der Kunst Letztere gerade freigesetzt wird. (Ich komme auf Hegels Verständnis der nachromantischen Kunst gleich zurück.)

Darin liegt, so kann man im Sinne Adornos sagen, eine Selbstauflösung. Kunst löst sich von den konkreten Inhalten, die sie gesellschaftlich thematisiert hat, und hat zunehmend nur sich selbst zum Gegenstand. Sie löst sich auf, indem sie in Selbstbeschäftigung versinkt.

Im ersten Kapitel habe ich auch bereits erörtert, inwiefern dieser Kunstbegriff auf problematischen Voraussetzungen fußt. Problematisch ist die Voraussetzung, dass der Selbstbezug von Kunst – im Sinne einer Explikation der Spezifik von Kunst – von der Bedeutung der Kunst entkoppelt wird. Dies lässt sich korrigieren, wenn Kunst auf die Aktivitäten derjenigen bezogen wird, die sich mit Kunstwerken auseinandersetzen, und in diese Erläuterung die selbstbezüglichen Momente von Kunstwerken einbezogen werden. Kunstwerke sind in ihren Konstellationen wesentlich selbstbezüglich konstituierte Gegenstände und leiten von daher die Aktivitäten von Rezipierenden. In dieser Weise kann man die Bestimmung Dantos reformulieren, ohne Danto ganz zuzustimmen. Wenn man damit aber einen zentralen Aspekt von Dantos Bestimmung aufgibt, muss man auch seine Folgerungen aufgeben, kann also nicht mehr der These zustimmen, dass die Entwicklung der Kunst auf einen Zustand zuläuft, in dem sich die Kunst nur noch mit ihrem eigenen Begriff auseinandersetzt. Auch der kurze Rekurs auf Danto bringt uns also nicht zu einem Begriff des Ringens um ästhetisches Gelingen.

Allerdings können wir als Ergebnis der Überlegungen zu Adorno und Danto festhalten, was sich auch bereits im ersten Kapitel abgezeichnet hat: Es bestehen aufschlussreiche Konvergenzen, denn beide erläutern die Einheit der Kunst so, dass daraus ihre Selbstauflösung in der Moderne folgt. Wie kann man diese Folgerung vermeiden und dennoch die Phänomene, um die es Adorno und Danto geht, begreifen? Nehmen wir noch einmal die Ausgangspunkte für die jeweiligen Thesen von der Selbstauflösung der Kunst in den Blick: Jeweils liegen sie in der Bestimmung von Kunst als eines (im weitesten Sinn) autonomen Geschehens. Diese Bestimmung liegt nahe, weil Kunst selbstbezüglich verfasst ist. Aber nicht nur das. Kunst ist dabei auch mit ihrem eigenen Status als Kunst befasst. Genau dieser Status ist aber bei Adorno und Danto nicht plausibel erläutert. Dies liegt darin begründet, dass Adorno und Danto die Selbstbezüglichkeit von Kunst nicht konsequent genug als Aspekt ihres praktischen Wesens begreifen. Bei Danto kommt es mehr oder weniger deutlich zu einem theoretischen Verständnis der Selbstbezüglichkeit, da er den Selbstbezug von Kunst als ein Selbsterkenntnisgeschehen fasst. Bei Adorno hingegen ist ein theoretisches Verständnis eher indirekt im Spiel, insofern für ihn die Selbstbezüglichkeit der Kunst daran gebunden ist, dass Kunst sich gegen einseitig an Identität orientierte Konzeptionen von Rationalität richtet. Bei Adorno deutet sich damit mehr als bei Danto an, dass Kunst in ihrer Selbstbezüglichkeit praktisch ist: Kunst leistet eine Kritik von Rationalität. Eine solche Kritik allerdings muss konsequent als praktisch verstanden werden, was nichts anderes heißt, als dass Kunst an der Weiterentwicklung von Rationalität mitwirkt. Aufgrund dieses praktischen Wesens der Kunst zielt sie in ihrer Selbstbezüglichkeit nicht auf eine Klärung dessen, was Kunst ist. Sie zielt vielmehr auf eine Klärung dessen, *was sie als Kunst leistet*.

Kunstwerke bilden Konfigurationen aus, die Rezipierende in ein dynamisches Spiel verwickeln, das seinerseits als unterschiedlich wertvoll erfahren wird. Manche der Konfigurationen sind allzu vertraut, andere zu uninteressant, gewollt, ermüdend und vieles andere mehr. Die Erfahrung einer spezifischen Unselbständigkeit der Rezipierenden in Auseinandersetzung mit einem Kunstwerk lässt sich unterschiedlich evozieren.[33] Genau dies ist ein Moment des Selbstverständnisses von Kunst. Kunstwerke ringen darum, in gelungener Weise Konfigurationen bereitzustellen, die für eine rezeptive Auseinandersetzung wertvoll sind. Dass eine Auseinandersetzung wertvoll ist, kann dabei sehr Unterschiedliches heißen: Es kann heißen, dass die Konstellationen des Kunstwerks große Irritationen auslösen, dass sie überraschende Perspektiven eröffnen, dass sie ein großes spannungsreiches Gebilde präsentieren, dass Rezipierende provoziert werden, dass sie in der Auseinandersetzung mit den Konstellationen ihre Gefühle zu artikulieren vermögen und vieles andere mehr. Wertvoll sind Kunstwerke dadurch, dass sie Rezipierende herausfordern – was auch darin münden kann, dass deren Selbstverständnisse bestätigt werden. Der im vergangenen Kapitel eingeführte Begriff der *Herausforderung* muss in dieser Weise in die Erläuterung des Selbstbezugs von Kunstwerken einbezogen werden.

33 Vgl. hierzu Paul Ziff, »Gründe in der Kunstkritik«, in: Rüdiger Bittner und Peter Pfaff (Hg.), *Das ästhetische Urteil*, Köln 1977, S. 63-80.

Kunstwerke ringen darum, Herausforderungen zu entwickeln. Dieses Ringen ist Teil einer Auseinandersetzung, in der Kunstwerke mit sich und mit anderen Kunstwerken stehen. Die Praxis der Kunst weist damit ein zutiefst agonales Moment auf.[34] Adorno artikuliert dieses Moment in einer recht drastischen Weise, wenn er das Wort zitiert: »[E]in Kunstwerk ist der Todfeind des anderen.«[35] Drastisch ist diese Formulierung, weil sie suggeriert, ein Kunstwerk ziele darauf, einem anderen Kunstwerk die Existenz streitig zu machen, es zu vernichten. Dies ist insofern falsch, als es in der Konkurrenz der Kunstwerke nicht um ihre Existenz, sondern um ihr Gelingen geht. Kunstwerke wetteifern miteinander darum, besonders herausfordernde Konfigurationen zu bieten. Ein Kunstwerk, das in diesem Wettstreit erfolgreich ist, gilt möglicherweise als Beispiel für das Gelingen von Kunst. Für ein Kunstwerk, das keinen Erfolg hat, gilt das nicht. Dies betrifft nicht die Existenz. Es betrifft eher das, was man den Rang eines Kunstwerks nennen kann. Die Rede von dem Rang eines Kunstwerks impliziert dabei nicht, dass Kunstwerke auf einer Skala ästhetischen Gelingens angesiedelt wären. Kunstwerke gelingen immer exemplarisch. Ihr Rang bemisst sich an ihrem eigenen Anspruch, als Kunst zu gelingen. Kunstwerke wetteifern miteinander in der Entwicklung eines Anspruchs, den sie jeweils selbst entwickeln. So nimmt es nicht wunder, dass der Wettstreit der Kunstwerke immer auch mit einem Zusammenspiel verbunden ist. Bei weitem nicht alle Herausforderungen von Kunstwerken schließen einander wechselseitig aus. Sie können auch im Sinne einer produktiven Vielfalt zusammenwirken, sei es, indem sie sich an unterschiedliche Aktivitäten wenden oder indem sie unterschiedliche Aspekte in der Entwicklung dieser Aktivitäten fordern. Im Wettstreit der Kunstwerke kommt es so vielfach auch zu Ergänzungen oder zu Impulsen, die sich gleichgültig gegenüberstehen.

Das Selbstverständnis von Kunstwerken als Kunst ist somit als ein Moment ihres Ringens um ästhetisches Gelingen zu verstehen. Im Rahmen ihres Wettstreits darum, Gelegenheiten für wertvolle Auseinandersetzungen zu eröffnen, geht es Kunstwerken um sich

34 Das agonale Moment der Künste ist im sogenannten Paragone besonders manifest geworden. Vgl. hierzu das Renaissance-Standardwerk: Benedetto Varchi, *Paragone. Rangstreit der Künste*, Darmstadt 2013.

35 Adorno, *Ästhetische Theorie*, S. 59.

selbst als Kunst. Sie zielen nicht auf eine Erkenntnis von sich als Kunst, sondern darauf, dass sie im Sinne des Anspruchs der Kunst herausfordernde Konfigurationen realisieren. Aus diesem Grund thematisieren sich Kunstwerke in ihrem Gelingen als Kunst. Da dieses Gelingen wiederum immer an die spezifischen Konstellationen gebunden ist, die in einem Kunstwerk aktualisiert werden, geht es um ein spezifisches Gelingen. Ein Gedicht exponiert ein Verständnis von sich als einem Gedicht – oder als Liebeslyrik oder als Elegie oder als Wortkunst oder in noch vielen anderen möglichen Hinsichten. Es artikuliert in impliziter oder expliziter Weise ein Verständnis der spezifischen Realisierung von Kunst, die es zu leisten sucht. Eine Installation exponiert ein Selbstverständnis von sich als einer Gestaltung des Raums. Dabei wetteifern Installationen mit anderen Installationen und anderen Kunstwerken, etwa Architekturen oder Skulpturen, immer wieder um eine möglichst gelungene Realisierung einer solchen Gestaltung. Kunstwerke etablieren so jeweils Kriterien für die Realisierung der Herausforderung, auf die sie zielen. Mittels dieser Kriterien spezifizieren sie ihren Anspruch. Ich habe im vorangegangenen Kapitel den grundlegend selbstbezüglichen Charakter von Kunstwerken dadurch erläutert, dass ich gesagt habe: Kunstwerke beziehen sich auf unterschiedliche Momente innerhalb der von ihnen entwickelten Konfiguration. Zu diesem Selbstbezug gehört es, dass Kunstwerke ein Verständnis davon ausbilden, was sie als Kunst zu leisten suchen, und dies dadurch, dass sie Kriterien für ihr eigenes Gelingen entwickeln. Sie bilden in einem Wettstreit mit anderen Kunstwerken einen Anspruch darauf aus, als Kunst zu gelingen, so dass ihr Selbstverständnis als ein *Anspruch* zu begreifen ist.

Um den agonalen Charakter von Kunst besser zu verstehen, können wir noch einmal auf Hegels Ästhetik zurückkommen. Dabei müssen wir allerdings an einer etwas exzentrischen Stelle ansetzen, und zwar dort, wo Hegel über nachromantische Kunst, also Kunst »nach dem Ende der Kunst«[36] nachdenkt. Nach Hegels Verständnis ist diese Kunst irreduzibel plural, womit sie sich von der Kunst in der klassischen Zeit unterscheidet, für die gelte, dass sie eine historisch-kulturelle Gesellschaft in ihrer Einheit artikuliert. Für Hegel ist Kunst substantiell an eine solche Einheit gebunden.

36 Genauer gesagt, handelt es sich um das Ende der Kunst »nach der Seite ihrer höchsten Bestimmung« (Hegel, *Vorlesungen über die Ästhetik I*, S. 25).

Aus diesem Grund begreift er die plurale Ausprägung, die sie nach dem von ihm konstatierten Ende der Kunst gewinnt, – zu Unrecht – als ein Verfallsphänomen.

Seinen eigenen Einschätzungen zum Trotz allerdings erläutert Hegel die plurale Ausprägung moderner Kunst in einer Weise, die für den Begriff der Kunst insgesamt fruchtbar gemacht werden kann. Die erste Bestimmung, die Hegel für diese Kunst im Zustand des Verfalls – also in meinem Sinn: für Kunst überhaupt – gibt, lautet: Kunst ist als Artikulation unterschiedlicher Bestimmungen des Menschen zu verstehen. Hegel hat für dieses Moment eine griffige Formulierung gefunden, wenn er sagt, die nachromantische Kunst mache »zu ihrem neuen Heiligen den *Humanus*«.[37] Damit hängt aber nun zweitens zusammen, dass Kunst die Bestimmungen des Menschen plural artikuliert. Die Artikulation erfolgt aus der partikularen Perspektive einzelner (individueller oder kollektiver) Subjekte heraus. Wenn aber Kunst wesentlich solche partikularen Perspektiven zum Ausdruck bringt, dann ist sie als eine agonale Praxis zu begreifen. Kunstwerke streiten dann darum, produktive Bestimmungen des Menschen zu provozieren. Dies ist ein wesentliches Moment ihres Wettstreits um ästhetisches Gelingen.

Die Rede von Bestimmungen des Menschen lässt sich besser verstehen, wenn man sagt, dass es sich um Bestimmungen menschlicher Praktiken handelt – um Bestimmungen von leiblichen Praktiken, Wahrnehmungspraktiken, emotionalen Praktiken und symbolischen Praktiken. Genau solche Bestimmungen leisten Kunstwerke dadurch, dass sie in ein dynamisches Zusammenspiel mit interpretativen Aktivitäten treten. Sie tragen so zur Aushandlung von Bestimmungen menschlicher Praktiken bei.[38] Kunst leis-

37 Hegel, *Vorlesungen über die Ästhetik II*, S. 237.

38 Ein entsprechender Gedanke findet sich (in einer teils verkürzten Form) auch bei Heidegger und Merleau-Ponty. Heideggers These von der Kunst als einem Wahrheitsgeschehen kann man so verstehen, dass Kunst hier eine welteröffnende Dimension zugesprochen bekommt, dass sie Praktiken bzw. Verständnisse neu begründet (vgl. Heidegger, »Der Ursprung des Kunstwerkes«, S. 43-50). Merleau-Ponty hat eine entsprechende Erläuterung auf Malerei und die optische Wahrnehmung begrenzt. Ihm zufolge leistet Malerei eine Neubegründung des Sehens (vgl. Maurice Merleau-Ponty, »Das Auge und der Geist«, in: *Das Auge und der Geist. Philosophische Essays*, Hamburg 2003, S. 275-317, hier: S. 277-288). Jeweils kann man dies als eine spezifische Version der allgemeinen These begreifen, dass durch Kunst Praktiken neu ausgehandelt werden. Auch Benjamins These vom

tet in diesem Sinn eine praktische Reflexion: Die von Kunstwerken provozierten Aktivitäten Rezipierender prägen sonstige Aktivitäten in der Welt. Kunst zielt – als ein Medium der Reflexion – auf eine solche Prägung. Es handelt sich somit in der Kunst nie nur um einen Wettstreit um das Selbstverständnis von Kunst als Kunst. Letztlich ist der Wettstreit immer an der Bestimmung des Menschen orientiert. In all ihren unterschiedlichen Ausprägungen suchen Kunstwerke und ästhetische Geschehnisse einen Beitrag zu dieser Bestimmung zu erbringen. Das tun sie, indem sie Praktiken in unterschiedlicher Weise herausfordern und dadurch eine Neuaushandlung von Praktiken provozieren.

In der agonalen Praxis der Kunst spielen viele Kunstwerke und Künste zusammen. Ein einziges Kunstwerk kann sie nicht von sich aus initiieren. Dazu bedarf es des Zusammenspiels mit anderen Kunstwerken und der im Rahmen dieses Zusammenspiels ausgebildeten immer neuen Selbstverständnisse in Bezug auf das Gelingen von Kunst als Kunst. Mit dem aus Hegels Verständnis der nachromantischen Kunst gewonnenen Vokabular gesagt: Es bedarf eines Wettstreits unterschiedlicher partikularer Perspektiven – eines Wettstreits, in dem unterschiedliche Bestimmungen gegeneinander stehen und menschliche Praktiken herausfordern. Entsprechende Unterschiede und das offene Ringen um angemessene Bestimmungen menschlicher Praktiken also machen verständlich, dass es in der Kunst um die menschliche Selbstbestimmung geht. Der Streit um ästhetisches Gelingen ist an der Bestimmung der menschlichen Praxis orientiert. Da diese Bestimmung von Menschen selbst initiiert wird, handelt es sich um eine Praxis der Selbstbestimmung – um eine spezifische praktische Reflexion. Den innerhalb dieser Praxis verfolgten Anspruch, mit dem die Idee der Selbstbestimmung ins Spiel kommt, können wir folgendermaßen festhalten:

> (*Selbstbestimmung als Anspruch der Kunstwerke*) Kunstwerke verfolgen im Wettstreit miteinander den Anspruch, zur Bestimmung menschlicher Praktiken dadurch beizutragen, dass sie ein Aushandlungsgeschehen von Bestimmungen mensch-

Verlust der Aura lässt sich so interpretieren, dass sie eine spezifische durch Kunst angestoßene Neuaushandlung menschlicher Praktiken artikuliert (vgl. Walter Benjamin, »Das Kunstwerk im Zeitalter seiner technischen Reproduzierbarkeit«, in: *Gesammelte Schriften*, Band I/2, Frankfurt/M. 1974, S. 471-508).

licher Praktiken anstoßen, um in diesem Sinn Gegenstände wertvoller Auseinandersetzungen zu sein.

Dies bringt uns zu einem Gedanken zurück, dem wir bereits bei Kant und Hegel begegnet sind: Kunst reflektiert den Menschen. Allerdings reflektiert sie nicht den Menschen überhaupt in seiner spezifischen Erkenntnissituation und sie reflektiert auch nicht die wesentlichen Orientierungen einer von allen Mitgliedern einer historisch-kulturellen Lebensform geteilten Praxis. Kunstwerke reflektieren vielmehr unterschiedliche Praktiken, in die Menschen verwickelt sind. Ihre Reflexion hat einen praktischen Charakter: Kunstwerke fordern Praktiken in ihren Bestimmungen in unterschiedlicher Weise heraus. An genau diesem Punkt wird nun eine wesentliche Intuition der Bestimmungen von Adorno und Danto verständlich: Aufgrund ihres praktischen Charakters ist Kunst von Grund auf historisch-kulturell situiert. Kunstwerke entwickeln jeweils in Bezug auf einen historisch-kulturellen Stand der menschlichen Praxis einen Anspruch auf angemessene Bestimmungen für diese Praxis und streiten darum mit anderen Kunstwerken. Es bestätigt sich damit an diesem Punkt die grundlegende Ausrichtung der Kunstphilosophien von unter anderem Hegel, Heidegger, Adorno, Gadamer und Danto, der zufolge Kunst einen wesentlich historischen Charakter hat. Das agonale Ringen von Kunst um richtige Bestimmungen menschlicher Praktiken findet in einem historisch-kulturellen Rahmen statt.

Diese Überlegungen allerdings implizieren ein anderes Verständnis von der Grundtendenz der Kunst, mit der ich die Darlegungen dieses Abschnitts begonnen habe. Adorno und Danto drohen in ihrer Bestimmung der Modernität der Kunst eines ihrer grundlegenden Momente zu verfehlen, nämlich dass Kunst eine von Grund auf *unabgesicherte Praxis* ist. Wenn Kunstwerke um ihren Status als Kunst ringen, stehen sie als Kunst immer auf dem Spiel. Der Wettstreit von Kunstwerken um ein Selbstverständnis als Kunst hat genau diese Dimension. Es handelt sich um einen Streit, über dem ständig das Damoklesschwert des Scheiterns schwebt. Kunst ist in diesem Sinn, wie Eva Geulen überzeugend dargelegt hat,[39] immer auf ihr Ende bezogen. Das Ende ist nicht – wie Adorno und Danto

39 Vgl. Eva Geulen, *Das Ende der Kunst. Lesarten eines Gerüchts nach Hegel*, Frankfurt/M. 2002, bes. Kapitel 2.

in unterschiedlichem Anschluss an Hegel behaupten – ein Zustand der Selbstauflösung, auf den Kunst teleologisch zuläuft. Kunst strebt nicht im Sinne einer solchen Selbstauflösung ihrer eigenen Modernität entgegen. Das Ende ist vielmehr ein Moment, auf das jedes Kunstwerk grundsätzlich bezogen ist. Jedes Kunstwerk läuft immer Gefahr, keine angemessene Herausforderung oder überhaupt keine Herausforderung menschlicher Praxis zu realisieren, so dass die Möglichkeit des Scheiterns für es eine konstitutive Bedeutung hat. Dieses potentielle Scheitern verschärft sich durch den Wettstreit, den Kunstwerke mit anderen Kunstwerken austragen. Das Ende der Kunst und das Gelingen als Kunst hängen in jedem Kunstwerk systematisch zusammen.

Wenn man in dieser Weise den Wettstreit der Kunstwerke und der Künste verständlich macht, zeigt sich, dass die üblichen Ende-der-Kunst-Theoreme, die unter anderem auf Hegel zurückgehen, problematisch sind, da sie das Ende der Kunst im Grunde entschärfen. Sie sind als Versuche zu begreifen, einzelne Bereiche der Kunst (mit Hegel kann man sagen: die klassischen Künste) gegenüber diesem Ende zu immunisieren. Dies ist aber nicht gerechtfertigt, da jedes Kunstwerk, wie ich gerade herausgearbeitet habe, immer vor der Möglichkeit seines Scheiterns steht. In keinem Moment kann es eine definitive Gewissheit darüber geben, ob ein Werk als Kunst gelungen ist oder nicht. Kunstwerke bleiben immer umstritten. Der Bezug auf ihr Ende ist die Modernität, von der sie sich nicht lösen können. Kunst ist also immer und von Grund auf modern – und dies auch in ihren traditionellen und popkulturellen Formen. Sie steuert nicht auf Modernität als einen historischen Punkt zu, an dem die Auflösung von Kunst droht. Wer ein solches Ende der Kunst behauptet, übersieht das Unabgesicherte der Kunst und begreift die Modernität der Kunst im Sinne eines Avantgardismus. Die Modernität der Kunst muss aber in einer nichtavantgardistischen Weise verstanden werden. Modern sind Kunstwerke nicht deshalb, weil sie nach immer weiterer Neuheit streben oder sich in ihrem Selbstverständnis verselbständigen, sondern weil sie grundsätzlich unabgesichert sind. Und dies gilt für üblicherweise als traditionell bezeichnete Kunstwerke in gleicher Weise wie für Kunstwerke, die üblicherweise als avantgardistisch verstanden werden.

In ihrer Unabgesichertheit sind Kunstwerke an die Rezeption und an ihr Fortwirken in derselben gebunden, da die Konfiguration eines Kunstwerks – auch und gerade im Wettstreit der Kunstwerke und der Künste – konstitutiv mit interpretativen Aktivitäten zusammenhängt. Sie muss sich in diesen und durch diese Aktivitäten als herausfordernd erweisen. Genau in diesem Sinn können wir jetzt gut verstehen, inwiefern Kunstwerke in ihrer Rezeption immer umstritten bleiben. Da interpretative Aktivitäten sich erst aus ihrem Bezug auf andere Praktiken in der Welt als herausfordernd erweisen können, ist der jeweilige Kontext dieser Aktivitäten entscheidend dafür, wie produktiv diese Aktivitäten sind. In historisch-kulturell veränderten Situationen und aufgrund der Veränderung von Praktiken können Aktivitäten an Relevanz und Interesse verlieren. Damit kann sich der Status eines Kunstwerks verändern, so dass sich ein Kunstwerk nicht ein für alle Mal als herausfordernd qualifizieren lässt. Aus diesem Grund lässt sich nicht absichern, dass ein Kunstwerk herausfordernd ist. Sein Ringen um das Gelingen als Kunst hört nicht auf. Insofern steht jedes einzelne Kunstwerk grundsätzlich in einem Wettstreit und grundsätzlich vor der Möglichkeit seines eigenen Scheiterns. Dieser Wettstreit stiftet einen grundlegenden Zusammenhang zwischen den Kunstwerken und den Künsten. Er findet in jedem einzelnen Kunstwerk vor dem Hintergrund dieses Zusammenhangs statt.

4. Ästhetische Urteile und die Klassifikation von Kunstwerken

Um den Zusammenhang zwischen dem Wettstreit der Kunstwerke und Künste und dem Beitrag der Kunst zur menschlichen Selbstbestimmung zu begreifen, ist allerdings noch ein weiterer Schritt vonnöten. Bislang habe ich immer wieder davon gesprochen, dass Kunstwerke von Rezipierenden Aktivitäten fordern; und ich habe auch gesagt, dass sich diese Aktivitäten für die Rezipierenden als wertvoll erweisen müssen. Diese beiden Aussagen enthalten ein Moment, dem die bisherigen Ausführungen noch nicht ausreichend gerecht geworden sind und das ich umreißen kann, indem ich sage, dass die Auseinandersetzung mit Kunstwerken einen normativ-praktischen Charakter hat. Kunst gelingt oder misslingt nicht einfach so. Sie gelingt oder misslingt in den Augen Rezipierender. Rezipierende sind nicht nur in Interaktionen mit

Kunstwerken verwickelt – sie verhalten sich auch kritisch zu dem Anspruch von Kunstwerken auf eine Realisierung von Kunst und nehmen wertend zu Kunstwerken und zu den interpretativen Interaktionen mit ihnen Stellung. Sie ordnen Kunstwerke und ihre Dynamik ein, kommentieren ihre Funktionsweise und evaluieren ihr ästhetisches Gelingen. Sie streiten sich darüber, ob und warum Kunstwerke ihrem Anspruch gerecht werden oder nicht.[40] Mit solchen *normativ-evaluativen Aktivitäten* wirken Rezipierende in dem Wettstreit der Kunstwerke mit. Aufgrund dieser Aktivitäten ist die Reflexion von selbstbezüglich konstituierten Gegenständen her, die Rezipierende in ihrer Interaktion mit Kunstwerken suchen, kein blindes Geschehen, sondern vielmehr eine an der Idee der Selbstbestimmung orientierte Reflexion. Ich habe den Wettstreit der Kunstwerke und der Künste auch als einen solchen charakterisiert, in dem es um angemessene Bestimmungen menschlicher Praxis geht. Inwiefern aber von ›angemessenen‹ Bestimmungen die Rede sein kann, wird erst verständlich, wenn man den normativ-evaluativen Aktivitäten Rezipierender Rechnung trägt. Mit diesen Aktivitäten erkunden Rezipierende immer wieder aufs Neue den Beitrag, den Kunstwerke im Rahmen des von ihnen angestoßenen Aushandlungsgeschehens zur menschlichen Praxis erbringen.

Der Wettstreit der Kunstwerke und Künste ist untrennbar mit den beurteilenden Aktivitäten in der Kunstkritik, auch in privaten Diskussionen oder Blog-Einträgen, verbunden. Unter solchen beurteilenden Aktivitäten verstehe ich primär all die normativ-evaluativen Äußerungen und Äußerungszusammenhänge, die Produzierende und Rezipierende in den Diskussionen nach der Auseinandersetzung mit einem Kunstwerk, in der Kunstkritik und im Rahmen kritisch-wissenschaftlicher Beschäftigung mit Kunst hervorbringen. Paradigmatisch gehören dazu Äußerungen wie »Das war eine rundum gelungene Aufführung« oder »Das Werk überzeugt aufgrund der großen Gegensätze, die es zwischen seinen unterschiedlichen Teilen aufbaut«. Wenn wir Kunst als umstritten verstehen wollen, müssen wir auch solche Äußerungen als ein Moment der Praxisform der Kunst betrachten.

Wovon aber handeln sie? Was sagen wir, wenn wir ein Kunstwerk als gelungen beurteilen, wenn wir seinen Spannungsreichtum

40 Vgl. zu einer Reduktion dieses Streits in der Tradition Hegels: Henning Tegtmeyer, *Kunst*, Berlin 2008, S. 159-168.

hervorheben oder wenn wir den fehlenden Zusammenhang von unterschiedlichen Teilen oder das ungeeignete Sujet kritisieren? Wir kommen damit auf eine Frage zurück, die in der Tradition der Kunsttheorie und Kunstphilosophie eine große Rolle gespielt hat und die lange mittels des Begriffs des »Geschmacks« diskutiert wurde. Im 17. und 18. Jahrhundert stand die Frage, was das kritische Vermögen von Rezipierenden und damit ihren Geschmack ausmacht, vielfach im Zentrum der theoretischen Beschäftigung mit Kunst. Erst gegen Ende des 18. Jahrhunderts ist der entsprechende Diskussionszusammenhang abgebrochen.[41]

Ich will die Frage danach, wovon normativ-evaluative Äußerungen handeln, aber nicht an die Tradition stellen, sondern an einen Kunstphilosophen, der die Tradition der Geschmackskritik jüngst in interessanter Weise aktualisiert hat: an Noël Carroll. Durch eine Diskussion von Carrolls Position will ich ein Verständnis von Kunstkritik in einem breiten Sinn gewinnen. Dabei kann ich mich an seine zentrale Einsicht halten, der ich mich anschließen will und die besagt, dass Evaluation ein wesentliches Element (Carroll spricht von einem »*primus inter pares*«[42]) der Kunstkritik ist. Carroll möchte verständlich machen, dass Evaluation eine objektive Basis besitzt, und grenzt sich damit genauso von einer subjektivistischen Geschmacksästhetik wie von einem ästhetischen Formalismus ab. Die Evaluation sei an dem Gelungenheitswert (*success value*) eines Kunstwerks orientiert. Diesen Gelungenheitswert kontrastiert Carroll mit dem Rezeptionswert (*reception value*) eines Kunstwerks und vertritt die These, dass ersterer bei der Evaluation im Vordergrund steht.[43]

41 Dazu hat Kant in entscheidender Weise beigetragen, der in seiner *Kritik der Urteilskraft* eine Analyse des Geschmacksurteils vorlegt und die Thesen vertritt, dass ein solches Urteil sich nicht auf Begriffe stütze und nichts in Bezug auf Gegenstände besage. Kant folgert daraus plausiblerweise, dass ein Geschmacksurteil nicht Gegenstand eines Streits um Gründe sein kann. Genau damit aber nimmt er dem Geschmacksurteil die Möglichkeit, einen eigenständigen Beitrag zur Auseinandersetzung mit Kunst (beziehungsweise schönen Gegenständen) zu leisten. Für Kant (und viele Ästhetiken nach ihm) gilt das Geschmacksurteil nur als ein Symptom für die Begegnung mit einem Kunstwerk beziehungsweise mit einem schönen Gegenstand. Dessen Spezifik, so die These, könne durch Urteile weder gefasst noch befördert werden.

42 Noël Carroll, *On Criticism*, New York und London 2008, S. 9.

43 Vgl. ebd., S. 53-65.

Mit diesen Unterscheidungen leistet Carroll einen wichtigen Beitrag zur Diskussion der Frage, wie die normativ-evaluativen Aktivitäten Rezipierender in ihrer Auseinandersetzung mit Kunstwerken zu verstehen sind. Daran möchte ich anknüpfen und von einer interessanten Analogie ausgehen, die Carroll herstellt, um die Unterscheidung von Gelungenheitswert und Rezeptionswert zu plausibilisieren.[44] Stellen wir uns ein exzeptionell gutes Fußballspiel vor (bei Carroll geht es naheliegender Weise um ein Baseballspiel). Es spielen zwei Mannschaften auf allerhöchstem Niveau gegeneinander. Welchen Unterschied macht es in Bezug auf die Qualität des Spiels, ob es als – wie man in Sportberichterstattungen gerne sagt – Geisterspiel ohne Publikum oder als öffentliches Spiel mit Publikum ausgetragen wird? Carrolls Antwort ist schlicht: Es macht keinen Unterschied. Der Wert eines solchen Spiels messe sich an seinem Gelingen, nicht an der Reaktion des Publikums. Man mag daran zweifeln, ob Carroll mit dieser Einschätzung in Bezug auf Fußball- oder Baseballspiele wirklich richtig liegt. Aber schenken wir ihm dies um des Arguments willen. Unzweifelhaft ist aber, dass die Analogie schief ist. Carroll will das Kunstwerk im Zusammenhang mit seiner Herstellung durch eine Künstlerin oder einen Künstler verstehen. Wenn man diese Herstellung als wesentlichen Vergleichspunkt der Analogie begreift, taugt sie nicht: Ein Fußballspiel ist dort, wo es gespielt wird – ein Kunstwerk hingegen oftmals nicht dort, wo es hergestellt wird. Ein Kunstwerk ist vielmehr in gewisser Hinsicht das Ergebnis einer solchen Herstellung. In vielen Momenten der Herstellung – das ist trivial – ist es als Kunstwerk noch nicht fertig.

Nun kann man Carroll auch dies schenken und die Analogie ausgehend von Kunstwerken formulieren, die aufgeführt werden (ausgehend unter anderem von den Künsten also, die Goodman als zweiphasig bezeichnet[45]). Stellen wir uns ein Theaterensemble auf der Bühne vor, das ohne Zuschauer spielt, oder ein Symphonieorchester bei einer Generalprobe, bei der niemand außer den Musikern zugegen ist. Hier kann man durchaus mit Carroll sagen: Der Wert einer entsprechenden Aufführung liegt in dem, was die Schauspielerinnen und Musiker tun, so dass es nicht darauf ankommt, ob zusätzlich noch ein Publikum dabei ist oder nicht. Die

44 Vgl. ebd., S. 65.

45 Vgl. Nelson Goodman, *Sprachen der Kunst*, Frankfurt/M. 1995, S. 114.

Aufführenden sind in diesem Fall ihr eigenes Publikum (Analoges muss man wohl auch über ein Geisterspiel im Fußball sagen). Wenn sie für sich spielen, dann sind sie Ausführende und Rezipierende in einem (wir können auch über Künstlerinnen und ihre Werke ähnliche Dinge sagen).[46] Damit aber wird die Unterscheidung, auf die Carroll so viel Wert legt, hinfällig. Vom Gelingen einer Aufführung kann man hier nicht sprechen, wenn die Aufführenden nicht in einer Doppelrolle als Produzierende und Rezipierende verstanden werden.

Das Modell eines solchen Verständnisses sind – zum wiederholten Male – die improvisatorischen Künste. Stellen wir uns noch einmal ein Jazzquintett vor. Die Musikerinnen eines solchen Quintetts sind in einer Situation, in der sie miteinander spielen, Aufführende. Zugleich aber reagieren sie in ihrem Spiel aufeinander. Dies können sie aber nicht nach fertigen Mustern, da es sich ja um eine Improvisation handelt. Sie müssen also wechselseitig aufeinander hören und das Gehörte als ästhetisch Rezipierende wahrnehmen. Nur dadurch kann ihnen das auffallen, was ästhetisch weiterführend ist, und können sie es von dem unterscheiden, was unproduktiv oder uninteressant bleibt. In diesem Sinn kommentieren die, die miteinander improvisieren, sich wechselseitig und sind in ihrem kommentierenden Verhalten immer Aufführende und Rezipierende zugleich: Ohne dass sie sich wechselseitig zuhören, können sie nicht zueinander Stellung nehmen. Zugleich müssen sie selbst spielen, damit eine Stellungnahme zustande kommt. Ein Jazzquintett ist so als ein Ensemble zu begreifen, das Werke in Situationen gemeinsamen Spiels herstellt und dabei rezeptive Momente auch dann einschließt, wenn kein Publikum zugegen ist. Genau dies missachtet Carroll, wenn er den Gelungenheitswert gegen den Rezeptionswert ausspielt.

Meine These ist, dass man von dem Gelungenheitswert eines Kunstwerks nicht ohne Rekurs auf seinen Rezeptionswert sprechen kann. Was ein Künstler mit einem Kunstwerk erreicht (das von Carroll vielfach angesprochene *achievement*), ist wesentlich mit der Rezeption verbunden. Ob Kunstwerke gelungen sind und inwiefern, lässt sich nicht unabhängig davon evaluieren, ob sich die Aus-

46 Bezüglich des Theaters lässt sich diese Erläuterung auch auf die These Erika Fischer-Lichtes stützen, dass es kein theatrales Ereignis ohne Publikum gibt; vgl. *Ästhetik des Performativen*, Frankfurt/M. 2004.

einandersetzung mit ihnen als herausfordernd erweist. Produktion und Rezeption hängen – das zeigt sich gerade am Paradigma der Improvisation – in der Kunst untrennbar zusammen. Kunstwerke sind gelungen, wenn sie Bestimmungen von Praktiken anstoßen. Dies ist in der Improvisation paradigmatischer Weise der Fall. Wenn das Schlagzeug eine rhythmische Variation einbringt, dann kann das Klavier sich zu ihr genau dadurch verhalten, dass es sie fortführt. Was in dieser Weise angestoßen wird, kann auch im weiteren Verlauf der Improvisation sowie in anderen Improvisationen in der Zukunft wirksam werden. Auf diese Weise trägt eine ästhetische Praktik (die rhythmische Variation des Schlagzeugs) zur Neuaushandlung von Praktiken bei. Das Gelingen von Kunstwerken lässt sich nur unter Rekurs auf ein solches Aushandlungsgeschehen beurteilen. In diesem Sinn ist der Gelungenheitswert von Kunstwerken nicht unabhängig von ihrem Rezeptionswert – von ihrem Beitrag zur menschlichen Praxis – zu begreifen.

Die Evaluation eines Kunstwerks bezieht daher, anders als Carroll meint, immer die Perspektive der Rezeption mit ein. Dass Carroll dies ausblendet, lässt sich erklären, wenn wir noch einmal auf die Kritik am Autonomie-Paradigma zurückkommen. Wir haben im ersten Kapitel gesehen, dass dieses Paradigma weiter reicht, als entsprechende Selbstverständnisse von Kunstphilosophien und Kunsttheorien suggerieren. Auch Carrolls Verständnis von Evaluation, so zeigt sich nun, ist von diesem Paradigma geleitet. Carroll schneidet die Evaluation von Kunstwerken von den Zusammenhängen ab, in denen diese im Rahmen der menschlichen Lebensform stehen, und fasst Evaluation aus diesem Grund nur verkürzt. Will man diese Verkürzung vermeiden, muss man Evaluation so begreifen, dass sie den Zusammenhang der Kunst mit der sonstigen menschlichen Praxis im Blick hat. Wer ein Kunstwerk kritisiert, es also als gelungen oder misslungen beurteilt, nimmt dazu Stellung, ob und inwiefern das Werk Impulse für menschliche Aktivitäten gibt. Diese Impulse können sehr unterschiedlicher Natur sein und sie können sich auf sehr unterschiedliche Praxiszusammenhänge und Praktiken beziehen.

Müssen wir also den Anspruch Carrolls, ästhetische Urteile als objektiv orientiert zu begreifen, aufgeben? Wenn wir sagen, dass ästhetische Urteile immer auch an dem Rezeptionswert von Kunstwerken orientiert sind, steht damit noch nicht fest, ob dieser Wert objektiv oder subjektiv erschlossen wird. Worauf also basieren der Rezeptionswert eines Kunstwerks und damit ein ästhetisches Urteil? In dieser Frage können wir unsere Auseinandersetzung mit Carroll noch ein wenig weiterführen und uns fragen, ob seine Erläuterung der Objektivität ästhetischer Evaluation – unabhängig von seinem Insistieren auf dem Gelungenheitswert von Kunstwerken – uns weiterhilft. In der entsprechenden Erläuterung Carrolls spielt die Klassifikation von Kunstwerken eine entscheidende Rolle.[47] Den tragenden Gedanken für diese Überlegung können wir folgendermaßen verstehen: Wenn ich weiß, welcher Kunst und welcher innerkünstlerischen Gattung ein Kunstwerk angehört, weiß ich, worauf es zielt, und kann beurteilen, inwiefern es sein Ziel erreicht. Dieser Gedanke geht davon aus, dass die Ziele eines Kunstwerks sich durch eine solche Klassifikation erschließen lassen. Dies ist aber nicht der Fall. Die Ziele eines Kunstwerks basieren auf seiner selbstbezüglichen Anlage und auf dem mit dieser Anlage verfolgten Ringen um ästhetisches Gelingen. Trotz aller möglichen Relevanz von Gattungskonventionen, charakteristischen Stilmerkmalen und anderem setzt jedes Kunstwerk sich diese Ziele intern und verhandelt damit auch seine Klassifikation in je eigener Weise. So kann es dazu kommen, dass ein Stillleben eine Darstellung gesellschaftlicher Verhältnisse realisiert oder ein Text, der *prima facie* als Bildungsroman funktioniert, als Novelle zu lesen ist. In dieser Weise entwickeln Kunstwerke alle Klassifikationen immer aufs Neue weiter. Eine Klassifikation, die von mehr oder weniger stabilen Gattungsmerkmalen ausgeht, kann aus diesem Grund nicht die Grundlage dafür abgeben, die Ziele eines Kunstwerks zu klären. Die interne Aushandlung der Ziele eines Kunstwerks steht wiederum in einem untrennbaren Zusammenhang mit der Herausforderung, die Kunstwerke in Bezug auf die Bestimmungen menschlicher Praktiken zu realisieren suchen. Mittels ihrer kapseln Kunstwerke sich also nicht ab, sondern stehen in einem Zusammenhang mit sonstigen Praktiken.

An diesem Punkt ist es aufschlussreich, dem oft bemerkten kommunikativen Aspekt kritischer Evaluationen von Kunstwerken Rechnung zu tragen. Wer ein Kunstwerk kritisch evaluiert, legt es anderen oftmals nahe: Er weist auf wertvolle Gegenstände hin und

47 Vgl. hierzu Carroll, *On Criticism*, S. 170-190.

gibt Hinweise, wie eine Auseinandersetzung mit ihnen dadurch herausfordernd sein kann, dass man auf einzelne Momente achtet, eine spezifische Haltung einnimmt etc. Wenn eine solche Praxis – wie von Carroll – auf die Klassifikation von Kunstwerken bezogen wird, dann wird aber nicht klar, was eine Auseinandersetzung überhaupt herausfordernd macht. Ist es herausfordernd, sich mit einem Gegenstand auseinanderzusetzen, der eine Gattung in besonders guter Weise erfüllt? Das scheint keine plausible Erläuterung zu sein. Man könnte sagen: Herausfordernd ist ein Werk, das zwar nicht die eigene Gattung in besonders guter Weise erfüllt, aber das besonders interessante Inhalte hat, das besonders spannungsreich ist und so fort. Ein solcher herausfordernder Charakter lässt sich gut erläutern, wenn man sich auf den Zusammenhang der Konstellation eines Kunstwerks mit interpretativen Aktivitäten konzentriert. Dann wird verständlich, dass eine kritische Evaluation tatsächlich etwas empfehlen kann, das sich lohnt: ein Kunstwerk, weil es interpretative Aktivitäten evoziert, die wiederum lohnend sind als solche, die sonstige menschliche Aktivitäten reflektieren.

Die Probleme, die sich in Carrolls Position zeigen, können wir resümieren, indem wir sagen, dass er Klassifikation in *deskriptiver* Weise versteht.[48] Die Klassifikation ist aber so nicht angemessen gefasst, sondern muss – auch und gerade im Sinne unserer Überlegungen aus dem ersten Abschnitt dieses Kapitels – vom jeweils einzelnen Kunstwerk her gedacht werden. Wenn sie in dieser Weise gedacht wird, ist Klassifikation als *normativ-evaluativ* zu begreifen. Es gibt keine minimalen Kriterien einzelner Künste, die sich deskriptiv einholen ließen und von denen her ein einzelnes Kunstwerk bestimmt werden kann. Vielmehr werden die Kriterien in einzelnen Kunstwerken als Maßstäbe des eigenen Gelingens je neu ausgehandelt. Wir haben gesagt, dass einzelne Kunstwerke die generischen Konstellationen, aus denen sie ihre Zusammenhänge aufbauen, reaktualisieren. Mit dieser Reaktualisierung steht ein einzelnes Kunstwerk einerseits im Kontext vieler Kunstwerke, mit denen es generische Konstellationen teilt, und stellt andererseits in der Reaktualisierung Maßstäbe der eigenen Beurteilung auf, die einen Anspruch auf ästhetisches Gelingen implizieren – Maßstäbe des eigenen Gelingens.

48 Vgl. zum Folgenden auch meine Diskussion von McDowells Verteidigung ästhetischer Objektivität in Kapitel 3, Abschnitt 6.

Wenn ein kunstkritischer Text diese Maßstäbe artikuliert, dann stellt er nicht deskriptiv etwas über das Kunstwerk fest. Die Feststellung ist vielmehr normativ-evaluativer Natur. Der Dokumentarismus oder historische Fiktionalismus zum Beispiel wird als Maßstab artikuliert, den das Werk sich selbst setzt und von dem her es als gelungen oder misslungen zu beurteilen ist. Alle klassifikatorischen Maßstäbe, die wir kritisch und theoretisch an Kunstwerke herantragen, sind daher als Momente der normativ-evaluativen Auseinandersetzung mit dem Werk zu begreifen. Die Maßstäbe haben jenseits einer solchen Auseinandersetzung keinen Sinn, werden also missverstanden, wenn man sie deskriptiv deutet. Das heißt nicht, dass in Klassifikationen nicht immer wieder Momente ins Spiel kommen, die deskriptiv funktionieren. Kunstwerke werden zum Beispiel klassifiziert, indem ihre Eigenschaften geklärt werden. Dennoch ist ein solches deskriptives Vorgehen nicht die Grundlage der Klassifikation. Diese liegt vielmehr darin, dass entsprechende Eigenschaften als Maßstäbe verstanden werden, die ein Kunstwerk für sein eigenes Gelingen etabliert. Die deskriptiv zu fassenden Momente sind also normativ eingebettet.

Wenn man die klassifikatorische Auseinandersetzung mit Kunstwerken in dieser Weise erläutert, lässt sich die Beweglichkeit künstlerischer Gattungen verstehen. Wer hingegen die Klassifikation wie Carroll deskriptiv deutet, muss die Kriterien einer einzelnen künstlerischen Gattung beziehungsweise von Kunst so schmal anlegen, dass spezifische Ausprägungen der jeweiligen Gattung beziehungsweise Kunst nicht ins Gewicht fallen. Aus diesem Grund kann ein Kriterienkatalog dann nur sehr allgemein ausfallen. Ist dies aber der Fall, lässt sich schwer sehen, wie in ästhetisch aufschlussreicher Weise die Kriterien Grundlage der Evaluation eines Kunstwerks sein können. So stellt sich zum Beispiel in Bezug auf den Film die Frage, ob der Unterschied zwischen Stummfilm und Tonfilm für den Begriff des Films relevant ist. Wenn man einen allgemeinen Begriff des Films als Kunst zu gewinnen sucht, wird man diesen Unterschied vielleicht in den Kriterien, die man formuliert, neutralisieren wollen. Für viele Tonfilme ist es aber ästhetisch höchst relevant, dass sie Klangräume entwerfen und auch in diesem Sinn räumlich realisiert sind (im Gegensatz zu anderen Filmen, für die dies nicht gilt). Solchen Filmen wird man nur gerecht, wenn man die Form des jeweiligen Klangraums als Maßstab begreift, an dem sie gemessen werden wollen. Sie gehört zu den ästhetischen Kriterien, die an den jeweiligen Film anzulegen sind.

Damit gelangen wir zu einem Begriff der künstlerischen Gattungen beziehungsweise der Künste, für den die stete Entwicklung von Kriterien zentral ist.[49] Eine künstlerische Gattung lässt sich nicht anhand einer feststehenden Menge von Kriterien bestimmen – und sei sie auch noch so minimal. Sie muss vielmehr von einer sich stets weiterentwickelnden Menge von Kriterien her verstanden werden. Der Film hat sich ästhetisch geändert, seit es Tonfilme gibt, und er hat sich ästhetisch auch mit den diversen Animationstechniken geändert. Einseitig artikuliert, nimmt sich die Entwicklung, in der künstlerische Gattungen beziehungsweise Künste sich durchweg befinden, folgendermaßen aus: Künstlerische Gattungen sind immer in Auflösung begriffen. Sie sind ständig im Begriff, sich in neue Gattungen zu verwandeln. Immer wieder werden etablierte Gattungen von generischen Konstellationen neu ausgerichtet, die in ihnen bislang nicht verwendet wurden (wie der Film durch eine Konstellation des Klangraums). Eine solche Neuausrichtung kann auch aufschlussreich so begriffen werden, dass hier eine neue Kunst der ›hinzukommenden‹ generischen Konstellation – in diesem Fall: eine neue Klangraum-Kunst – entsteht, so dass es sich nicht um eine bloße Fortsetzung der alten Kunst – des Films – mit anderen Mitteln handelt. Jeweils ist dies aber von den spezifischen Reaktualisierungen abhängig, die generische Konstellationen in Kunstwerken erfahren. Die Beweglichkeit der Gattungen und Künste muss also einerseits von einzelnen Kunstwerken her verstanden werden. Andererseits ist es für ein Verständnis dieser Kunstwerke aber wesentlich, die Konstellationen zu erfassen, die in diesen Kunstwerken realisiert werden. Durch Reaktualisierungen generischer Konstellationen werden Künste ebenso etabliert wie aufgelöst. Der Zusammenhang von Kunstwerken und Künsten kann nur in dieser dynamischen Art und Weise angemessen gefasst werden.

Einer Antwort auf die Frage, inwiefern wir ästhetische Urteile als objektiv fundiert begreifen können, können wir uns damit folgendermaßen annähern: Ästhetische Urteile basieren nicht auf einer Klassifikation von Kunstwerken, da die Kriterien der jeweili-

49 Vgl. hierzu auch nochmals die Überlegungen im ersten Abschnitt dieses Kapitels.

gen Beurteilung vom einzelnen Kunstwerk her zu verstehen sind. Bei diesen Kriterien setzen ästhetische Urteile an. Sie messen ein Kunstwerk an seinem spezifischen Anspruch auf die Realisierung von Kunst, der sich in den ästhetischen Werteigenschaften äußert, die ein Kunstwerk aufweist: in einem eigenartigen Klangraum, einer ausgestellten Oberflächlichkeit, einer Brüchigkeit etc. Solche Eigenschaften sind der Ausgangspunkt der Evaluation. Sie werden allerdings nicht deskriptiv erfasst, sondern in einer normativ-evaluativen Weise.

Wesentlich für die Einlösung des von einem Kunstwerk präsentierten Anspruchs ist dabei, wie wir gesehen haben, der Beitrag eines Kunstwerks zur Bestimmung menschlicher Praktiken. Wer Kunstwerke daraufhin beurteilt, ob sie Gegenstand herausfordernder Auseinandersetzungen sind, beurteilt sie anhand dieses Beitrags. So führt die konsequente Betonung des normativ-evaluativen Charakters der Beurteilung von Kunstwerken nicht zu einem Subjektivismus,[50] sondern zu einer Verortung von Kunst in einer historisch-kulturellen menschlichen Praxis. Die Beurteilungen sind an der Frage orientiert, ob Kunstwerke angemessene Bestimmungen menschlicher Praktiken anstoßen. Darin besteht ihre objektive Fundierung. Die Objektivität normativ-evaluativer Urteile lässt sich nur mit Blick auf die Welt begreifen, in der Rezipierende leben. Dies ist nicht dadurch getan, dass man Kunstwerke als Bestandteile des Gefüges der Welt begreift, sondern dadurch, dass man nachvollzieht, inwiefern ihr Anspruch auf ästhetisches Gelingen nur innerhalb dieser Welt einzulösen ist. Entscheidend für diese Einlösung sind Praktiken von Rezipierenden in ihrer Welt.

Auf Carrolls Erläuterungen von Kritik gewendet, zeigen diese Überlegungen, dass Carroll die objektive Ausrichtung der Evaluationen von Kunstwerken zu einseitig gegenstandsbezogen zu bestimmen sucht. Carroll suggeriert, dass eine Orientierung der Evaluationen am Rezeptionswert zu einem Subjektivismus der Evaluationen führt. Dies wäre möglicherweise der Fall, wenn es in den Evaluationen allein um Kunstwerke als von Subjekten rezipierte Gegenstände ginge, aber das trifft nicht zu. Evaluationen sind an dem Beitrag der Kunst zur menschlichen Selbstbestimmung orientiert. Sie zielen darauf, zu klären, ob Neuaushandlungen der

50 Vgl. hierzu auch die Überlegungen in Kapitel 3, Abschnitt 6.

Bestimmungen menschlicher Praktiken in einer gelungenen Weise angestoßen werden.

Erst jetzt können wir dieses Aushandlungsgeschehen in seinen vollen Ausmaßen begreifen. Zu ihm gehören irreduzibel auch normativ-evaluative Urteile. Das Aushandlungsgeschehen der Kunst geht von dem dynamischen Zusammenhang zwischen Kunstwerken und interpretativen Aktivitäten aus, durch den Bestimmungen menschlicher Praktiken herausgefordert werden. Die Herausforderungen kommen aber nicht einfach so zustande, sondern sind mit einem komplexen Urteilsgeschehen verbunden, in dem Kunstwerke als wertvoll geschätzt oder als an ihrem eigenen Anspruch scheiternd kritisiert werden. Erst mit normativ-evaluativen Praktiken wird damit auch der intersubjektive Charakter des ästhetischen Aushandlungsgeschehens in zufriedenstellender Weise geklärt: Keine Beurteilung eines Kunstwerks steht allein; immer ist sie der Ergänzung durch andere Urteile, der Korrektur und dem Widerspruch ausgesetzt. Urteile kommen in umfassenden Disputen zustande, in denen diskutiert wird, welche Herausforderungen produktiv sind, welche Bestimmungen menschlicher Praktiken fortgeführt und welche verändert werden sollten und so fort. Was in der Auseinandersetzung mit Kunstwerken evaluiert wird, ist damit nie nur an einzelne Subjekte gebunden – auch wenn die Perspektiven einzelner Subjekte für das konfliktreiche Geschehen der Evaluation wesentlich sind. Evaluiert werden Anstöße für die menschliche Praxis – Anstöße, die ich insgesamt mit der Formulierung umrissen habe, es gehe in der Kunst um die Bestimmung des Menschen.

Durch ihre Urteile tragen Produzierende und Rezipierende dazu bei, dass Kunst sich als eine Praxis der Selbstbestimmung konstituiert. Produzierende und Rezipierende übergeben sich nicht einfach den Bestimmungen der Kunstwerke, sondern nehmen immer wieder zu diesen Bestimmungen Stellung. Sie wirken damit einerseits daran mit, wie sich die Produktion von Kunstwerken weiterentwickelt, und andererseits daran, zu klären, welche Bestimmungen für die sonstige menschliche Praxis Relevanz besitzen und welche nicht. Urteile können dabei die Bestimmungen nicht von sich aus generieren, sondern nehmen zu ihnen Stellung. Sie kommen erst dann ins Spiel, wenn sich das dynamische Zusammenspiel von Kunstwerken und interpretativen Aktivitäten entwickelt hat und somit eine Herausforderung der Bestimmungen menschlicher Praktiken wirksam geworden ist (oder nicht). Wenn ich in dieser Weise die Relevanz der normativ-evaluativen Auseinandersetzung mit Kunst betone, heißt dies also nicht, dass Kunst durch Subjekte und ihre Urteile kontrolliert würde. Es heißt vielmehr, dass diese Urteile ein irreduzibles Moment der immer auch unselbständigen Auseinandersetzung mit Kunstwerken sind:

> (*Normativ-evaluative Auseinandersetzungen mit Kunstwerken und ästhetische Selbstbestimmung*) Die Praxisform der Kunst ist konstitutiv mit normativ-evaluativen Urteilsaktivitäten im Rahmen umfassender Dispute verbunden, in denen die von Kunstwerken ausgehenden Herausforderungen diskutiert werden. Als kritische Sondierungen und Evaluationen tragen entsprechende Urteilsaktivitäten wesentlich zur Entwicklung des Aushandlungsgeschehens von Bestimmungen der menschlichen Praxis als eines selbstbestimmten Geschehens bei.

Ästhetische Urteile machen auch ein Moment der Konstitution des ästhetischen Aushandlungsgeschehens verständlich, auf das wir bereits im ersten Kapitel gestoßen sind und dessen Aufklärung ich dort angekündigt habe: Ästhetische Urteile klären die unterschiedlichen Formationen individueller und intersubjektiver Perspektiven im Rahmen dieser Aushandlungen. Manche Aushandlungen sind für ein größeres Wir relevant, andere hingegen für einzelne Subjekte oder für Gruppen einzelner Subjekte. Die jeweiligen Formationen von Subjektivität oder Intersubjektivität werden in ästhetischen Urteilen artikuliert. Ästhetische Urteile können so im Namen eines Wir vorgetragen werden oder im Namen eines Ich. Die Urteile können eine weithin geteilte Orientierung zur Geltung bringen oder eine Orientierung, die mit einer ganz und gar eigenen Perspektive eines einzelnen Subjekts verbunden ist. So werden Konflikte oder Momente von Einigkeit innerhalb des ästhetischen Aushandlungsgeschehens selbst ausgetragen oder hergestellt. Das ästhetische Aushandlungsgeschehen geht nicht von feststehenden Instanzen wie einzelnen Subjekten, Gruppen oder Kollektiven aus, sondern ist so angelegt, dass diese Instanzen in ihm immer wieder neu bestimmt werden. So ist auch das Wir, in dessen Namen wir den Kunstbegriff verstehen, ein (Zwischen-)Resultat des ästhetischen Aushandlungsgeschehens.

Abschließend will ich noch einmal auf McDowells Erläuterung ästhetischer Objektivität zurückkommen, die ich im vorangegangenen Kapitel diskutiert habe. Jetzt lässt sich nämlich noch besser verstehen, inwiefern diese Erläuterung nicht durchweg trägt. Dies liegt darin begründet, dass sie den Zusammenhang zwischen Kunstwerken und der Welt in falscher Weise interpretiert. McDowell will diesen Zusammenhang dadurch erklären, dass er Kunstwerke als Gegenstände in der Welt betrachtet. Diese Gegenstände haben demnach Eigenschaften (ästhetische Werteigenschaften), die Elemente im Gefüge der Welt sind. Der Zusammenhang von Kunstwerken und Welt lässt sich aber nur klären, wenn man menschliche, weltbezogene Praktiken in den Blick nimmt – und die Subjekte, die diese Praktiken vollführen. Erst über Praktiken und Subjekte stellt sich dieser Zusammenhang her, und zwar dadurch, dass Subjekte in der Auseinandersetzung mit Kunstwerken Impulse für die Entwicklung ihrer Selbstbestimmung suchen. Selbstbestimmung ist dabei immer an der Angemessenheit menschlicher Praktiken als einem objektiven Maßstab orientiert, an dem selbstbestimmende Subjekte sich in ihren Praktiken in der Welt abarbeiten. Die Begriffe der Selbstbestimmung und der Angemessenheit sind die Grundlage für ein Verständnis der Stellung von Kunst in der Welt und damit auch für ein Verständnis der Objektivität von Kunst – eine Grundlage, die in McDowells Erläuterungen fehlt. Wir können an einem objektiven Verständnis ästhetischer Urteile festhalten, ohne einen Deskriptivismus in Bezug auf Klassifikation und ästhetische Werteigenschaften zu vertreten. Überhaupt sind wir nur dann in der Lage, ein Verständnis der Objektivität von Kunst zu gewinnen, wenn wir eine gegenstandsorientierte Auffassung von Kunst (deren Probleme sich hier nochmals deutlich zeigen) aufgeben. Erst so können wir sagen: Die Beurteilung von Kunstwerken ist durch deren Anspruch, einen Beitrag zur Selbstbestimmung menschlicher Praxis zu leisten, objektiv orientiert.

5. Die Grammatik des Kunstbegriffs und der Streit um die Kunst

Mit dieser Klärung des Bezugspunktes und der Relevanz normativ-evaluativer Urteile im Rahmen des ästhetischen Aushandlungsgeschehens ist aber die Frage noch nicht vollständig beantwortet, woran diese Urteile orientiert sind. Folgen sie allein den Kriterien, von denen wir gesagt haben, dass ein Kunstwerk sie durch seine selbstbezügliche Anlage selbst setzt? Nehmen wir als Beispiel ein Gedicht, über das gesagt wird, dass es in diesem Sinne gelungen ist. Sagen wir mit einem solchen Urteil, dass das Gedicht einen Beitrag zur menschlichen Praxis leistet? Warum verstehen wir das Gedicht als einen solchen Beitrag und sind in diesem Sinn an seinem Gelingen orientiert? An dieser Stelle kommen wir nicht weiter, wenn wir das Gelingen bloß von den Kriterien her verstehen, die das Gedicht selbst aufstellt. Es wäre dann lediglich als ein einzelnes Gelingen verständlich, das zwar kulturell-praktisch bedeutsam sein mag, aber eine weitergehende Bedeutsamkeit und ein weitergehendes Interesse nicht erklärt.

Um hier weiterzukommen, können wir auf einen Gedanken zurückgreifen, von dem Kant in seiner »Analytik des Schönen« geleitet ist und der bereits im vorletzten Abschnitt implizit im Spiel war: Das Gelingen eines Kunstwerks ist exemplarisch. Geschmacksurteile (Urteile des Typs »X ist schön«) sind Reflexionsurteile (beziehungsweise, wie Kant auch sagt, Urteile der reflektierenden Urteilskraft[51]): Sie stellen von einem einzelnen Gegenstand aus eine Regel auf, unter die der Gegenstand fällt. Da die Regel nicht unabhängig von dem Gegenstand verfügbar ist, ist das Urteil exemplarisch. Wir haben im zweiten Kapitel bereits gesehen, dass Kant nur eine abstrakte Erläuterung dieses exemplarischen Charakters anbietet. Für ihn ist ein schöner Gegenstand insofern gelungen, als er uns eine Erfahrung vom Funktionieren des Zusammenspiels unserer Erkenntnisvermögen ermöglicht. In den zurückliegenden Überlegungen habe ich den Kantischen Gedanken des freien Spiels in Begriffen von Praktiken gefasst: Das ästhetische Reflexionsspiel ist mit vielfältigen Praktiken und Entwicklungen von Kunstwerken

51 Vgl. zur Unterscheidung von bestimmender und reflektierender Urteilskraft: Kant, *Kritik der Urteilskraft*, B XXV-B XXVIII.

verbunden, die insgesamt daran orientiert sind, ein in Bezug auf Bestimmungen menschlicher Praktiken wertvolles Geschehen zu sein.

So können wir nun sagen, dass ein ästhetischer Gegenstand dann gelungen ist, wenn er eine für uns insgesamt wertvolle Form der Auseinandersetzung mit Gegenständen in spezifischer Weise zu vollziehen erlaubt. Wertvoll ist diese Auseinandersetzung, weil sie Rezipierenden eine Neuaushandlung der Bestimmungen ihrer Praktiken eröffnet. Wir beurteilen einen Gegenstand also daraufhin, ob er in einer Praxis steht, die eine für uns insgesamt wertvolle Form der Auseinandersetzung mit Gegenständen realisiert – in einer spezifischen Selbstbestimmungspraxis. Oder kürzer: Wir beurteilen einen Gegenstand daraufhin, ob er *ästhetisch gelungen* ist. In jeder normativ-evaluativen Auseinandersetzung mit einem Kunstwerk geht es um dessen exemplarischen Charakter. Exemplarisch ist er für die Praxis, in der er steht. Um dies zu begreifen, reicht der Rekurs auf die internen Maßstäbe eines Kunstwerks, auf dessen spezifische ästhetische Eigenschaften, nicht hin. Vielmehr müssen wir auch einbeziehen, wie ein Kunstwerk sich auf die Praxis der Kunst bezieht, in der es steht. Der Wert dieser Praxis für uns ist in jeder konkreten Evaluation eines Kunstwerks Gegenstand der Beurteilung. Wir beurteilen ein Kunstwerk also nicht nur in Bezug auf eine Realisierung seiner internen Maßstäbe und spezifischen Konfiguration als gelungen, sondern auch in Bezug auf seine Realisierung von Kunst, wobei beides untrennbar aneinander gebunden ist.

Die normativ-evaluative Auseinandersetzung mit einem Kunstwerk ist, so gesehen, immer auf den Begriff der Kunst bezogen. Wenn jede Beurteilung eines Kunstwerks dieses als exemplarisch begreift, also an einem ästhetischen Gelingen orientiert ist, kommt bei jeder Beurteilung der Begriff der Kunst ins Spiel. Auch wenn in vielen kunstkritischen oder sonstigen evaluativen Äußerungen nicht von »Kunst« oder gar einem »Wert der Kunst« die Rede ist, sind diese Äußerungen implizit an dem Begriff der Kunst als einem Wertbegriff orientiert. Immer betreffen sie auch die Frage, inwiefern das spezifische Gelingen eines Kunstwerks oder ästhetischen Geschehnisses als ein Gelingen von Kunst zu verstehen ist. Immer wird also in einer solchen Auseinandersetzung auch darüber gestritten, wie Kunst zu gelingen vermag.

Daraus folgt nicht, dass es in der Auseinandersetzung ausschließlich um Kunst geht. Um Kunst geht es, wie wir gerade mit Kant gesagt haben, in einem exemplarischen Sinn. Wir sind an den spezifischen Realisierungen interessiert, die Kunst in einem einzelnen Kunstwerk oder ästhetischen Ereignis findet. In einer anderen Weise kann man überhaupt nicht an Kunst interessiert sein und über sie streiten. Dennoch können wir daraus wiederum nicht schließen, dass es uns nicht um Kunst geht, dass also dieser Begriff überflüssig wird. Der Wert der je spezifischen Auseinandersetzung, die uns in Auseinandersetzung mit Kunstwerken oder ästhetischen Geschehnissen eröffnet wird, lässt sich nur begreifen, wenn man sie als eine Auseinandersetzung mit einer exemplarischen Realisierung von Kunst begreift. Aus diesem Grund ist der Bezug auf den Kunstbegriff in jeder normativ-evaluativen Stellungnahme zu einem Kunstwerk oder ästhetischen Geschehen im Spiel. Kunst steht in jeder solchen Stellungnahme auf dem Spiel – auch dann, wenn die konkrete Stellungnahme von der Frage handelt, inwiefern ein einzelnes Kunstwerk Bestimmungen anhand einzelner seiner Kriterien neu aushandelt. Immer geht es um die spezifische Realisierung eines Beitrags zu einer Praxis, die unter den Praktiken des Menschen einen besonderen Unterschied macht und die wir mit dem Begriff der Kunst bezeichnen:

> (*Der Begriff der Kunst als Orientierungspunkt ästhetischer Urteile*) Kunstwerke werden in Bezug auf ihren Anspruch, Gegenstände einer wertvollen Auseinandersetzung zu sein, von Rezipierenden beurteilt. In ästhetischen Urteilen wird dabei das Potential von Kunstwerken evaluiert, eine Neuaushandlung der Bestimmungen von Praktiken anzustoßen. Dabei orientieren sich die Urteile immer auch an der Idee einer spezifischen Praxis der Aushandlung von Bestimmungen menschlicher Praxis. In diesem Sinn ist der Begriff der Kunst ein Orientierungspunkt ästhetischer Urteile.

Mit dieser Erläuterung klären wir weiter auf, was wir als die Grammatik des Kunstbegriffs bezeichnen können. Immer wieder sind Positionen in der Kunstphilosophie und Kunsttheorie geneigt gewesen, den Begriff der Kunst als einen deskriptiven beziehungsweise klassifikatorischen Begriff zu verstehen. Die Probleme eines solchen Verständnisses haben unter anderem dazu geführt, dass in der Nachfolge von Wittgenstein der Anspruch aufgegeben wurde, Kunst als einen einheitlichen Begriff zu fassen.[52] Mit Wittgensteins Begriff der Familienähnlichkeit wollen entsprechende Positionen erklären, dass es in der Kunst keine einheitlichen Kriterien gibt, sondern in ihr unterschiedliche Kriterien unsystematisch verbunden sind. Kunst ist demnach ein heterogenes Gefüge unterschiedlicher Gegenstände und Praktiken, deren Kriterien in dem Begriff der Kunst lose zusammenkommen. Ein solcher Verzicht auf einen einheitlichen Kunstbegriff zieht aber die falschen Schlüsse aus den Problemen, die Einheit des Kunstbegriffs zu fassen. Nicht die Einheit des gesuchten Begriffs ist verantwortlich für diese Probleme, sondern der primär deskriptive beziehungsweise klassifikatorische Ansatz, mit dem er gefasst wird und an dem diejenigen, die auf Wittgensteins Begriff der Familienähnlichkeit rekurrieren, festhalten. Diesen Ansatz gilt es aufzugeben, und das ist möglich, wenn man den Begriff der Kunst als normativ-evaluativ versteht.

Ein solcher normativ-evaluativer Ansatz besagt, dass wir mit dem Begriff der Kunst Gegenstände und Ereignisse, mit denen wir uns auseinandersetzen, daraufhin befragen, ob sie dieser Auseinandersetzung wert sind. Mit ihm fassen wir in normativer Art und Weise die Idee dieser Auseinandersetzung. Zu dieser Idee gehört, dass wir auf je spezifische Gegenstände angewiesen sind. Sie ist aus diesem Grund exemplarisch realisiert und muss immer von den einzelnen Gegenständen her verstanden werden. Die Gegenstände werden aber nicht deskriptiv oder klassifikatorisch in ihrer Realisierung als Kunst thematisiert, sondern auf ihren für Auseinandersetzungen lohnenden Charakter hin. »Das ist Kunst« ist in diesem Sinn als eine evaluative Aussage zu verstehen, die folgendermaßen paraphrasiert werden kann: »Das ist einer spezifischen Form der Auseinandersetzung wert.« Die Auseinandersetzung, von der hier

52 Besonders wichtig sind hier die Ansätze von Morris Weitz und Berys Gaut; vgl. Morris Weitz, »The Role of Theory in Aesthetics«, in: *Journal of Aesthetics and Art Criticism* 62 (1953), S. 23-35; Berys Gaut, »›Art‹ as a Cluster Concept«, in: Noël Carroll (Hg.), *Theories of Art Today*, Madison u.a. 2000, S. 25-44. Zu entsprechenden Ansätzen ist aber in gewisser Hinsicht auch derjenige Nelson Goodmans zu zählen, dessen »Symptome des Ästhetischen« (vgl. Kapitel 3, Fn. 10) weder notwendige noch hinreichende Kriterien für das Vorliegen von Kunst benennen.

die Rede ist, ist im Rahmen der menschlichen Praxis realisiert. Die Spezifik der Kunst ist, so habe ich die Einbettung in diesen Rahmen immer wieder artikuliert, mit ihrem Wert verbunden.

So kommen wir am Ende eines längeren Weges wieder auf Kunst als eine spezifische Praxis zurück und können den Begriff dieser Spezifik nun auf neue Weise fassen. Es handelt sich nicht um den Begriff einer Praxis, die innerhalb der menschlichen Praxis von anderen Praktiken abgegrenzt ist, sondern vielmehr um einen Begriff, der innerhalb dieser Praxis für ein spezifisches Gelingen steht. Der Begriff der Kunst ist keine kunstphilosophische oder kunsttheoretische Erfindung, sondern kommt aus der Praxis der Kunst. Ein konstitutives Moment dieser Praxis sind normativ-evaluative Stellungnahmen. Mittels ihrer werden die Konstellationen geklärt, die die Basis ästhetischer Auseinandersetzungen sind (Rachenarrativ, Walzertakt, farbliche Kontrastierung etc.). Die normativ-evaluativen Stellungnahmen richten sich dabei auf ein spezifisches Gelingen dieser Konstellationen: auf ein ästhetisches Gelingen, ein exemplarische Gelingen von Kunst. In dieser Weise tritt der Begriff der Kunst im Rahmen der Praxis der Kunst selbst auf den Plan. Er steht im Zentrum der Urteile, die wir in Bezug auf das Gelingen von Kunstwerken oder ästhetischen Geschehnissen fällen – ganz unabhängig davon, wie wir diese Urteile genau artikulieren. Es steht aus diesem Grund nicht der Philosophie beziehungsweise Theorie anheim, darüber zu entscheiden, ob dieser Begriff sinnvoll ist oder überflüssig. Er ist viel zu sehr Teil der Praxis der Kunst, als dass die Philosophie beziehungsweise Theorie ihn für sich allein reklamieren oder ihn aus (fragwürdigen) theoretischen Gründen aufgeben könnte. Die Kunstphilosophie steht hingegen vor der Aufgabe, den Begriff der Kunst als das Element der Praxis der Kunst zu explizieren, mittels dessen über die Gegenstände und Geschehnisse der Kunst sowie die Auseinandersetzung mit ihnen gestritten wird. Es wird darüber gestritten, was die Kriterien dieses Gelingens sind und wie sie in den Gegenständen und Geschehnissen erfüllt werden.

Ästhetische Urteile lassen sich so nur im Kontext der Praxis der Kunst insgesamt begreifen. Innerhalb dieser Praxis nun sind sie – und damit komme ich auf das Ende des vierten Abschnitts dieses Kapitels zurück – untrennbar mit dem agonalen Charakter von Kunst verbunden. Ästhetische Urteile und der Begriff der Kunst, an dem sie orientiert sind, sind Bestandteile von Kontroversen. Dies hat Konsequenzen für die Erläuterung von Urteilen des Typs »Das ist Kunst«: Letztere stellen nicht etwas fest, sondern nehmen zu etwas Stellung. Und solche Stellungnahmen sind konstitutiv umstritten. Die Urteile fordern zum Widerspruch heraus. So sind all diejenigen, die sich mit Kunstwerken auseinandersetzen, auch in ihren Urteilsaktivitäten an dem agonalen Geschehen der Kunst beteiligt. Sie behaupten und bestreiten den wertvollen Charakter einzelner Gegenstände und tragen mit ihren Behauptungen und Widersprüchen zur Entwicklung und Bestimmung der Praxis der Kunst bei.[53]

Als eine Praxis des Streits ist Kunst dabei nicht von den bloß partikularen Interessen der Rezipierenden geprägt – von ihren geschmacklichen Vorlieben, ihrer Ignoranz oder ihrer Kennerschaft. Der Streit könnte nicht vermieden werden, wenn es epistemisch besser um die Rezipierenden stünde. Vielmehr ist der Streit konstitutiv für die Praxis der Kunst. Es handelt sich um eine Praxis, bei der der herausfordernde Charakter von Gegenständen immer in Frage steht. Gestritten wird, so habe ich das immer wieder ausgedrückt, um Bestimmungen menschlicher Praxis insgesamt. Und hier spielen nicht partikulare Interessen eine Rolle, sondern unterschiedliche Standpunkte. Ich habe oben festgehalten, dass Kunst als agonale Praxis nicht entwickelt werden könnte, wenn es nur ein einziges Kunstwerk gäbe. Jetzt kann ich hinzufügen, dass es Kunst als agonale Praxis genauso wenig gäbe, wenn es nur einen Standpunkt gäbe. Die unterschiedlichen Standpunkte derjenigen, die sich mit Kunstwerken auseinandersetzen, sind demnach als wesentlich für die Praxis der Kunst zu begreifen. Sie ermöglichen den Streit um die Bestimmungen menschlicher Praxis, der in der Kunst geführt wird. Zur Grammatik des Kunstbegriffs gehört es, ein Begriff in einer Praxis des Streits zu sein. Die vielen Diskussionen

53 Wiederum berühren sich meine Überlegungen hier mit denen Jacques Rancières, der eine »Erfahrung des Dissenses« als zentrales Moment des politischen Charakters von Kunst fasst (Jacques Rancière, *Le spectateur émancipé*, Paris 2008, S. 67). Wie bereits das ästhetische Aushandlungsgeschehen insgesamt fasst Rancière diese Erfahrung wiederum abstrakt, wohingegen ich der Auffassung bin, dass sie mit den Aktivitäten Rezipierender in einen Zusammenhang gebracht und mit den Bestimmungen der menschlichen Praktiken, in die diese involviert sind, vermittelt werden muss.

nach dem Kinobesuch, dem Theaterabend, im Feuilleton und an vielen anderen Orten mehr tragen dazu bei, diesen Begriff agonal zu entwickeln.

6. Kunst als reflexive Praxis, zweiter Teil: Kunst als kritische Praxis

Wir sehen nun, dass wir die Praxisform der Kunst am Ende des letzten Kapitels noch in einer verkürzten Weise gefasst haben. Wir haben dort den Eindruck erweckt, dass wir die Praxis der Kunst allein als einen Zusammenhang zwischen Gegenständen, die spezifisch verfasst sind, und Aktivitäten, die von diesen Gegenständen herausgefordert werden, begreifen können und damit suggeriert, dass eine kritische, eine kommentierende und urteilende, eine philosophische und theoretische Betrachtung dieses Zusammenhangs von außen zustande kommt. Aus einer gewissermaßen äußerlichen Perspektive würden wir demnach klären, was spezifisch für Kunst ist. Nun hat sich gezeigt, dass diese Suggestion irreführend ist. Die philosophische oder theoretische Betrachtung von Kunst ist Teil der Praxis der Kunst. Zu dieser Praxis gehören also, sehr schematisch gesprochen, unter anderem zwei verschiedene Typen von Aktivitäten: interpretative und normativ-evaluative. Für die Auseinandersetzung mit Kunst ist es konstitutiv, dass die Leistungen von Kunstwerken normativ-evaluativ beurteilt werden. Wir verstehen die von Kunst evozierten interpretativen Aktivitäten nicht, wenn wir sie nicht im Zusammenhang mit entsprechenden ästhetischen Urteilen betrachten. Oder anders gesagt: Zum Wettstreit der Kunstwerke um ästhetisches Gelingen gehören Stellungnahmen zu diesem Wettstreit. Kunstwerke führen ihn nicht für sich. Sie führen ihn im Rahmen einer gesellschaftlichen Praxis. Und ein wesentliches Element dabei ist die Beurteilung ästhetischen Gelingens.

Erneut ist es in diesem Kontext aufschlussreich, die Praxis der Kunst als eine reflexive Praxis, als eine Praxis der Selbstbestimmung zu begreifen. Wer über sich reflektiert, steht immer vor der Frage, inwiefern die Reflexion erfolgreich ist. Wenn ich zum Beispiel in gut sokratischer Tradition das Projekt verfolge, mich selbst zu erkennen, muss ich die von mir mit diesem Ziel verfolgten Praktiken daraufhin befragen, ob sie mich ans gewünschte Ziel bringen.

Man kann sich nicht selbst erkennen wollen, wenn man einfach nur Praktiken vollzieht. Die Praktiken müssen von einer *Reflexion der Reflexion* begleitet werden. Ich muss mich befragen, inwiefern das Selbsterkenntnisprojekt gelingt oder nicht (wie dies im Kontext entsprechender therapeutischer und anderer Praktiken auch geschieht). Das gilt auch für die reflexive Praxis der Kunst, für die gleichfalls eine Reflexion der Reflexion unerlässlich ist. Sie wird durch normativ-evaluative Urteile geleistet. Solche Urteile begleiten ästhetische Praktiken durchweg, Produktionsprozesse und Aufführungen genauso wie Rezeptionen aller Art. Die normativ-evaluativen Praktiken können so verstanden werden, dass in ihnen die jeweiligen Kunstwerke in ihrem reflexiven Potential erkundet werden. Es wird evaluiert, inwiefern und in welchem Sinn ein solches Potential vorliegt. Die Kunstkritik, aber auch viele Diskussionen über Kunstwerke, haben die Aufgabe, dies zu leisten.

Ein reflexives Potential haben Kunstwerke und Geschehnisse dadurch, dass sie interpretative Aktivitäten herausfordern. So sind die normativ-evaluativen Auseinandersetzungen mit Kunstwerken immer mit solchen interpretativen Aktivitäten verknüpft. Dies lässt sich an kunstkritischen Texten in aufschlussreicher Weise beobachten. Gerade dort, wo solche Texte einzelne Kunstwerke als wertvoll für eine ästhetische Auseinandersetzung präsentieren oder geltend machen, dass sie nicht wertvoll sind, finden sich vielfach interpretative Momente. Es werden auffällige und unauffällige Zusammenhänge in den Werken beschrieben und in ihrer Spezifik charakterisiert. Solche interpretativen Aktivitäten geben dann die Basis für normativ-evaluative Aussagen ab. Sie exemplifizieren das reflexive Potential eines Werks, also das Potential, Anstöße zu Aktivitäten zu geben, die sich auch für sonstige Praktiken als in wertvoller Weise prägend erweisen könnten. Genau dieses Potential ist Gegenstand der Evaluation.

Die Wichtigkeit der Unterscheidung von interpretativen und normativ-evaluativen Aktivitäten kann man unter Rekurs auf Erläuterungen Albrecht Wellmers weiter aufklären. Wellmer hat in seinem *Versuch über Musik und Sprache* einen Begriff der Kunst verteidigt, der den Zusammenhang von Kunstwerken und rezeptiven Aktivitäten ins Zentrum stellt. Er gelangt dabei in vielen Punkten zu Erläuterungen, die dem hier Entwickelten verwandt sind. Allerdings sind seine Erläuterungen von der Tendenz gekennzeichnet, die unterschiedlichen Momente dessen, was er als das »ästhetische Reflexionsspiel« bezeichnet, nicht hinreichend auseinanderzuhalten. Wir haben hingegen in den zurückliegenden Überlegungen gesehen, dass es wichtig ist, insbesondere die unterschiedlichen Typen von Aktivitäten in der Auseinandersetzung mit Kunstwerken genau zu unterscheiden. Dies ist besonders in dem systematischen Zusammenhang relevant, mit dem wir gerade befasst sind. Wellmer vertritt diesbezüglich unter anderem die These, »dass die expliziten Formen der Interpretation, der Analyse und Kritik bloß entfalten, erhellen oder korrigieren, was als ein interpretatives, reflexives und analytisches Moment zur ästhetischen Erfahrung selbst gehört«.[54] Wir können diese These pointiert fassen, indem wir von einem *Explikationsmodell von Kritik* sprechen. Diesem Modell zufolge macht die Kritik von Kunstwerken nur explizit, was implizit bereits in ästhetischen Erfahrungen gegeben ist. Kurz: Kritik legt offen, was ästhetische Erfahrungen beinhalten.

Dieses Modell aber ist aus zwei Gründen problematisch. Erstens kann es nicht verständlich machen, welchen Beitrag Kritik zur Praxis der Kunst leistet. Warum bedarf es der Kritik, wenn das, was sie artikuliert, implizit in ästhetischen Erfahrungen bereits enthalten ist? Reichen die Erfahrungen nicht aus? Enthalten sie das, was sie enthalten, nicht in ausreichend artikulierter Form? Wenn Letzteres der Fall sein sollte: Wie kann dann das, was die Kritik artikuliert, als implizit in den Erfahrungen enthalten gelten? Noch schwerer aber wiegt der zweite Grund: Das Explikationsmodell von Kritik muss davon ausgehen, dass die Erfahrungen alles für ein Verständnis von Kunst Relevante enthalten. Wenn aber ästhetische Erfahrungen alles enthalten, was Kunst ausmacht, dann wird Kunst nicht als eine Praxis der Selbstbestimmung verständlich. Es wird nicht verständlich, warum das ästhetische Reflexionsspiel mehr ist als ein Geschehen, dem sich Rezipierende ziellos hingeben. Um dies verständlich zu machen, muss man der kritischen Auseinandersetzung mit Kunst einen eigenständigen und irreduziblen Charakter zugestehen. Dann kann man nämlich sagen, dass sich von Kunstwerken her tatsächlich eine spielerische Auseinandersetzung aufbaut. Kunstwerke verwickeln Rezipierende in dynamische Interaktionen. Diese Interaktionen stehen aber nicht für sich, sondern sind

54 Wellmer, *Versuch über Musik und Sprache*, S. 130 f.

Teil eines Aushandlungsgeschehens. Mit ihren Interaktionen mit Kunstwerken stehen Rezipierende im Rahmen ihrer anderen Praktiken. In diesem Rahmen aber kommen die ästhetischen Interaktionen nicht einfach für sich zum Tragen, sondern dadurch, dass sie von Stellungnahmen begleitet werden. Erst diese Stellungnahmen machen Kunst als eine Praxis der Selbstbestimmung verständlich. Mittels ihrer evaluieren Rezipierende die Herausforderungen, die sie in der Auseinandersetzung mit Kunstwerken erfahren. Die Stellungnahmen erklären, inwiefern Rezipierende an der Aushandlung von Bestimmungen ihrer Praktiken in der Auseinandersetzung mit Kunstwerken mitwirken. Nicht nur in ihren Interpretationen, sondern auch in ihrer Kritik sind Rezipierende also aktiv. Wenn man die normativ-evaluativen Stellungnahmen nicht als eigenständiges Element der Praxisform der Kunst begreift, kann man das selbstbestimmte Moment von Kunst nicht klären. Es zeigt sich hier nochmals der Preis, den die ästhetische Theorie für das Autonomie-Paradigma zu entrichten hat.

Dieser Preis muss nicht entrichtet werden, wenn man die normativ-evaluativen Aktivitäten nicht als Aktivitäten begreift, die lediglich die Explikation von etwas implizit bereits Vorhandenem leisten, sondern sie als gesonderte Aktivitäten in der Auseinandersetzung mit Kunstwerken begreift. Dafür müssen wir das Explikationsmodell von Kritik zurückweisen und so auch in diesem Punkt das Verständnis von Reflexion ernst nehmen, zu dem wir im zweiten Kapitel gelangt sind. Reflexion muss auch hier als praktisch verstanden werden, und das heißt: Die normativ-evaluativen Aktivitäten prägen unsere Auseinandersetzungen mit Kunst. Wir deuten den Kunstbegriff in immer wieder neuer Weise und bestimmen die Kriterien neu, nach denen wir Kunst verstehen. Die Aktivitäten geben nicht etwas wieder, was in den interpretativen Auseinandersetzungen sowieso bereits enthalten wäre. Sie leisten einen eigenen Beitrag zur Bestimmung der Praxis von Kunst insgesamt. Ihre Relevanz liegt darin, dass sie das Gelingen oder Misslingen, den herausfordernden oder nicht herausfordernden Charakter der Reflexion durch Kunst in prägender Weise artikulieren. Genau dies macht Wellmers Erläuterung nicht ausreichend verständlich.

Die normativ-evaluativen Aktivitäten in der Auseinandersetzung mit Kunstwerken werfen damit auch noch einmal ein Licht auf die Praxis der Kunst insgesamt, indem sie deutlich machen, dass die praktische Reflexion vom Gegenstand her, als die wir Kunst bestimmt haben, trotz aller Macht der Gegenstände von Menschen gestaltet wird. Der Beitrag, den Kunst zur Prägung menschlicher Praktiken leistet, wird – in den grundlegenden Fällen – von Menschen erarbeitet. Sie produzieren die Gegenstände und Geschehnisse, die Anstöße zu einer Weiterentwicklung der menschlichen Praxis geben sollen. Kunst ist, das ist trivialerweise wahr, von Menschen gemacht. Menschen entwickeln in der Kunst Gegenstände und Geschehnisse für Praktiken, mittels deren sie sich selbst Anstöße für Veränderungen zu geben vermögen. Weder verweigern diese Gegenstände jegliche Kommunikation, noch überschreiten sie bloß alltägliche Zusammenhänge. Sie sind vielmehr Teil einer Praxis, die den Anspruch verfolgt, spezifische Anstöße für andere Praktiken zu geben.

Ich bin in diesem Kapitel von der Frage ausgegangen, inwiefern Kunst zur Realisierung menschlicher Freiheit beiträgt. Nun ist deutlich geworden, dass der Beitrag der Kunst eigenartig ist. Kunst bietet der menschlichen Praxis eigene Bestimmungen an, die über die Unselbständigkeit der selbständigen Aktivitäten Rezipierender wirksam werden. Dabei realisieren Rezipierende in Bezug auf diese Aktivitäten noch in anderer Hinsicht Selbständigkeit: Sie beurteilen Kunstwerke als wertvoll (oder wertlos) anhand ihres Beitrags zur menschlichen Praxis. Diese Selbständigkeit der Kritik ist auf die Unselbständigkeit als wesentliches Moment der Aktivitäten Rezipierender bezogen. Die Rezepierenden klären so das Potential der jeweils durch Unselbständigkeit geprägten selbständigen Aktivitäten. Jedwede kritische Aktivität Rezipierender hebt damit ihre Unselbständigkeit gegenüber Kunstwerken nicht auf, sondern stützt sich auf sie, da nur aufgrund dieser Unselbständigkeit Impulse von Kunstwerken ausgehen können. Menschen beziehen in der Kunst Gegenstände in Aktivitäten der Selbstbestimmung ein: Kunstwerke sind Gegenstände, mittels deren Menschen sich durch Aktivitäten, in denen sie unselbständig sind, selbst bestimmen.

Kunst hat, so kann man diesen Gedanken noch einmal anders artikulieren, ein grundlegend kritisches Potential. Sie ist eine Praxis, die Menschen entwickeln, um ihrer Praxis kritische Anstöße zu geben. Menschen stellen hier Gegenstände her, die sie zu unkalkulierten Aktivitäten leiten. Der grundlegend kritische Charakter der Kunst wird nun durch die normativ-evaluativen Aktivitäten, mit denen Kunst (auch in ihren traditionellen oder popkulturellen Formen) verbunden ist, besonders offensichtlich. Diese Aktivitäten sondieren die kritischen Anstöße und tragen damit zur Weiterentwicklung der Praxis bei. Kunst hat als kritische Praxis damit gewissermaßen ein doppeltes Gesicht. Auf der einen Seite handelt es sich um eine Praxis, in der es den Gegenständen und dynamischen Interaktionen obliegt, Anstöße der Kritik zu geben. Auf der anderen Seite ist diese Praxis mit einer normativ-evaluativen Selbstvergewisserung verbunden, die kritische Anstöße gegeneinander abwägt und damit auch die Praxis der Kunst insgesamt in bestimmte Richtungen leitet. Diese Doppelgesichtigkeit ist ein wesentlicher Zug der Kunst.

Man kann diesen Begriff als eine Reformulierung von Adornos »Doppelcharakter der Kunst« verstehen: Adorno ist nicht müde geworden zu betonen, dass Kunst »autonom und fait social«[55] zugleich ist. Kunstwerke sind, so habe ich diese These reformuliert, selbstbezüglich konstituiert, stehen aber zugleich in einem Zusammenhang mit Praktiken in der Welt insgesamt. Aufgrund ihrer selbstbezüglichen Konstitution sind es Gegenstände, die aus sich heraus Anstöße freisetzen. Um Anstöße handelt es sich aber nur im Rahmen des Zusammenhangs von Praktiken, innerhalb deren der kritische Anstoß von Kunstwerken immer auch normativ-evaluativ sondiert wird. *Fait social* ist Kunst also nicht allein aufgrund ihrer Stellung in gesellschaftlichen Zusammenhängen, sondern auch aufgrund der Aktivitäten, mittels deren der Beitrag der Kunst zur menschlichen Praxis normativ-evaluativ erkundet wird.

Ich habe Kant und Hegel den Gedanken zugeschrieben, dass Kunst einen Beitrag zur menschlichen Freiheit leistet. Wie im zweiten Kapitel betrachtet, bleibt in ihren Überlegungen aber unklar, wie dieser Beitrag genau zu verstehen ist. Am Ende eines längeren Weges sehen wir nun klarer, wie wir den Gedanken Kants und Hegels aktualisieren können. Kunstwerke leisten einen Beitrag zur Freiheit dadurch, dass sie menschliche Praktiken herausfordern. Sie werfen die Frage auf, welche Ausprägung einzelne menschliche Praktiken haben sollen. Dazu bedarf es der Kunstwerke als herausfordernder Gegenstände oder Ereignisse. Diese Gegenstände stoßen in einem Wettstreit Neubestimmungen menschlicher Prak-

55 Adorno, *Ästhetische Theorie*, S. 16.

tiken an. Die in der Kunst realisierte Freiheit weist diese Besonderheit auf: Es handelt sich nicht um eine Freiheit einer begrifflich realisierten kritischen Reflexion. Vielmehr ist die realisierte Freiheit an Gegenstände gebunden, die eine Selbstbestimmung von Praktiken leiten.

Bei Kant wird die Bestimmung des Bezugs von Kunst auf Freiheit mit dem Begriff des freien Spiels erläutert. Seit dem zweiten Kapitel habe ich von daher den Gedanken verfolgt, dass es gilt, das freie Spiel von Kant als in Praktiken verwirklicht zu verstehen – als eine komplexe Praxisform. Dazu müssen zwei Voraussetzungen Kants aufgegeben werden: erstens, dass das Spiel ein harmonisches Spiel ist, und zweitens, dass das Spiel in jedem Fall funktioniert. Erst jetzt haben wir alles beisammen, was erforderlich ist, um dieses Vorhaben einzulösen. Das ästhetische Spiel ist in Praktiken realisiert: in dynamischen Interaktionen mit Kunstwerken und den anderen Praktiken, die durch diese Interaktionen herausgefordert werden. Das Spiel geht aber noch über diese Praktiken hinaus: Es umfasst auch Praktiken, mit denen sich die Orientierung dieses Spiels weiterentwickelt und mit deren Hilfe diejenigen, die an ihm beteiligt sind, mit der Tatsache umgehen können, dass es unabgesichert ist. Zudem kann es unterschiedlich ausfallen: harmonisch, disharmonisch, brüchig, offen, irritierend und vieles andere mehr. Diese je unterschiedlichen Ausgestaltungen des Spiels sind Symptome der konstitutiven Möglichkeit des Scheiterns, die die Kehrseite der durch Kunst eröffneten Freiheit darstellt. Ein freies Spiel muss – genau dies spricht gegen Kants Bestimmung des freien Spiels als »harmonisch« – einen offenen Ausgang haben, um zur Freiheit beitragen zu können. Es legt die menschliche Praxis nicht fest, sondern öffnet sie als eine selbstbestimmte Praxis. Genau aus diesem Grund ist das potentielle Scheitern dem Spiel eingeschrieben.

Ich bin in meinen Überlegungen davon ausgegangen, dass es vielen Kunstphilosophien und Kunsttheorien nicht gelingt, die Spezifik der Kunst so zu erläutern, dass mit ihr auch der Wert der Kunst im Rahmen der menschlichen Praxis erläutert ist. Mit dem jetzt entwickelten Vorschlag verbinde ich demnach den Anspruch, dass in ihm die Erläuterungen von Spezifik und Wert der Kunst genuin miteinander verbunden sind. Ich habe Ende des dritten Kapitels einen ersten Versuch unternommen, die Einlösung dieses

Anspruchs festzuhalten. Da sich unser Verständnis von Kunst mit den Überlegungen dieses Kapitels weiterentwickelt hat, scheint es mir wichtig, noch einmal zu resümieren, wie Spezifik und Wert der Kunst nun zu verstehen sind und wie sie zusammenhängen:

> (*Spezifik-These*) Kunstwerke sind Teil dynamischer Interaktionen, mittels deren Neuaushandlungen von Bestimmungen menschlicher Praktiken angestoßen werden. Dieses Aushandlungsgeschehen ist nicht nur mit interpretativen, sondern auch mit normativ-evaluativen Praktiken verbunden, mit denen Kunstwerke im Lichte der durch sie angestoßenen Bestimmungen kritisch reflektiert werden.

> (*Wert-These*) Im Zuge der normativ-evaluativen Praktiken, die im Rahmen ästhetischer Aushandlungsgeschehnisse zustande kommen, wird Kunst als ein Geschehen bestimmt, das als eine spezifische Aushandlung von Bestimmungen menschlicher Praktiken wertvoll ist. Der Wert dieses Geschehens ist konstitutiv damit verbunden, dass dieses Geschehen zu scheitern vermag.

Kunst ist eine spezifische Praxisform, die innerhalb ihrer selbst ihren Wert immer wieder aufs Neue reflektiert. Die Spezifik der Kunst ist demnach konstitutiv mit ihrem Wert und dieser konstitutiv mit der Spezifik verbunden. Mit dieser Erläuterung entwickele ich weiter, was Kant und Hegel in ihrem Begriff der Kunst angelegt haben. Ich habe dafür argumentiert, dass diese Weiterentwicklung mit der Frage verbunden werden muss, wie die Praxisform von Kunst zu begreifen ist. Den Begriff dieser Praxisform, zu dem wir gelangt sind, können wir polemisch abgrenzen, indem wir sagen: Die Praxisform der Kunst ist nicht die einer besonderen Institution. Sie ist auch nicht auf besondere Erfahrungen oder auf eine spezifische Überschreitung der sonstigen Praxis ausgerichtet. Vielmehr ist die Praxisform der Kunst auf einen besonderen Beitrag zur menschlichen Praxis als einer Praxis der Freiheit hin ausgerichtet. Für eine Praxis der Freiheit sind selbstbestimmte Formen der Praxis wesentlich. Und genau diese werden durch Kunst in einer spezifischen Art und Weise etabliert. Wie wir gesehen haben, kommen in der Auseinandersetzung mit Kunstwerken sehr unterschiedliche

Typen von Praktiken zum Tragen, die allesamt an der Entwicklung selbstbestimmter Formen der Praxis mitwirken.

Genau dies ist das wesentliche Moment von Kunst: Sie stößt eine Selbstbestimmung von Praktiken weit über im engeren Sinn sprachliche oder begriffliche Praktiken hinaus an. Genau dazu bedarf es der Kunstwerke als vermittelnder Objekte. In der Kunst arbeiten wir uns an Gegenständen ab, aber dies nicht um der Gegenstände, sondern um unserer selbst willen. Die Objekte stehen nicht für sich, sondern sind auf menschliche Praktiken bezogen. In Bezug auf Letztere müssen sie sich immer wieder aufs Neue als herausfordernd bewähren. Um sie dieser Bewährung zu unterziehen, bedürfen Rezipierende einer Artikulation der Idee dieser Herausforderung: den Begriff der Kunst. Zu der offenen Praxis, an die die Herausforderung gebunden ist, gehört untrennbar die Reflexion darauf, was Kunst ist und wie sie funktioniert, also auch das philosophische Nachdenken über Kunst. Dieses ist damit nicht mehr und nicht weniger als ein Element des stets unabgesicherten Geschehens, das Kunst ist. Auch dieses Element muss sich im Rahmen der Praxis der Kunst bewähren.

Literatur

Adorno, Theodor W., *Ästhetik (1958/59)*, Frankfurt/M. 2009.
–, *Ästhetische Theorie*, Frankfurt/M. 1970.
–, »Die Kunst und die Künste«, in: *Kulturkritik und Gesellschaft I, Gesammelte Schriften*, Band 10/1, Frankfurt/M. 1977, S. 432-454.
–, »Engagement«, in: *Noten zur Literatur, Gesammelte Schriften*, Band 11, Frankfurt/M. 1974, S. 409-430.
–, *Negative Dialektik*, in: *Gesammelte Schriften*, Band 6, Frankfurt/M. 1970.
–, »Über einige Relationen zwischen Musik und Malerei«, in: *Musikalische Schriften I-III, Gesammelte Schriften*, Band 16, Frankfurt/M. 1978, S. 628-642.
Allison, Henry, *Kant's Theory of Taste*, Cambridge u. a. 2001.

Baumgarten, Alexander Gottlieb, *Ästhetik*, Hamburg 2007.
Benjamin, Walter, »Das Kunstwerk im Zeitalter seiner technischen Reproduzierbarkeit«, in: *Gesammelte Schriften*, Band I/2, Frankfurt/M. 1974, S. 471-508.
–, »Über das Programm der kommenden Philosophie«, in: *Gesammelte Schriften*, Band II/1, Frankfurt/M. 1977, S. 157-171.
Bertinetto, Alessandro, »Improvisation and Artistic Creativity«, in: *Proceedings of the European Society of Aesthetics* 3 (2011), S. 81-103.
Bertram, Georg W., »Anthropologie der zweiten Natur«, in: *Allgemeine Zeitschrift für Philosophie* 30/1 (2005), S. 119-137.
–, »Autonomie als Selbstbezüglichkeit. Zur Reflexivität in den Künsten«, in: *Zeitschrift für Ästhetik und Allgemeine Kunstwissenschaft* 55/2 (2010), S. 223-234.
–, »Die Einheit des Selbst nach Heidegger«, in: *Deutsche Zeitschrift für Philosophie* 61 (2013), S. 197-213.
–, »Improvisation und Normativität«, in: Gabriele Brandstetter (Hg.), *Improvisieren. Paradoxien des Unvorhersehbaren*, Bielefeld 2010, S. 21-40.
–, *Kunst. Eine philosophische Einführung*, Stuttgart 2005.
–, »Kunst und Alltag. Von Kant zu Hegel und darüber hinaus«, in: *Zeitschrift für Ästhetik und Allgemeine Kunstwissenschaft* 54/2 (2009), S. 203-217.
–, »Was die Kunst der Philosophie zu denken gibt«, in: *Allgemeine Zeitschrift für Philosophie* 34/1 (2009), S. 79-97.
Brandom, Robert B., *Expressive Vernunft: Begründung, Repräsentation und diskursive Festlegung*, Frankfurt/M. 2000.

Bubner, Rüdiger, »Über einige Bedingungen gegenwärtiger Ästhetik«, in: *Ästhetische Erfahrung*, Frankfurt/M. 1989, S. 9-51.

Carroll, Noël, *On Criticism*, New York und London 2008.

Danto, Arthur C., »Die Kunstwelt«, in *Deutsche Zeitschrift für Philosophie* 42/5 (1994), S. 907-919.
–, *Die philosophische Entmündigung der Kunst*, München 1993.
–, *Die Verklärung des Gewöhnlichen. Eine Philosophie der Kunst*, Frankfurt/M. 1991.
–, »Embodied Meanings, Isotypes, and Aesthetical Ideas«, in: *The Journal of Aesthetics and Art Criticism* 65/1 (2007), S. 121-129.
Davidson, Donald, *Wahrheit, Sprache und Geschichte*, Frankfurt/M. 2008.
Derrida, Jacques, *Die Wahrheit in der Malerei*, Wien 1992.
Dewey, John, *Kunst als Erfahrung*, Frankfurt/M. 1985.
Dickie, George, *Art and the Aesthetic. An Institutional Analysis*, Ithaca 1974.

Eco, Umberto, *Das offene Kunstwerk*, Frankfurt/M. 1977.

Feige, Daniel M., *Kunst als Selbstverständigung*, Paderborn 2012.
–, »Zum Verhältnis von Kunsttheorie und allgemeiner Ästhetik. Sinnlichkeit als konstitutive Dimension der Kunst?«, in: *Zeitschrift für Ästhetik und Allgemeine Kunstwissenschaft* 56/1 (2011), S. 123-142.
Figal, Günter, *Erscheinungsdinge. Ästhetik als Phänomenologie*, Tübingen 2010.
Fischer-Lichte, Erika, *Ästhetik des Performativen*, Frankfurt/M. 2004.
Fried, Michael, »Art and Objecthood«, in: *Artforum* 5 (1967), S. 12-23.

Gadamer, Hans-Georg, »Die Aktualität des Schönen«, in: *Gesammelte Werke*, Band 8: *Kunst als Aussage*, Tübingen 1999, S. 94-142.
–, *Wahrheit und Methode. Grundzüge einer philosophischen Hermeneutik*, Tübingen [6]1990.
Gaut, Berys, »›Art‹ as a Cluster Concept«, in: Noël Carroll (Hg.), *Theories of Art Today*, Madison u. a. 2000, S. 25-44.
Gethmann-Siefert, Annemarie, *Einführung in Hegels Ästhetik*, München 2005.
Geulen, Eva, *Das Ende der Kunst. Lesarten eines Gerüchts nach Hegel*, Frankfurt/M. 2002.
Ginsborg, Hannah, »Reflective Judgment and Taste«, in: *Noûs* 24 (1990), S. 63-78.
Goehr, Lydia, *The Imaginary Museum of Musical Works. An Essay in the Philosophy of Music*, Oxford 1992.

Goodman, Nelson, *Sprachen der Kunst: Entwurf einer Symboltheorie*, Frankfurt/M. 1997.

–, *Weisen der Welterzeugung*, Frankfurt/M. 1984.

Guyer, Paul, *Kant and the Claims of Taste*, Cambridge u. a. 1979.

Habermas, Jürgen, »Der Universalitätsanspruch der Hermeneutik«, in: *Zur Logik der Sozialwissenschaften*, Frankfurt/M. 1982, S. 331-366.

Hegel, Georg Wilhelm Friedrich, *Enzyklopädie der philosophischen Wissenschaften I-III*, in: *Werke*, hg. von Eva Moldenhauer und Karl Markus Michel, Band 8-10, Frankfurt/M. 1986.

–, *Philosophie der Kunst. Vorlesung von 1826*, Frankfurt/M. 2004.

–, *Vorlesungen über Ästhetik I*-III, in: *Werke*, hg. von Eva Moldenhauer und Karl Markus Michel, Band 13-15, Frankfurt/M. 1986.

Heidegger, Martin, »Der Ursprung des Kunstwerks«, in: *Holzwege*, Frankfurt/M. [7]1994, S. 1-74.

–, *Sein und Zeit*, Tübingen [16]1986.

Herder, Johann Gottfried, »Viertes kritisches Wäldchen«, in: *Schriften zur Ästhetik und Literatur 1767-1781*, Frankfurt/M. 1993, S. 247-443.

Horkheimer, Max und Theodor W. Adorno, *Dialektik der Aufklärung. Philosophische Fragmente*, Frankfurt/M. 1969.

Iser, Wolfgang, »Akte des Fingierens oder Was ist das Fiktive im fiktionalen Text«, in: Wolfgang Iser und Dieter Henrich (Hg.), *Funktionen des Fiktiven*, München 1983, S. 121-151.

Jensen, Henning, »Exemplification in Nelson Goodman's Aesthetic Theory«, in: *Journal of Aesthetics and Art Criticism* 32 (1973), S. 47-51.

Kant, Immanuel, *Handschriftlicher Nachlaß. Logik*, in: *Akademieausgabe*, Band 16, Berlin 1969.

–, *Kritik der reinen Vernunft*, in: *Werke*, hg. von Wilhelm Weischedel, Band 3, Frankfurt/M. 1974.

–, *Kritik der Urteilskraft*, in: *Werke*, hg. von Wilhelm Weischedel, Band 10, Frankfurt/M. 1974.

Koch, Gertrud und Christiane Voss (Hg.), *Zwischen Ding und Zeichen. Zur ästhetischen Erfahrung in der Kunst*, München 2005.

Langer, Susanne K., *Philosophie auf neuem Wege. Das Symbol im Denken, im Ritus und in der Kunst*, Frankfurt/M. 1984.

Levinson, Jerrold, »Refining Art Historically«, in: *The Journal of Aesthetics and Art Criticism* 47 (1989), S. 21-33.

Link-Heer, Ursula und Volker Roloff (Hg.), *Marcel Proust und die Philosophie*, Frankfurt/M. 1997.

Lüdeking, Karlheinz, *Analytische Philosophie der Kunst. Eine Einführung*, München 1988.
Luhmann, Niklas, *Die Kunst der Gesellschaft*, Frankfurt/M. 1995.

McDowell, John, »Ästhetische Werte, Objektivität und das Gefüge der Welt«, in: *Wert und Wirklichkeit*, Frankfurt/M. 2002, S. 179-203.
–, *Geist und Welt*, Frankfurt/M. 2001.
–, »Wittgenstein on Following a Rule«, in: *Mind, Value, and Reality*, Cambridge, Mass. u. a. 1998, S. 221-262.
Menke, Christoph, »Die Reflexion im Ästhetischen«, in: *Zeitschrift für Ästhetik und Allgemeine Kunstwissenschaft* 46/1 (2001), S. 161-174.
–, *Die Souveränität der Kunst. Ästhetische Erfahrung nach Adorno und Derrida*, Frankfurt/M. 1991.
–, *Kraft. Ein Grundbegriff ästhetischer Anthropologie*, Frankfurt/M. 2008.
Merleau-Ponty, Maurice, *Das Auge und der Geist. Philosophische Essays*, Hamburg 2003.
Moran, Richard, *Authority and Estrangement. An Essay on Self-Knowledge*, Princeton u. a. 2001.

Nietzsche, Friedrich, *Die Geburt der Tragödie aus dem Geiste der Musik*, in: *Kritische Studienausgabe in 15 Bänden*, hg. von Giorgio Colli und Mazzino Montinari, Band 1, München u. a. 1988.
Noë, Alva, *Action in Perception (Representation and Mind)*, Cambridge, Mass. u. a. 2004.
Nussbaum, Martha C., »Love's Knowledge«, in: *Love's Knowledge: Essays on Philosophy and Literature*, Oxford 1990, S. 261-285.

Osborne, Harold, »Definition and Evaluation in Aesthetics«, in: *Philosophical Quarterly* 23 (1973), S. 15-27.

Pinkard, Terry, *Hegel's Phenomenology. The Sociality of Reason*, Cambridge u. a. 1996.
–, »Symbolic, Classical, and Romantic Art«, in: Stephen Houlgate (Hg.), *Hegel and the Arts*, Evanston 2007, S. 3-28.
Pippin, Robert B., *Kunst als Philosophie*, Berlin 2012.
–, »The Absence of Aesthetics in Hegel's Aesthetics«, in: Frederick C. Beiser (Hg.), *The Cambridge Companion to Hegel and Nineteenth-Century Philosophy*, Cambridge u. a. 2008, S. 394-418.
–, »What Was Abstract Art? (From the Point of View of Hegel)«, in: Stephen Houlgate (Hg.), *Hegel and the Arts*, Evanston 2007, S. 279-306.

Rancière, Jacques, *Die Aufteilung des Sinnlichen. Die Politik der Kunst und ihre Paradoxien*, Berlin 2006.

–, *Le spectateur émancipé*, Paris 2008.
Rosenberg, Raphael, »Dem Auge auf der Spur. Blickbewegungen beim Betrachten von Gemälden – historisch und empirisch«, in: *Jahrbuch der Heidelberger Akademie der Wissenschaften für 2010* (2011), S. 76-89.

Scheer, Brigitte, *Einführung in die philosophische Ästhetik*, Darmstadt 1997.
Schelling, Friedrich Wilhelm Joseph, *System des transzendentalen Idealismus*, in: *Ausgewählte Schriften*, Frankfurt/M. 1985.
Schiller, Friedrich, *Über die ästhetische Erziehung des Menschen*, Stuttgart 2000.
Schopenhauer, Arthur, *Welt als Wille und Vorstellung*, Frankfurt/M. 1986.
Seel, Martin, *Ästhetik des Erscheinens*, München 2000.
–, *Die Künste des Kinos*, Frankfurt/M. 2013.
–, *Eine Ästhetik der Natur*, Frankfurt/M. 1991.
–, »Sich bestimmen lassen. Ein revidierter Begriff von Selbstbestimmung«, in: *Sich bestimmen lassen*, Frankfurt/M. 2002, S. 279-298.
Sibley, Frank, »Ästhetische Begriffe«, in: Rüdiger Bubner und Peter Pfaff (Hg.), *Das ästhetische Urteil. Beiträge zur sprachanalytischen Ästhetik*, Köln 1977, S. 87-110.

Tegtmeyer, Henning, *Kunst*, Berlin und New York 2008.
Thompson, Michael, *Leben und Handeln. Grundstrukturen der Praxis und des praktischen Denkens*, Berlin 2011.
Tugendhat, Ernst, *Selbstbewußtsein und Selbstbestimmung. Sprachanalytische Interpretationen*, Frankfurt/M. 1979.

Varchi, Benedetto, *Paragone. Rangstreit der Künste*, Darmstadt 2013.
Vogel, Matthias, *Medien der Vernunft. Eine Theorie des Geistes und der Rationalität auf Grundlage einer Theorie der Medien*, Frankfurt/M. 2001.
–, »Nachvollzug und die Erfahrung musikalischen Sinns«, in: Alexander Becker und Matthias Vogel (Hg.), *Musikalischer Sinn. Beiträge zu einer Philosophie der Musik*, Frankfurt/M. 2007, S. 314-368.

Waldenfels, Bernhard, *Sinne und Künste im Wechselspiel. Modi ästhetischer Erfahrung*, Berlin 2010.
Weitz, Morris, »The Role of Theory on Aesthetics«, in: *Journal of Aesthetics and Art Criticism* 62 (1953), S. 23-35.
Wellmer, Albrecht, *Versuch über Musik und Sprache*, München 2009.
Wittgenstein, Ludwig, *Bemerkungen über die Philosophie der Psychologie*, *Werkausgabe*, Band 7, Frankfurt/M. 1984.
–, *Philosophische Untersuchungen*, in: *Werkausgabe*, Band 1, Frankfurt/M. 1984.

–, *Über Gewißheit*, in: *Werkausgabe*, Band 8, Frankfurt/M. 1984.
–, »Vermischte Bemerkungen«, in: *Werkausgabe*, Band 8, Frankfurt/M. 1984.
Wolf, Werner (Hg.), *Immersion and Distance. Aesthetic Illusion in Literature and Other Media*, Amsterdam 2013.

Young, James O., »Art, Knowledge, and Exemplification«, in: *British Journal of Aesthetics* 39 (1999), S. 126-137.

Ziff, Paul, »Gründe in der Kunstkritik«, in: Rüdiger Bubner und Peter Pfaff (Hg.), *Das ästhetische Urteil. Beiträge zur sprachanalytischen Ästhetik*, Köln 1977, S. 63-80.

Theoretische Texte zu Kunst und Ästhetik im Suhrkamp Verlag Eine Auswahl

Theodor W. Adorno. Ästhetik (1958/59). Nachgelassene Schriften. Abteilung IV: Vorlesungen. 522 Seiten. Leinen

Rudolf Arnheim
- Film als Kunst. Mit einem Nachwort von Karl Prümm und zeitgenössischen Rezensionen. stw 1553. 336 Seiten
- Rundfunk als Hörkunst. Mit einem Nachwort von Helmut H. Diederichs. stw 1554. 238 Seiten
- Die Seele in der Silberschicht. Medientheoretische Texte. Photographie – Film – Rundfunk. Herausgegeben und mit einem Nachwort von Helmut H. Diederichs. stw 1654. 434 Seiten

Mieke Bal. Kulturanalyse. Herausgegeben und mit einem Nachwort versehen von Thomas Fechner-Smarsly und Sonja Neef. Übersetzt von Joachim Schulte. Mit zahlreichen Abbildungen. st 1801. 371 Seiten

Béla Balázs
- Der Geist des Films. Mit einem Nachwort von Hanno Loewy. stw 1537. 240 Seiten
- Der sichtbare Mensch oder die Kultur des Films. Mit einem Nachwort von Helmut H. Diederichs. stw 1536. 192 Seiten

Roland Barthes. Die Lust am Text. Kommentar von Ottmar Ette. stb 19. 504 Seiten

Alexander Becker/Matthias Vogel (Hg.). Musikalischer Sinn. Beiträge zu einer Philosophie der Musik. stw 1826. 377 Seiten

NF 109/1/04.13

Wolfgang Beilenhoff (Hg.). Poetika Kino. Theorie und Praxis des Films im russischen Formalismus. stw 1733. 465 Seiten

Walter Benjamin. Medienästhetische Schriften. Mit einem Nachwort von Detlev Schöttker. stw 1601. 448 Seiten

Hans Blumenberg. Ästhetische und metaphorologische Schriften. Auswahl und Nachwort von Anselm Haverkamp. stw 1513. 464 Seiten

Karl Heinz Bohrer
- Der Abschied. Theorie der Trauer: Baudelaire, Goethe, Nietzsche, Benjamin. 626 Seiten. Gebunden
- Plötzlichkeit. Zum Augenblick des ästhetischen Scheins. es 1058. 261 Seiten
- Die Kritik der Romantik. es 1551. 311 Seiten
- Das absolute Präsens. Die Semantik ästhetischer Zeit. stw 1055. 184 Seiten

Pierre Bourdieu
- Die Regeln der Kunst. Genese und Struktur des literarischen Feldes. Übersetzt von Bernd Schwibs und Achim Russer. stw 1539. 560 Seiten
- Über das Fernsehen. es 2054. 144 Seiten

Peter Bürger
- Das Altern der Moderne. Schriften zur bildenden Kunst. stw 1548. 218 Seiten
- Theorie der Avantgarde. Mit einem Vorwort zur zweiten Auflage. es 727. 139 Seiten

Arthur C. Danto. Die Verklärung des Gewöhnlichen. Eine Philosophie der Kunst. Übersetzt von Max Looser. stw 957. 320 Seiten

NF 109/2/04.13

Stefan Deines/Jasper Liptow/Martin Seel (Hg.). Kunst und Erfahrung. Beiträge zu einer philosophischen Kontroverse. stw 2045. 364 Seiten

Gilles Deleuze
- Das Bewegungsbild-Bild. Kino I. Übersetzt von Ulrich Christians und Ulrike Bokelmann. stw 1288. 332 Seiten
- Das Zeit-Bild. Kino 2. Übersetzt von Klaus Englert. stw 1289. 456 Seiten

John Dewey
- Erfahrung, Erkenntnis und Wert. Herausgegeben und übersetzt von Martin Suhr. stw 1647. 468 Seiten
- Kunst als Erfahrung. Übersetzt von Christa Velten, Gerhard vom Hofe und Dieter Sulzer. stw 703. 411 Seiten

Georges Duby. Die Zeit der Kathedralen. Kunst und Gesellschaft 980-1420. Übersetzt von Grete Osterwald. Mit Abbildungen. stw 1011. 561 Seiten

Umberto Eco. Das offene Kunstwerk. Übersetzt von Günter Memmert. stw 222. 448 Seiten

Christine Eichel. Vom Ermatten der Avantgarde zur Vernetzung der Künste. Perspektiven einer interdisziplinären Ästhetik im Spätwerk Theodor W. Adornos. 340 Seiten. Gebunden

Michel Foucault. Schriften zur Literatur. Übersetzt von Michael Bischoff, Hans-Dieter Gondek und Hermann Kocyba. Auswahl und Nachwort von Martin Stingelin. stw 1675. 402 Seiten

Foucault und die Künste. Herausgegeben im Auftrag des Zentrums für Kunst- und Medientechnologie von Peter Gente. stw 1667. 338 Seiten

NF 109/3/04.13

Manfred Frank. Einführung in die frühromantische Ästhetik. Vorlesungen. es 1563. 466 Seiten

Josef Früchtl. Das unverschämte Ich. Eine Heldengeschichte der Moderne. stw 1693. 422 Seiten

Josef Früchtl/Jörg Zimmermann (Hg.). Ästhetik der Inszenierung. es 2196. 304 Seiten

Alexander García Düttmann. Kunstende. Drei ästhetische Studien. 168 Seiten. Broschiert

Peter Geimer (Hg.). Ordnungen der Sichtbarkeit. Fotografie in Wissenschaft, Kunst und Technologie. stw 1538. 448 Seiten

Peter Gendolla/Thomas Kamphusmann (Hg.). Die Künste des Zufalls. stw 1432. 301 Seiten

Gérard Genette
- Mimologiken. Reise nach Kratylien. Übersetzt von Michael von Killisch-Horn. stw 1511. 516 Seiten
- Palimpseste. Die Literatur auf zweiter Stufe. Aesthetica. Übersetzt von Wolfram Bayer und Dieter Hornig. es 1683. 544 Seiten
- Paratexte. Das Buch zum Beiwerk des Buches. Übersetzt von Dieter Hornig. Mit einem Nachwort von Harald Weinrich. stw 1510. 408 Seiten

Eva Geulen. Das Ende der Kunst. Lesarten eines Gerüchts nach Hegel. stw 1577. 208 Seiten

Ernst H. Gombrich/Julian Hochberg/Max Black. Kunst, Wahrnehmung, Wirklichkeit. Übersetzt von Max Looser. es 860. 160 Seiten

NF 109/4/04.13

Nelson Goodman. Sprachen der Kunst. Entwurf einer Symboltheorie. Übersetzt von Bernd Philippi. stw 1304. 256 Seiten

Nelson Goodman/Catherine Z. Elgin. Revisionen. Philosophie und andere Künste und Wissenschaften. Übersetzt von Bernd Philippi. 225 Seiten. Gebunden

Götz Großklaus. Medien-Bilder. Inszenierung der Sichtbarkeit. es 2319. 249 Seiten

Boris Groys/Michael Hagemeister (Hg.). Die neue Menschheit. Biopolitische Utopien in Russland zu Beginn des 20. Jahrhunderts. stw 1763. 688 Seiten

Boris Groys/Aage Hausen-Löve (Hg.). Am Nullpunkt. Positionen der russischen Avantgarde. stw 1764. 777 Seiten

G. W. F. Hegel. Philosophie der Kunst. Vorlesung von 1826. Herausgegeben von Annemarie Gethmann-Siefert, Jeong-Im Kwon und Karsten Berr. stw 1722. 296 Seiten

Dieter Henrich. Fixpunkte. Aufsätze und Essays zur Theorie der Kunst. stw 1610. 302 Seiten

Dieter Henrich/Wolfgang Iser (Hg.). Theorien der Kunst. stw 1012. 637 Seiten

Wolfgang Iser. Das Fiktive und das Imaginäre. Perspektiven literarischer Anthropologie. stw 1101. 522 Seiten

Hans Robert Jauß. Ästhetische Erfahrung und literarische Hermeneutik. stw 955. 876 Seiten

Andrea Kern. Schöne Lust. Eine Theorie der ästhetischen Erfahrung nach Kant. stw 1474. 322 Seiten

NF 109/5/04.13

Andrea Kern/Ruth Sonderegger (Hg.). Falsche Gegensätze. Zeitgenössische Positionen zur philosophischen Ästhetik. stw 1576. 346 Seiten

Ernst Kris/Otto Kurz. Die Legende vom Künstler. Ein geschichtlicher Versuch. stw 1202. 192 Seiten

Richard Kuhns. Psychoanalytische Theorie der Kunst. Übersetzt von Klaus Laermann. 195 Seiten. Broschur

Claude Lévi-Strauss. Sehen, Hören, Lesen. Übersetzt von Hans-Horst Henschen. stw 1661. 184 Seiten

Paul de Man. Die Ideologie des Ästhetischen. Herausgegeben von Christoph Menke. Übersetzt von Jürgen Blasius. es 1682. 300 Seiten

Christoph Menke
- Die Souveränität der Kunst. Ästhetische Erfahrung nach Adorno und Derrida. stw 958. 311 Seiten
- Die Gegenwart der Tragödie. Versuch über Urteil und Spiel. stw 1649. 278 Seiten
- Kraft. Ein Grundbegriff ästhetischer Anthropologie. 155 Seiten. Broschur
- Die Kraft der Kunst. stw 2044. 179 Seiten

Winfried Menninghaus
- Das Versprechen der Schönheit. stw 1816. 386 Seiten
- Wozu Kunst? Ästhetik nach Darwin. 318 Seiten. Gebunden

Dieter Mersch. Ereignis und Aura. Untersuchungen zu einer Ästhetik des Performativen. es 2219. 314 Seiten

NF 109/6/04.13

K. Ludwig Pfeiffer. Das Mediale und das Imaginäre. Dimensionen kulturanthropologischer Medientheorie.
618 Seiten. Gebunden

Hermann Pfütze. Form, Ursprung und Gegenwart der Kunst. stw 1417. 357 Seiten

Max Raphael. Werkausgabe. Herausgegeben von Hans-Jürgen Heinrichs. 11 Bände in Kassette. stw 831-841. 3448 Seiten. Auch einzeln lieferbar

Martin Seel
- Eine Ästhetik der Natur. stw 1231. 389 Seiten
- Die Kunst der Entzweiung. Zum Begriff der ästhetischen Rationalität. stw 1337. 373 Seiten
- Ästhetik des Erscheinens. stw 1641. 328 Seiten

Georg Simmel. Goethe. Deutschlands innere Wandlung. Das Problem der historischen Zeit. Rembrandt. Herausgegeben von Uta Kösser, Hans-Martin Kruckis und Otthein Rammstedt. Gesamtausgabe Band 15. Gebunden und stw 815. 678 Seiten

Ruth Sonderegger. Für eine Ästhetik des Spiels. Hermeneutik, Dekonstruktion und der Eigensinn der Kunst. stw 1493. 392 Seiten

Bernd Stiegler. Bilder der Photographie. Ein Album photographischer Metaphern. es 2461. 276 Seiten

Robert Stockhammer (Hg.). Grenzwerte des Ästhetischen. stw 1602. 241 Seiten

Dieter Thomä. Totalität und Mitleid. stw 1765. 278 Seiten

NF 109/7/04.13

Uwe Wirth (Hg.). Performanz. Zwischen Sprachphilosophie und Kulturwissenschaft. stw 1575. 448 Seiten

Herta Wolf (Hg.)

- Paradigma Fotografie. Fotokritik am Ende des fotografischen Zeitalters. Band 1. Mit zahlreichen Abbildungen. stw 1598. 467 Seiten
- Diskurse der Fotografie. Fotokritik am Ende des fotografischen Zeitalters. Band 2. Mit zahlreichen Abbildungen. stw 1599. 492 Seiten

NF 109/8/04.13

Theodor W. Adorno
im Suhrkamp Verlag

Gesammelte Schriften in zwanzig Bänden. Herausgegeben von Rolf Tiedemann unter Mitwirkung von Gretel Adorno, Susan Buck-Morss und Klaus Schultz.

- Band 1: Philosophische Frühschriften. stw 1701. 384 Seiten
- Band 2: Kierkegaard. Konstruktion des Ästhetischen. stw 1702. 266 Seiten
- Band 4: Minima Moralia. Reflexionen aus dem beschädigten Leben. stw 1704. 303 Seiten
- Band 5: Zur Metakritik der Erkenntnistheorie. stw 1705. 386 Seiten
- Band 6: Negative Dialektik. Jargon der Eigentlichkeit. stw 1706. 531 Seiten
- Band 7: Ästhetische Theorie. stw 1707. 582 Seiten
- Band 8: Soziologische Schriften I. stw 1708. 587 Seiten
- Band 9: Soziologische Schriften II. Zwei Bände. stw 1709. 924 Seiten
- Band 10: Kulturkritik und Gesellschaft. Prismen. Ohne Leitbild. Eingriffe. Stichworte. Anhang. Zwei Bände. stw 1710. 843 Seiten
- Band 11: Noten zur Literatur. stw 1711. 708 Seiten
- Band 12: Philosophie der neuen Musik. stw 1712. 206 Seiten
- Band 13: Die musikalischen Monographien. stw 1713. 521 Seiten
- Band 14: Dissonanzen. Einleitung in die Musiksoziologie. stw 1714. 449 Seiten
- Band 15: Komposition für den Film (gemeinsam mit Hanns Eisler). Der getreue Korrepetitor. stw 1715. 406 Seiten
- Band 16: Musikalische Schriften I-III. Klangfiguren (I). Quasi una fantasia (II). Musikalische Schriften (III). stw 1716. 683 Seiten
- Band 17: Musikalische Schriften IV. Moments musicaux. Impromptus. stw 1717. 349 Seiten

NF 138/1/8.09

- Band 18: Musikalische Schriften V. stw 1718. 841 Seiten
- Band 19: Musikalische Schriften VI. stw 1719. 665 Seiten
- Band 20: Vermischte Schriften. Zwei Bände. stw 1720. 877 Seiten

Nachgelassene Schriften
Herausgegeben vom Theodor W. Adorno Archiv

Abteilung I: Fragment gebliebene Schriften
- Band 2: Zu einer Theorie der musikalischen Reproduktion. Herausgegeben von Henri Lonitz. stw 1750. 399 Seiten
- Band 3: Current of Music. Elements of a Radio Theory. Herausgegeben von Robert Hullot-Kentor. 690 Seiten. Gebunden

Abteilung IV: Vorlesungen
- Band 4: Kants »Kritik der reinen Vernunft«. Herausgegeben von Rolf Tiedemann. 440 Seiten. Gebunden
- Band 7: Ontologie und Dialektik. Herausgegeben von Rolf Tiedemann. 448 Seiten. Gebunden
- Band 10: Probleme der Moralphilosophie. Herausgegeben von Thomas Schröder. 318 Seiten. Gebunden
- Band 12: Philosophische Elemente einer Theorie der Gesellschaft. Herausgegeben von Tobias ten Brink und Marc Phillip Nogueira. 278 Seiten. Gebunden
- Band 13: Zur Lehre von der Geschichte und von der Freiheit. Herausgegeben von Rolf Tiedemann. stw 1785. 491 Seiten
- Band 14: Metaphysik. Begriff und Probleme. Herausgegeben von Rolf Tiedemann. 320 Seiten. Gebunden
- Band 15: Einleitung in die Soziologie. Herausgegeben von Christoph Gödde. 330 Seiten. Gebunden
- Band 16: Vorlesung über negative Dialektik. Herausgegeben von Rolf Tiedemann. 464 Seiten. Gebunden

NF 138/2/8.09

Briefe und Briefwechsel
Herausgegeben vom Theodor W. Adorno Archiv

- Band 1: Theodor W. Adorno – Walter Benjamin. Briefwechsel 1928-1940. Herausgegeben von Henri Lonitz. 501 Seiten. Gebunden
- Band 2. Theodor W. Adorno – Alban Berg. Briefwechsel 1925-1935. Herausgegeben von Henri Lonitz. 380 Seiten. Gebunden
- Band 3: Theodor W. Adorno – Thomas Mann, Briefwechsel 1943-1955. Herausgegeben von Christoph Gödde und Thomas Sprecher. 179 Seiten. Gebunden
- Band 4.1: Adorno – Max Horkheimer. Briefwechsel I. 1927-1937. Herausgegeben von Christoph Gödde und Henri Lonitz. 612 Seiten. Gebunden
- Band 4.2.: Adorno – Max Horkheimer. Briefwechsel II. 1938-1944. Herausgegebenvon Christoph Gödde und Henri Lonitz. 662 Seiten. Gebunden
- Band 4.3.: Adorno – Max Horkheimer. Briefwechsel III. 1945-1949. Herausgegeben von Christoph Gödde und Henri Lonitz. 589 Seiten. Gebunden
- Band 4.4 Adorno – Max Horkheimer. Briefwechsel IV. 1950-1969. Herausgegeben von Christoph Gödde und Henri Lonitz. 1078 Seiten. Gebunden
- Band 5: Briefe an die Eltern. 1939-1951. Herausgegeben von Christoph Gödde und Henri Lonitz. Mit einem vierfarbigen Bildteil. 576 Seiten. Gebunden
- Band 7: Adorno – Siegfried Kracauer. Briefwechsel 1923-1966. "Der Riß der Welt geht auch durch mich...". 772 Seiten. Gebunden

»So müßte ich ein Engel und kein Autor sein«. Adorno und seine Frankfurter Verleger. Der Briefwechsel mit Peter Suhrkamp und Siegfried Unseld. Herausgegeben von Wolfgang Schopf. 650 Seiten. Gebunden

NF 138/3/8.09

Einzelausgaben. Eine Auswahl

Beethoven. Philosophie der Musik. Fragmente und Texte. Herausgegeben von Rolf Tiedemann. stw 1727. 392 Seiten

Einleitung in die Soziologie. Herausgegeben von Christoph Gödde. stw 1673. 336 Seiten

Erziehung zur Mündigkeit. Voträge und Gespräche mit Hellmut Becker 1959 bis 1969. Herausgegeben von Gerd Kadelbach. st 11. 148 Seiten

Jargon der Eigentlichkeit. Zur deutschen Ideologie. es 91. 139 Seiten

Minima Moralia. Reflexionen aus dem beschädigten Leben. BS 236. 339 Seiten

Negative Dialektik. stw 1706. 531 Seiten

Studien zum autoritären Charakter. Übersetzt von Milli Weinbrenner. stw 1182. 483 Seiten

Traumprotokolle. Herausgegeben von Christoph Gödde und Henri Lonitz. Mit einem Nachwort von Jan Philipp Reemtsma. BS 1385. 122 Seiten

Zu einer Theorie der musikalischen Reproduktion. Herausgegeben von Henri Lonitz. stw 1750. 400 Seiten

Zur Lehre von der Geschichte und von der Freiheit. stw 1785. 491 Seiten

NF 138/4/8.09